Das Buch

Im Oktober 1401 kann die Hamburger Kaufmannschaft aufatmen: Die Piratenplage hat ein Ende. Nach Klaas Störtebeeker und seinen Vitalienbrüdern sind auch Godeke Micheels und die Likedeeler gefangengenommen worden. Trotzdem herrscht in der Stadt eher bedrückte Stimmung; denn schon einige Male in diesem Jahr sind Säuglinge entführt worden, deren ausgeblutete Leichen man wenig später gefunden hat. Da es weder Spuren noch Zeugen für die Bluttaten gibt, können die Gerichtsherren der Stadt nichts unternehmen.

Doch Engelke Geerts kann und will die Geschehnisse nicht auf sich beruhen lassen. Auf eigene Faust beginnt sie mit der Befragung von zwei blinden Bettlerinnen, die sich in der Nähe des Fundortes der letzten Leiche aufgehalten hatten. Wenig später sind diese beiden Frauen tot – ermordet.

Einen ersten Hinweis erhält Engelke von einem kleinen Mädchen, das offensichtlich vergewaltigt worden ist. Es hat über seinen schlimmen Erlebnissen die Sprache verloren, doch Engelke kann feststellen, daß es sich ganz besonders vor einem bestimmten Domherrn fürchtet. Grund genug für sie, um dessen Treiben nachzuspüren. In einer Kneipe hört sie – verkleidet als Handwerksbursche –, daß der Domherr gegen die Bezahlung von dreißig Silberlingen ein Wunder verspricht. Er scheint mit den Mächten der Finsternis im Bunde zu sein …

Die Autorin

Barbara von Bellingen, Jahrgang 1944, hat unter diesem Pseudonym schon eine ganze Reihe historischer Romane verfaßt, darunter auch Kriminalromane.

Ihre Heldin Engelke Geerts löste vor *Dreißig Silberlinge* bereits zwei weitere Fälle im Hamburg der Hansezeit: *Jungfernfahrt* (01/9950) und *Verlorene Seelen* (01/10040).

Die Autorin lebt in der Eifel, unweit von Trier.

BARBARA VON BELLINGEN

DREISSIG SILBERLINGE

Ein Roman aus der Hansezeit

Originalausgabe

WILHELM HEYNE VERLAG
MÜNCHEN

HEYNE ALLGEMEINE REIHE
Nr. 01/10546

Umwelthinweis:
Das Buch wurde auf
chlor- und säurefreiem Papier gedruckt.

Redaktion: Bernhard Matt

Printed in Germany 1998
Umschlagillustration: Archiv für Kunst und Geschichte, Berlin
Umschlaggestaltung: Atelier Ingrid Schütz, München
Satz: Pinkuin Satz- und Datentechnik, Berlin
Druck und Bindung: Pressedruck, Augsburg

ISBN 3-453-13130-4

EINIGE WORT- UND BEGRIFFSERKLÄRUNGEN

Oors, Mors
Deftiger plattdeutscher Ausdruck für Hinterteil

Min Ollsch
Meine Alte

Mudder Griepsch
Die Hebamme

veel to gau
viel zu schnell

Likedeeler
Die Gleichteiler – Seeräuber, Vitalienbrüder

suutje
sachte, langsam

Fleet
Ein Wasserlauf – meist ein Entwässerungsgraben

Twiete
Eine Seiten-/Neben-/Querstraße

Auslucht
Ein balkonartiger, meist überdachter hölzerner Anbau an Häusern

Paradieskörner
Koriander

Nägelchen
Gewürznelken

Gugel
Bis an die Ellenbogen reichender Schulterkragen mit angenähter, sehr langzipfeliger Kapuze – gern von Handwerkern und Seeleuten getragen

Reep
Seil, Tau

Die Heiden
So wurden bis in die Neuzeit hinein die Zigeuner genannt

Hamburg im 14./15. Jahrhundert

1) Mariendom
2) Sankt Petri
3) Sankt Nicolai
4) Sankt Katharinen
5) Sankt Jacobi
6) Konvent der »Blagen Süstern«
7) Sankt Maria Magdalenen
8) Sankt Johannis
9) Heilig-Geist-Haus
10) Das Einbecksche Haus

Engelke Geerts' Brauhaus

das Haus van Damme

Holms Badestube

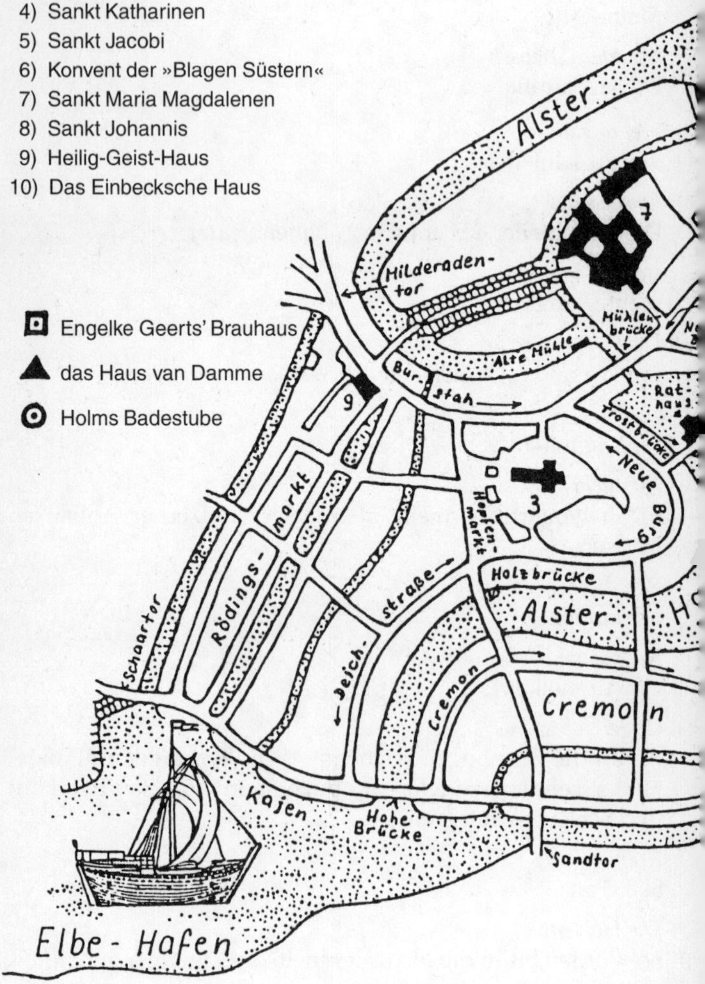

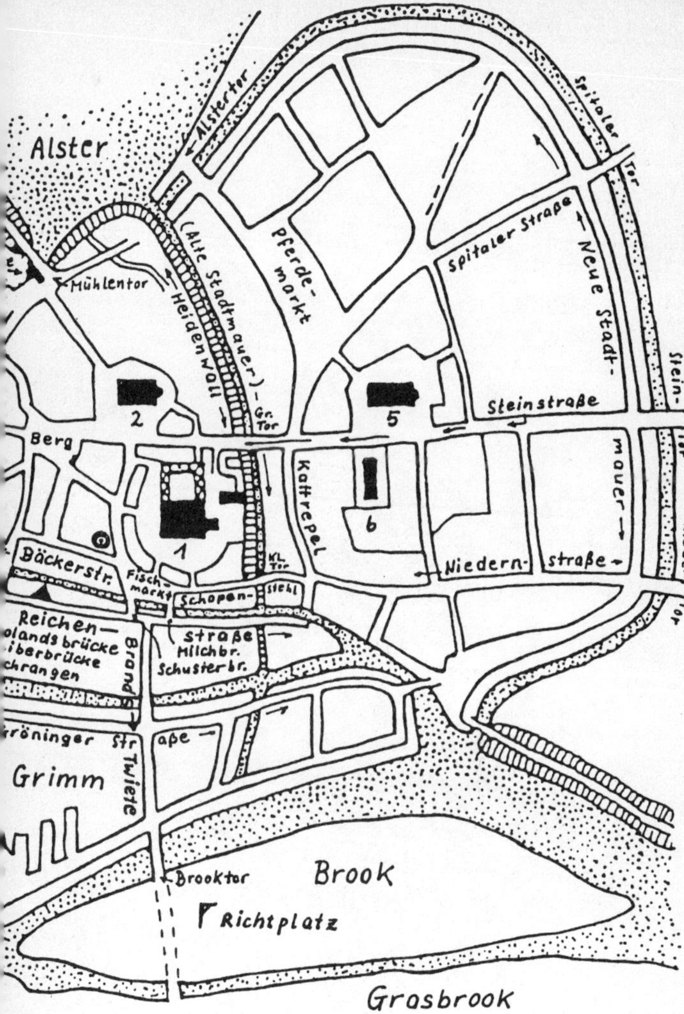
Alster
Alstertor
Mühlentor
Heidenwall
(Alte Stadtmauer)
Pferdemarkt
Spitaler Tor
Spitaler Straße
Neue Stadt
Stein-Tor
Steinstraße
Gr. Tor
2
5
Berg
Kattrepel
mauer
6
1
Bäckerstr.
Kl. Tor
Niedern-
straße
Nieder-Tor
Fischmarkt
Schopen-
stehl
Reichen-
olands brücke
iberbrücke
chrangen
Brand
straße
Milchbr.
Schusterbr.
röninger Str
aße
Grimm
Twiete
Brooktor
Brook
Richtplatz
Grasbrook

1

Myriaden feinster Regentröpfchen rieselten vom grau bewölkten Himmel und überwehten den Platz vor dem Rathaus mit zarten, feuchten Schleiern. Engelke, die sich bereits einige Schritte vom Eingang entfernt hatte, zog den Kopf ein und bewegte sich hastig zurück unter die schützende Wölbung des Portals; der verdammte Nieselregen würde sie, noch ehe sie beim Haus ihres Onkels in der Reichenstraße angekommen war, bis auf die Knochen durchweicht haben – das wußte sie genau. Daran konnte selbst ihr blauwollener Wetterumhang nichts ändern. Die Glocke schlug zehn. Zwei Stunden bis Mittag.

Einen Augenblick stand Engelke unschlüssig auf der Stufe, in Gedanken abwägend, was sie tun sollte. Die einzige größere Aufgabe, die sie sich für den heutigen Tag gestellt hatte, war bereits erledigt; es war nur eine Formalität gewesen, die Erlaubnis zum Herbst- und Winterbetrieb ihres Brauhauses auf dem Grimm einzuholen. Der grämliche alte Martens, der den Orloff verteilte und seit dem Tod seines Sohnes besonders penibel auf die Einhaltung der Bestimmungen achtete, hatte ihr sonderbarerweise gar keine Schwierigkeiten gemacht. Sie hatte bereits das Papier in der Tasche. Darin wurde ihr gestattet, auch im Herbst und Winter, wenn der Export nach Holland durch das Ruhen der Schiffahrt wegfiel, Bier zu brauen, und zwar für den heimischen Markt – die Krüge und Gasthäuser von Hamburg mit ihrem stetig wachsenden Bedarf.

Engelke lächelte in sich hinein und wischte sich einen Regentropfen von der Nase. Ihr Brauhaus hatte von Anfang an beste Erträge abgeworfen, seit vor gut zwei Jahren – erst einmal nur für die Ausfuhr – mit der Produktion begonnen worden war. Nicht zuletzt war das Tidemanns Verdienst. Engelke bedauerte es bis heute nicht, diesen hervorragenden Braumeister eingestellt zu haben, obwohl er seine Arbeitskraft und seine Fähigkeiten recht teuer verkaufte. Nein, Tidemann stelle das beste Bier in ganz Hamburg her, das konnte Engelke mit Stolz behaupten – und zwar in ihrem Brauhaus. Und jetzt, mit dem neu erworbenen Orloff, der verheißungsvoll in ihrer Rocktasche knisterte, würde sie auch während der kalten Jahreszeit Gewinn machen können – Gewinn, der es ihr ermöglichte, schon bis zum kommenden Frühjahr alle Kredite an Grootvadder Evert und Ohm Godert abzutragen. Danach gehörte das Brauerbe endgültig ihr.

Ein wunderbarer Gedanke. Engelke lächelte noch einmal und zog dann, den Blick auf die dichter werdenden Regenschleier geheftet, widerwillig die Nase kraus. Eigentlich hatte sie vorgehabt, jetzt gleich zum Grimm zu gehen, Tidemann die frohe Botschaft zu bringen und in einem Aufwasch mit ihm den notwendigen zusätzlichen Einkauf von Malz und Hopfen zu besprechen. Aber bei dem Sauwetter …

Na, es drängte ja nicht. Der Gang zum Brauhaus konnte ohne weiteres um ein paar Stunden aufgeschoben werden – wenn es sein mußte, sogar bis morgen. Nicht nötig, sich vor lauter Ungeduld noch das gute Kleid zu ruinieren. Auf dem Grimm mußte bei der Menge Wasser, die heute schon vom Himmel gefallen war, der Straßendreck knietief stehen.

»Nein, danke«, murmelte Engelke und drehte sich um. Mit energischen Schritten trat sie wieder in das Rathaus ein. Sie würde, solange es noch dermaßen nieselte, Kellinghusen einen Besuch abstatten und sich erkundigen, wie es der »hohen Gerichtsbarkeit« so ging. Kellinghusen hatte sich schon lange nicht mehr in der Reichenstraße blicken lassen. Genaugenommen seit dem Tag im letzten Sommer, als sie seinen Antrag abschlägig beschieden hatte, war er ein seltener Gast im Haus ihres Onkels gewesen, was Engelke ja verstehen konnte. Aber irgendwann mußte er doch einmal über die Abfuhr hinwegkommen, die sie ihm hatte erteilen müssen. Sie vermißte die guten Gespräche mit ihm und mochte nicht länger darauf verzichten.

Der Amtsdiener, der den Rathauseingang zu bewachen hatte, schaute einigermaßen verwirrt drein, als Engelke wieder erschien, nachdem sie doch eben erst gegangen war. Sein Blick wurde verständnislos, als sie ihn ansprach: »Ich möchte Herrn Kellinghusen gemeldet werden!«

Der Amtsdiener, Mitte zwanzig und damit in Engelkes Alter, klappte den Mund auf. »Äh … ich …«

»Nun, mach schon, Hinrich«, befahl Engelke etwas schärfer, »dafür wirst du schließlich bezahlt!« Sie kannte den Burschen seit ihrer Kinderzeit. Der Sohn eines Hökers aus der Nachbarschaft war für ihren Geschmack schon immer etwas langsam von Begriff gewesen.

Hinrich räusperte sich und glättete nervös seinen schwarzen Tuchrock. »Ich weiß aber nich', ob das jetzt –«

»Du hältst mich auf«, unterbrach Engelke streng, »die Gerichtssitzung ist erst nach Mittag, hat mir der Notarius gesagt. So was mußt du doch wissen, Hinrich! Jetzt marsch – beeil' dich mal'n büschen. Lauf voran. Ich weiß, wo's langgeht!«

Der Amtsdiener, um einige Zoll kleiner als Engelke, war unter dem Blick ihrer nüchternen blauen Augen noch ein wenig mehr geschrumpft. Ohne weitere Widerrede stapfte er jetzt schnellen Schrittes den Korridor entlang, der zu den Amtsstuben führte. Bei der letzten blieb er stehen, klopfte, öffnete die Tür einen Spalt und stotterte unsicher: »Da wär dat Fröl'n Engelke Geerts, Heer Kellinghusen – Ihr wißt ja, die bei Godert van Damme ut'n Huus … die hat sich nich' abweisen lassen. Nu is sie hier und will rein – wo ich doch gleich gesagt hatte, dat Ihr –«

Engelke wartete den Rest dessen, was Hinrich noch sagen wollte, nicht ab. Sie schob den Amtsdiener sanft, aber energisch beiseite und trat einfach in das Zimmer des Gerichtsherrn ein. »Guten Morgen, Mandus«, begrüßte sie den etwas konsterniert an seinem Pult stehenden Ratsherrn fröhlich, »ich hatte mir gedacht, hier bei Euch ist das Wetter vielleicht nicht gerade so grau und trübselig wie draußen auf der Straße!«

»Guten Morgen!« Kellinghusen legte die Schreibfeder vorsichtig auf die Platte des Pultes und kam, während er Hinrich den Amtsdiener mit einer kurzen Handbewegung wegschickte, langsam auf Engelke zu. »Schön, Euch zu sehen. Und wenn das Wetter bis jetzt schlecht war, dann ist jedenfalls eben die Sonne durchgebrochen!«

Er brachte sogar ein Lächeln zustande. Wieder einmal wurde Engelke bewußt, was für einen stattlichen, gestandenen und gutaussehenden Mann sie ausgeschlagen hatte. Sicher, Mandus Kellinghusen war gut zwanzig Jahre älter als sie. Aber, alles was recht war, er konnte sich weiß Gott noch sehen lassen mit seinem gepflegten, kinnlang gestutzten, grausilbernen Haar, der schlanken Gestalt und den wohlgeformten Beinen, die in den schlauchengen, taubenblauen Beinkleidern aus feinster Wolle hervorragend zur Geltung kamen. Alles an Kellinghusen wirkte gediegen und vornehm; besonders sein Benehmen verriet – mehr noch als seine teure Kleidung –, aus was für einem feinen Stall er stammte.

Engelke schluckte, um eine leichte Beklommenheit loszuwerden. Es war vielleicht der schwerste Fehler ihres Lebens gewesen, nicht auf den Heiratsantrag dieses Mannes einzugehen. Ein größeres Glück hätte ihr als mittelloser Waise und alter Jungfer mit einer riesenhaften Körpergröße von fast sechs Fuß gar nicht in den Schoß fallen können. Niemand aus ihrer Familie oder Bekanntschaft hatte damals verstanden, warum sie Kellinghusen nicht genommen hatte. Die Tanten Meta und Gesine – beide unverheiratet, zänkisch und widerwärtig – hatten sie sogar kategorisch für verrückt erklärt. Aber die beiden ahnten ja nicht, was Engelke daran gehindert hatte, Kellinghusens zweite Frau zu werden. Und sie hätten wohl auch nicht verstanden, selbst, wenn sie die Gründe gekannt hätten. Zumal Engelke den Gerichtsherrn sehr gut leiden mochte.

»Na ja«, beantwortete sie sein Kompliment in der burschikosen Art, die er bei ihr gewohnt war, »mit einem kleinen Sonnenschein bin ich wohl nicht zu vergleichen, was? Ich wollte lediglich bei Euch im Trockenen darauf warten, daß draußen der Regen aufhört!«

»Gut, gut«, sagte Kellinghusen. »Wißt Ihr, Engelke – ich hatte eigentlich schon lange vorgehabt, wieder einmal bei

Euch –«, er brach seinen Satz ab und lachte verlegen, »was rede ich denn da? Lauter dummes Zeug! Aber ich freue mich sehr, daß Ihr hergekommen seid. Nehmt doch Platz!«

Engelke setzte sich auf den gepolsterten Schemel, den Kellinghusen ihr angeboten hatte. Er hat die Kunst des Gedankenlesens nicht verlernt, dachte sie mit leiser Bewunderung, er hat natürlich gespürt, warum ich hier bin. Gleichzeitig hat er, ehrlich wie er ist, die falschen Behauptungen, die ihm auf der Zunge lagen, sofort zurückgenommen.

Es war ihm noch nicht gelungen, sich mit der veränderten Situation abzufinden, geschweige denn anzufreunden. Es fiel ihm schwer, die richtigen Worte zu finden. Ehe sich ein peinliches Schweigen im Raum ausbreiten konnte, sagte Engelke: »Und jetzt erzählt mir doch, Mandus – was tut sich in Eurem Amt? Gibt es Spannendes zu berichten?«

»Spannendes?« Er nahm dankbar die Gelegenheit zu einem sachlichen Gespräch wahr, die Engelke ihm geboten hatte. »O ja – denn wir haben einen Riesenerfolg zu verzeichnen. Den größten seit dem vergangenen Jahr.«

Engelke verzog die Mundwinkel in einem dünnen Lächeln, während sie Kellinghusen ein wenig ungläubig ansah. »So groß kann die Angelegenheit aber nicht sein. Sonst hätte ich davon gehört.«

»Das Schiff – oder vielmehr die Schiffe sind erst heute im Morgengrauen eingelaufen«, gab der Ratsherr erklärend zurück, »ich möchte bezweifeln, daß die Nachricht schon in der Stadt die Runde gemacht hat. Aber spätestens nach Mittag wird wohl jeder wissen, daß es uns gelungen ist –«

»Was für Schiffe?« unterbrach ihn Engelke. »Und was ist Euch gelungen? Ihr habt doch nicht etwa … Oder doch?«

Kellinghusen lachte. Es war dieses tiefe, herzliche Lachen, das Engelke so sympathisch fand. »Geduld«, sagte er, »hetzt mich doch nicht so, Engelke! Bei den Schiffen handelt es sich um die Bunte Kuh unter dem Befehl von Simon van Utrecht, um drei kleinere Koggen, die von hiesigen Schiffern befehligt werden, und um die Erzengel, ein auswärtiges Schiff, das sich unserer Flotte angeschlossen hatte.«

Engelke mußte schlucken; der Mund wurde ihr auf einmal ganz trocken. Bei der Genugtuung, mit der Kellinghusen berichtete, mußten die Schiffe erfolgreich gewesen sein. Der ganz große Schlag war ihnen tatsächlich gelungen. »Und?« fragte sie mit vor Aufregung ganz belegter Stimme.

»Wir haben sie«, sagte Kellinghusen strahlend, während er sich in den steillehnigen Stuhl an seinem Arbeitstisch setzte und ein eng beschriebenes Blatt Papier in die Hand nahm, »allesamt – den Kopf des Drachen eingeschlossen!«

»Nein!«

»Doch. Hier ist die Liste der Namen. Gödeke Micheel steht an der Spitze der Gefangenen, wo er hingehört.«

Engelke verschlug es die Sprache. Das Unternehmen, auf das die gesamte Hamburgische Kaufmannschaft ihre Hoffnung gesetzt hatte, war glücklich zu Ende gebracht worden – eine Tatsache, mit der niemand hatte rechnen können. Gödeke Micheel, der alte, ausgefuchste, verschlagene und listenreiche Hauptmann der Seeräuber, die seit so langer Zeit die Nordsee unsicher und den Handel zu einer bedrohlich-riskanten Sache gemacht hatten, war außer Gefecht gesetzt – mit dem Rest seiner Spießgesellen! Nach Störtebeker, der vor ihm eingefangen worden war, hatten die Häscher jetzt endlich auch ihn erwischt, den Gefährlichsten von allen Piraten. Das war auf jeden Fall ein Riesenerfolg für die Justitia!

»Ihr sagt ja gar nichts«, meldete sich Kellinghusen und strahlte noch immer. »Findet Ihr nicht auch, daß uns da etwas sehr Bemerkenswertes gelungen ist?«

»O doch«, gab Engelke zurück. Ihre Stimme vibrierte vor Aufregung und Begeisterung. »Was mich am meisten freut, ist die Auswirkung, die sich daraus ergibt. Alle habt Ihr gefaßt, sagt Ihr?«

»Wir gehen jedenfalls davon aus«, sagte Kellinghusen und reckte sich in einem Anflug von berechtigtem Stolz. »Mehr als dreißig Mann stehen auf der Liste, die heute früh bei den ersten Vernehmungen aufgestellt worden ist. Die Hauptleute bilden den ersten Block –«, er deutete auf das Blatt Papier, »es sind neunzehn mit dem Gödeke.«

Engelke pfiff leise durch die Zähne und räusperte sich

gleich darauf, verlegen über ihren wenig damenhaften Ausrutscher. »Da wird Meister Rosenfeld reichlich Arbeit kriegen«, sagte sie mit einem zweiten Räuspern, »über dreißig Köpfe rollen zu lassen, das ist keine Kleinigkeit.«

»Er hat ja Übung«, erwiderte der Gerichtsherr schmunzelnd. »Bei Klaas Störtebekers Hinrichtung waren es fast genau so viele. Und zuerst brauchen wir ohnehin die Geständnisse. Die meisten der Schurken werden natürlich wieder hartnäckig leugnen – das ist jedesmal dasselbe.«

»Peinliche Befragungen, was?« Engelke schüttelte sich, fröstelnd bei dem Gedanken.

»Hm«, Kellinghusen nickte. »Ich schätze, zwei Drittel der hartgesottenen Raubgesellen werden ohne schärfere Maßnahmen kaum den Mund aufmachen. Das bedeutet für den Henker erheblich mehr Arbeit als bei der Hinrichtung selbst. Gott sei Dank muß ich nicht alle Verhöre allein führen. Der Rat hat ein Gremium gebildet, das sich diese Aufgabe teilt. Für einen allein sind es einfach zu viele.«

»Ihr tut mir trotzdem leid, Mandus«, erwiderte Engelke mit ehrlicher Anteilnahme. »Vielleicht habt Ihr ja Glück, und die meisten geben ihr Geständnis freiwillig ab, wenn sie merken, daß sie keine Chance haben …«

Der Gerichtsherr schüttelte den Kopf. »Das ist eigentlich nie der Fall«, murmelte er nachdenklich, »wobei man doch meinen sollte …«

»Darf ich einen Blick auf die Liste werfen ?« fragte Engelke.

»Ja, sicher«, gab Kellinghusen zurück, »die Namen, die draufstehen, sind allerdings eigentlich fast alle Spitznamen. Sie geben keinen Hinweis auf die Herkunft des Piraten – höchstens auf sein Aussehen oder seine Eigenschaften.«

Engelke nahm das beschriebene Blatt zur Hand. Kellinghusen hatte recht; die vielen Namen, die da dicht an dicht aufgeführt standen, waren eher Beschreibungen. »Jan Einauge«, las sie, und »Langmesser«, »Bohnensack«, »Hinnerk Triefnas«. Nur einige wenige der gefangengesetzten Seeräuber hatten ihre Taufnamen angegeben; die meisten von diesen fanden sich bei den Hauptleuten.

Engelke überflog die Liste. Sie wollte das Papier schon wieder hinlegen, als ihr ganz unten auf der Seite, zwischen den Spitznamen, einer auffiel, der nicht hineinzupassen schien. »Jakobus Lüneburg« stand da, und während Engelke den Blick auf diesen Namen fixierte, schienen Tinte und Schriftzug vor ihren Augen größer und schwärzer hervorzutreten.

Jakobus Lüneburg. Engelke kniff die Lider zusammen. Beide Teile dieses Namens hatten eine sehr persönliche Bedeutung für sie. Jakobus – so hatte das Schiff geheißen, mit dem Vater und Bruder vor siebzehn Jahren auf der Fahrt nach England untergegangen waren. Und Lüneburg war die Heimatstadt der Familie Geerts gewesen – Engelkes Familie, als es sie noch gab …

»Seltsam«, murmelte Engelke und strich sich nachdenklich eine kleine Haarsträhne aus der Stirn. Das Schreckliche lag nun schon so lange zurück; dennoch hatte der eigenartige Name auf der Liste mit einem Schlag alle Erinnerungen wieder aufleben lassen, und sie schmerzten aufs neue.

»Seltsam?« fragte Kellinghusen, »was findet Ihr daran seltsam? Ich meine, diese Liste unterscheidet sich in nichts von der Aufstellung der Störtebeker-Bande –«

»Was ist dies für ein Mann«, unterbrach Engelke und tippte mit dem Finger auf den Namen, der ihre Gedanken in eine so ungewohnte Richtung gelenkt hatte. »Habt Ihr den schon verhört, Mandus?«

Kellinghusen las. »Jakobus Lüneburg …? Nein, natürlich nicht. Heute früh sind ja lediglich die Namen aufgenommen worden. Die Verhöre werden später geführt, wenn wir –«

»Ist es ein alter Mann?« forschte Engelke unbeirrt weiter.

»Das weiß ich nicht, Engelke«, gab der Gerichtsherr zurück. »Ich kann mir einfach auf die Schnelle keine dreißig Namen merken – plus die Gesichter, die dazugehören.« Er lächelte. »Abgesehen davon, daß es nicht lohnt, sie sich einzuprägen. Es sind durchweg Schurkenvisagen.«

Engelke ging nicht auf den lockeren Ton des Ratsherrn ein. »Wißt Ihr, Mandus«, sagte sie ernsthaft, einer plötzlichen Eingebung folgend, »dieser Mann könnte ein ehemaliges Besatzungsmitglied der Jakobus sein. Vielleicht weiß er, was aus dem Schiff geworden ist ... man nahm damals an, es sei in einem Sturm gesunken, aber –«

Diesmal war es Kellinghusen, der unterbrach. »Von welchem Schiff sprecht Ihr?« fiel er Engelke ins Wort, »Ihr müßt schon deutlicher werden.«

Engelke erzählte ihm in knappen Worten, was sie meinte. »Wenn dieser Lüneburg tatsächlich auf dem Schiff meines Vaters gefahren sein sollte«, schloß sie ihre kurze Erklärung ab, »dann könnte ich durch ihn vielleicht Gewißheit erlangen. Möglich, daß er Genaues über den Untergang der Jakobus weiß ...«

Kellinghusen nickte gedankenvoll. »Ich werde mir den Kerl auf jeden Fall einmal persönlich vornehmen«, erwiderte er langsam, »Ihr könntet mit Eurer Vermutung recht haben, Engelke. Nach allem, was Ihr mir gerade berichtet habt, halte ich die Zusammensetzung seines Namens ebenfalls nicht für zufällig. Es wäre immerhin einen Versuch wert, mehr herauszufinden.«

»Wann werdet Ihr den Mann verhören?« Engelke unterdrückte eine plötzlich aufsteigende Ungeduld.

»Nach Mittag«, sagte Kellinghusen geschäftsmäßig. Er legte die Liste mit den Namen auf den Tisch. »Ich werde mir sogar ein bißchen Zeit für ihn nehmen. Das muß sein. Meine Amtskollegen haben das zu begreifen.«

Von neuem verspürte Engelke einen Anflug von Bewunderung für die Willenskraft und nüchterne Autorität des Gerichtsherrn. Das war Mandus Kellinghusen in seiner besten Form – immer in der Lage, das Wichtige vom Überflüssigen zu unterscheiden und ohne Umschweife zu handeln, wenn es angebracht war. »Ich danke Euch, Mandus«, sagte sie, »Ihr ahnt ja nicht, wie wichtig es für mich wäre, endlich Klarheit zu haben!«

Sein Blick war ernst. Er sah sie an und schaute dann auf seine Hände. »Es ist überaus wichtig zu wissen, wo man steht«, gab er leise zurück, »danach hat man weniger Schwierigkeiten, seinen Weg weiterzugehen und nicht in die Irre zu tappen.«

Engelke richtete sich auf. Auch das war Kellinghusen. Immer wieder brachte er es fertig, mit einem Satz ganz unvermittelt das Thema aufzurufen, das für ihn noch nicht beendet, für Engelke dagegen schon längst abgeschlossen war auch wenn gelegentlich Zweifel in ihr aufkeimten.

Für diesmal wurde es Zeit, die Unterredung abzubrechen. »Wann darf ich mich erkundigen, wie das Verhör mit dem Piraten abgelaufen ist?« fragte sie den Gerichtsherrn und lenkte damit das Gespräch auf seinen Kernpunkt zurück. »Könnte ich wohl heute abend ...?«

Er schüttelte den Kopf und schaute sie an, der Blick seiner grauen Augen war wieder klar und nüchtern. »Es wäre, glaube ich, am besten, wenn ich zu Euch käme, ins Haus van Damme«, sagte er. »Natürlich nur, wenn es Euch recht ist, Engelke. Sicher interessiert es Euren Onkel ebenfalls, was ich unter Umständen aus diesem Jakobus Lüneburg heraushole – meint Ihr nicht?«

»O ja – unbedingt«, erwiderte Engelke und erhob sich von ihrem Schemel. Sie hielt Kellinghusens Blick nicht mehr stand. »Der Regen wird jetzt nachgelassen haben«, fügte sie hinzu, »da muß ich sehen, daß ich weiterkomme.« Sie streckte ihm die Hand hin. »Mandus – es war gut, wieder einmal mit Euch gesprochen zu haben, wirklich. Und, wie immer ist etwas dabei herausgekommen.«

Er griff ihre Hand, drückte sie leicht, ließ sie wieder fahren. »Meint Ihr?« fragte er.

Engelke verabschiedete sich hastig. »Bis später also, Mandus«, haspelte sie herunter, »wir sehen uns heute abend in der Reichenstraße. Danke für Eure Hilfe – ich weiß sie zu schätzen!«

Kellinghusen hatte nur genickt und Engelke ein leicht melancholisches Lächeln mit auf den Weg gegeben. Jetzt, wo sie das Rathaus verlassen hatte und über den Neß Richtung Reichenstraße stapfte, schämte sie sich ein bißchen für die Floskeln, mit denen sie vor dem Gerichtsherrn Reißaus genommen hatte.

Er hatte ihre Unsicherheit deutlich gespürt, so, wie er sie

angesehen hatte. Verärgert über ihr wenig souveränes Benehmen Mandus Kellinghusen gegenüber blies Engelke die Backen auf. Der Regen hatte natürlich nicht aufgehört; er war nur dichter und dünner geworden. Seine nebelfeinen Tröpfchen hatten schon nach wenigen Schritten Kapuze und Schulterpartie an Engelkes Umhang klamm werden lassen und drangen stetig tiefer in den groben Wollstoff des Mantels ein. Das machte die Stimmung auch nicht gerade gemütlicher.

Mit gerunzelten Augenbrauen, die Hände tief in die Falten ihres Umhangs vergraben, langte Engelke vor dem Haus van Damme an. Sie schlug die Kapuze zurück, öffnete die Haustür, trat in die weite Diele ein und prallte fast gegen Mette und Mine, die da zusammenstanden.

Die beiden Mägde fuhren erschrocken auseinander – nicht, weil sie beim Tratschen erwischt worden waren, sondern eher, weil sie eine so abrupte Unterbrechung ihres Gespräches nicht erwartet hatten. Mette, die Ältere, die schon seit vielen Jahren im Haus diente und so gut wie zur Familie gehörte, schaute Engelke mit großen, sorgenvollen Augen an.

Engelke, der schon ärgerliche Worte auf der Zunge gelegen hatten, sah den Blick mit Befremden. »Was ist los?« wollte sie wissen, »wieso seid ihr nicht bei der Arbeit?«

Mine preßte die Lippen zusammen. Mettes Blick wurde noch kummervoller. »Da is' wieder 'n Unglück passiert, Fröl'n Engelke –«, sagte sie bedrückt, »wi hefft dat grod' eben erst erfohr'n. Un dat is nu schon dat dritte Mol …«

»Wovon redest Du?« Engelke konnte sich keinen Reim darauf machen und musterte ihre Magd fragend. »Was habt ihr eben erst erfahren?«

»'n kleines Kind is' weggekommen«, erklärte Mette trübselig, »Billes Jüngster – aus der Wiege verschwunden … und übermorgen sollte die Taufe sein. Dat is nu schon dat dritte dies' Jahr …«

»Furchtbar, nich'?« warf Mine ein. Die Jungmagd schien das Verschwinden des Säuglings weniger traurig als vielmehr aufregend und spannend zu finden, so, wie sie mit dem Zipfel ihrer langen grauen Leinenschürze herumspielte.

»Wer ist Bille?« fragte Engelke ihre Altmagd und achtete nicht auf Mines Bemerkung. Mettes Bestürzung färbte auf sie ab, ohne daß sie es verhindern konnte.

»Wißt Ihr nich' mehr?« Mette rückte nervös ihr weißes Kopftuch zurecht. »Sibille – die Frau von dem Korbmacher, der hinterm Bäckergang bei den Brotschrangen wohnt. Für mich is' Bille wie 'ne Schwester – wir treffen uns immer mal wieder, wenn wir die Wäsche spülen, unten am Fleet.«

»Und dieser Bille ist das Kind abhanden gekommen?« Engelke legte den feuchten Mantel ab und hängte ihn zum Trocknen an den Haken neben der Haustür. »Wie konnte das denn geschehen?«

»Ich sag's ja, Fröl'n Engelke – es is' aus der Wiege gestohlen worden!« Mettes ganze Aufregung kam erst jetzt deutlich zum Vorschein, nachdem sie in Engelke eine bereitwillige Zuhörerin gefunden hatte. »Das Kleine schlief ganz friedlich – drinnen in der Kammer. Und als Bille vom Einholen wiederkam, da war es weg. Und keiner hatte was gemerkt.«

»Ist die Gegend abgesucht worden?« Engelke spürte, wie ein sonderbares Gefühl der drohenden Gefahr in ihr aufstieg – eine Empfindung, die sie sich im Zusammenhang mit dem verschwundenen Säugling nicht recht erklären konnte. »Sind wenigstens Hinweise aufgetaucht, wo das Kind geblieben sein könnte?«

Mette schüttelte den Kopf. »Keiner weiß was«, antwortete sie tonlos. »Billes Mann is' überall rumgelaufen – auf allen Straßen und sogar in den Budengängen und auf den Märkten. Es is', als ob der Erdboden sich aufgetan und das Kleine verschluckt hätte. Genauso wie bei Gretes lütter Deern, und bei dem Kind von der Hökerin, die immer mit Gemüse und Obst auf dem Fischmarkt –«

»Dreimal ist das schon passiert, sagst du?« Engelke vergewisserte sich, ob sie richtig verstanden hatte. »Und warum weiß ich nichts davon? Wann sind denn die anderen beiden Säuglinge verschwunden, und wie kommt es, daß ich jetzt zum erstenmal davon höre?«

Mette zuckte die Achseln. »Dat is' nu so mit den kleinen Leuten«, murmelte sie und senkte den Kopf, »wenn da'n Unglück passiert, denn will da doch keiner was von wissen. Dat Lütte von 'ner Magd oder 'ner Hökerin oder 'ner Korbflechtersfrau, dat is' so wichtig nich'. Wenn so eins wegkommt – da geiht de Welt nich' von unner. Und kein Hahn kräht danach ...«

»Soll das heißen, der Rat ist nicht informiert – und niemand hat von dem Verschwinden der Kinder Meldung gemacht?« Engelke war empört und zornig. »Die Entführungen sind einfach verschwiegen worden?«

Mette nickte verunsichert. »Wie sollte denn wohl'n einfacher Korbflechter so auf's Geratewohl den feinen Herren vom Rat mit sowat die Zeit stehlen«, murmelte sie, »die haben ganz was anderes zu tun, als sich um Armeleutekinder zu kümmern ...«

»Mette!« Engelke stampfte mit dem Fuß. Ihr Holzschuh knallte auf die schwarz-weißen Fliesen. »Da hört sich doch alles auf! Unschuldige Kinder werden aus der Wiege gestohlen, und niemand unternimmt etwas dagegen!« Sie schlüpfte aus den Holzschuhen und schleuderte sie mit solchem Schwung in die Ecke, daß Mette und Mine zusammenzuckten. »Das wird sich ändern«, fügte sie aufgebracht hinzu, »das soll das Erste sein, was ich heute abend dem Gerichtsherrn erzähle. Schließlich muß der Rat informiert werden, bevor er handeln kann. Es ist ein Unding, daß in dieser Stadt Kinderräuber ungestraft ihr Unwesen treiben können!«

2

Kellinghusen war am späten Nachmittag gekommen, noch vor Einbruch der Dämmerung. Engelke hatte ihn in den hinteren Teil der weitläufigen Diele gebeten, zu den beiden hochlehnigen, etwas unbequemen Stühlen, die rechts und links der großen Leinwandtruhe am Hoffenster standen. Sie hatten sich niedergelassen und, ganz wie in früheren Tagen, ungestört ihr Gespräch geführt.

Der Ratsherr hatte aufmerksam Engelkes Bericht von den gestohlenen Säuglingen angehört und, als sie fertig war, bedenklich die Stirn in Falten gelegt. Nein, er habe nichts davon gewußt, sagte er ernst, die Sache sei ihm ganz neu. Und Engelke könne sich darauf verlassen, daß seitens des Rats in der Angelegenheit augenblicklich die nötigen Schritte in die Wege geleitet würden – zu allererst eine gründliche Suche nach den verschwundenen Säuglingen, das sei selbstverständlich. Und danach, beziehungsweise gleichzeitig, die Fahndung nach dem oder den Schuldigen.

Engelke wußte, sie konnte dem Gerichtsherrn trauen. Kellinghusen würde tatsächlich Himmel und Hölle in Bewegung setzen; er würde persönlich darüber wachen, daß Spuren gefunden und verfolgt wurden – auf ihn war Verlaß. Er war zäh und ausdauernd wie ein Saupacker, konnte auf einer Fährte bleiben und sich in eine Sache verbeißen – ganz wie diese großen Hetzhunde, die zur Jagd auf Wildschweine eingesetzt wurden. Wenn Kellinghusen sich dieser Sache annahm, dann konnte man mit Ruhe den Ausgang abwarten. Und so kam Engelke bald auf ihr eigenes Anliegen zurück.

»Habt Ihr den Piraten schon befragt, Mandus?« erkundigte sie sich mit großer Spannung.

»Ja«, sagte Kellinghusen, immer noch mit einem sorgenvollen Gesichtsausdruck, denn es fiel ihm schwer, so schnell auf ein anderes Thema umzusteigen.

»Und ist etwas dabei herausgekommen?« Engelke beugte

sich ihm entgegen und heftete den Blick erwartungsvoll auf seine Augen.

»Ja und nein«, gab der Ratsherr zurück, während er die Hände spreizte und flach auf den Deckel der Truhe legte, »eins hat sich jedenfalls sofort herausgestellt: Der Mann kann nicht zur Besatzung der Jakobus gehört haben.«

»Aha.« Engelke fühlte einen Stich der Enttäuschung. »Und warum nicht? Was bringt Euch zu diesem Schluß, Mandus?«

Er räusperte sich. »Nun«, sagte er, »der Pirat kann nicht älter sein als höchstens dreißig. Ihr sagtet mir aber heute morgen, die Jakobus sei schon vor siebzehn Jahren verschollen. Demnach wäre er zu jung.«

»Ich weiß nicht«, widersprach Engelke, »es gibt Schiffsjungen, die sind erst elf oder zwölf auf ihrer ersten Fahrt und –«

»Er wußte nichts von einem Schiff mit Namen Jakobus«, fiel Kellinghusen ihr ins Wort, »er hatte keine Ahnung, warum er so heißt. Er konnte mir überhaupt nur wenig Aufschlußreiches sagen. Ja – er kam mir sogar sehr dumm, sehr begriffsstutzig vor.«

»So.« Engelkes Enttäuschung wuchs, aber es gelang ihr, das gut zu verbergen. Einen Moment schwieg sie. Dann fragte sie doch noch einmal nach, obwohl die Hoffnung, mehr über den Untergang der Jakobus zu erfahren, jetzt geschwunden war. »Mandus, was habt Ihr denn insgesamt über diesen Piraten in Erfahrung gebracht, und was denkt Ihr darüber?«

Der Gerichtsherr faltete die Hände, entflocht die Finger wieder und legte sie von neuem flach auf den Truhendeckel. Es war eine Geste des Bedauerns und der Entschuldigung. Engelke konnte nicht umhin, wieder einmal Kellinghusens ausdrucksstarke, sprechende Hände zu bewundern, mit deren Hilfe er ohne Worte so vieles sagen konnte. Dennoch brauchte sie eine Antwort auf ihre Frage, und sie forderte ihn durch einen bittenden Blick zum Sprechen auf.

Kellinghusen nickte. »Nun gut«, sagte er leise, »das wenige, das ich aus Lüneburg herausbekommen habe, kann ich gerne an Euch weitergeben, Engelke. Er sei aus Helgoland, berichtete er mir, bei einfachen Fischersleuten aufgewachsen. An seine Kindheit könne er sich nicht erinnern, und er wisse auch nicht, in welchem Jahr er geboren sei.«

»Wie ist er zur Seeräuberei gekommen? War es die Armut, die ihn dazu brachte, sich den Piraten anzuschließen?«

»Vermutlich. Obwohl mich seine Begründung dafür offengestanden etwas verwundert hat.« Der Ratsherr schüttelte fast unmerklich den Kopf. »Er sagte, nach den zwei Jahren bei den Fischersleuten, an die er sich erinnern könne, sei er weggegangen, damit sie nicht weiter die Last tragen mußten, ihn zu ernähren. Er habe sich einfach auf einem Schiff anheuern lassen, und dieses Schiff sei zufällig ein Freibeuter gewesen.«

»Das ist wirklich sehr merkwürdig«, gab Engelke zurück. »Was hat er denn über die zwei Jahre gesagt, die ihm noch im Gedächtnis sind?«

»Nichts – oder so gut wie nichts.« Kellinghusen breitete bedauernd die Hände aus. »Er wußte lediglich vom ganz alltäglichen Leben auf der Insel zu berichten. Und da er, wie ich schon sagte, sehr langsam von Begriff ist, war nichts Bemerkenswertes dabei.«

»Wie sieht der Mann aus?« fragte Engelke. Sie war noch nicht bereit, Jakobus Lüneburg zu den Akten zu legen.

Kellinghusen lächelte. »Er würde Euch ganz bestimmt nicht gefallen«, meinte er augenzwinkernd, »so abschrekkend häßlich wie er ist. Ein Monstrum geradezu.«

»Was macht ihn denn in Euren Augen so häßlich?« Engelke blieb ernst. »Ich kann mir nicht vorstellen –«

»Er ist ein grober Klotz von einem Kerl«, beschrieb der Gerichtsherr den Piraten, »sehr groß und breit gebaut. Sein Haar ist hell, soweit noch vorhanden, denn den größten Teil der Kopfhaut überziehen schlecht verheilte Brandnarben. Auch das Gesicht ist sehr entstellt; sein linkes Auge wird von einer breiten Hiebnarbe fast geschlossen. Auf dem Hinterkopf hat er eine auffallende Delle. Wahrscheinlich wurde ihm früher einmal der Schädel eingeschlagen, und der Goliath hat es überlebt.«

»Ach.« Engelke kam ins Grübeln bei dem, was Kellinghusen da an sie weitergegeben hatte. »Sind es alte Narben«, forschte sie nach einem Augenblick des Überlegens, »oder waren diese Verwundungen frisch – vielleicht entstanden im Kampf mit den Männern von der Bunten Kuh?«

Kellinghusen machte eine verneinende Handbewegung. »Nein«, antwortete er mit Überzeugung, »ohne Zweifel trägt er seine entstellenden Narben schon seit vielen Jahren. Sie waren verblaßt – nicht rot, als habe er sie vor kurzem erst empfangen.«

»Könnte es dann nicht sein –«, begann Engelke. Sie wurde jäh unterbrochen von einem lauten, polternden Klopfen an der Haustür, begleitet von Pferdewiehern und dem Klappen hölzerner Wagentüren – Geräuschen, die von der Straße hereindrangen.

Aufgeschreckt drehte sie den Kopf um. Mette lief aus der Küche in die Diele, öffnete die Haustür, knickste. Eine kleine, tief in einen rauchwerkgefütterten Reisemantel vermummte Gestalt rannte herein, breitete die Arme aus, kam strahlend auf Engelke zu. »Himmel – ist das schön! Ich bin endlich wieder da!«

Engelke stand auf und machte den Mund zu, der ihr vor Überraschung aufgeklappt war. »Anneke ...«, stotterte sie fassungslos, »ist es denn die Möglichkeit? Wie kommst du –«

Die kleine Person warf einfach den kostbaren Mantel von den Schultern ab und ließ ihn achtlos zu Boden gleiten. »Erst in die Arme nehmen, Engelke«, sagte sie mit leuchtenden Augen, »danach erzähl' ich dir alles – so ausführlich, wie du willst!«

»Herrgott, Anna!« Das war alles, was Engelke im Augenblick herausbringen konnte. Sie preßte ihr Bäschen, das sie nun schon seit mehr als einem Jahr nicht mehr gesehen hatte, fest ans Herz. Es war im Mai 1400 gewesen, nach der Jahrhundertwende – so weit lagen Annekes Hochzeit und der anschließende Umzug nach Riga bereits zurück.

Kellinghusen erhob sich von seinem Stuhl. »Ich glaube, wir setzen unsere Unterredung ein anderes Mal fort«, sagte er und verneigte sich formvollendet. »Jetzt überlasse ich

Euch, Engelke, und Frau Anna wohl anstandshalber der Wiedersehensfreude. Seid herzlich gegrüßt, und ich wünsche einen frohen Abend!«

Engelke, ihre kleine Base fest im Arm, nickte Kellinghusen zu. »Danke, Mandus«, sagte sie, »und ich melde mich noch einmal bei Euch, sobald –«

»Versteht sich«, gab der Ratsherr zurück. Er war schon an der Tür. »Einstweilen viel Freude!« Darauf verließ er mit einer weiteren höflichen Verbeugung das Haus.

Durch die Tür schleppten inzwischen zwei Knechte eine riesige Reisetruhe herein, und ein hochgewachsener, schlanker junger Mann in feinem Schwarz betrat die Diele. Er sah sich um und kam zögernd mit einem verlegenen Lächeln zu Engelke und Anna herüber.

»Ich grüße Euch«, sagte er mit einem Unterton der Entschuldigung in der Stimme, »hoffentlich verzeiht Ihr uns diesen unmöglichen Überfall. Anna wollte Euch unbedingt überraschen ...«

»Na, das ist ihr auch geglückt«, sagte Engelke und löste sich aus der stürmischen Umarmung ihres Bäschens. Sie wischte sich eine Träne der Rührung aus dem Augenwinkel. »Kommt, ihr beiden – setzt euch erst einmal! Mette soll einen Imbiß zurechtmachen – aber hopp, hopp! Lieber Gott ... daß ihr hier auftauchen könntet, darauf bin ich wahrhaftig nicht gefaßt gewesen! Warum habt ihr denn keine Nachricht geschickt? So ist ja überhaupt nicht für euren Empfang vorgesorgt worden! Wie steh' ich denn jetzt da?«

Anneke lachte laut auf. »O Engelke! Genau so hatte ich mir deine Reaktion vorgestellt! Ach, wie himmlisch, wieder mal hier zu sein – wie wunderbar!«

Sie war offensichtlich hochschwanger. Das erkannte Engelke erst jetzt, nachdem ihre kleine Gestalt nicht mehr von dem weiten Umhang verhüllt wurde. »Herrgott, Anneke«, stieß Engelke hervor, »davon hast du aber kein Sterbenswörtchen verlauten lassen!« Sie streckte die Hand aus und berührte sacht die wohlgerundete Leibesmitte ihrer Base. »Und da unternimmst du eine so lange und beschwerliche Reise? Wie konntest du nur! Stell' dir doch mal vor, du

Kindskopf, was da alles hätte passieren können … bei den elenden Straßen, auf denen du dermaßen durchgerüttelt wirst, daß du –«

Anna unterbrach Engelkes halb ernstgemeinte Strafpredigt mit einem weiteren klingenden Lachen. »Aber ich bin zäh, Engelke«, sagte sie und warf sich ihrer Pflegemutter noch einmal in die Arme, »das weißt du doch! Ich wollte, daß mein erstes Kind hier geboren wird und nicht in Riga, wo die Winter so streng sind.« Sie verfiel in einen vertraulich-ernsten Ton. »Konrad war anfangs ja auch gegen die lange Reise. Du weißt, wie Männer sind – die trauen unsereinem rein gar nichts zu«, verkündete sie mit einem zärtlichen Seitenblick auf ihren Eheherrn. »Aber am Ende hat er sich überzeugen lassen. Er ist eben doch klüger als die meisten anderen.«

Engelke konnte sich ein belustigtes Grinsen nicht verkneifen, auch wenn es mit ihrer Antwort nicht im Einklang stand: »Na, ob das so klug war, dir Wildfang in diesem Fall den Willen zu lassen …« Sie wechselte einen verständnisvollen Blick mit Konrad Veckinghusen, Annekes jungem Ehemann, der beim Kompliment seiner Angetrauten tief errötend seine Verlegenheit zu verbergen suchte. »Da setzt du dich hin«, befahl sie ihrem Bäschen streng, »jetzt hat der Leichtsinn ein Ende, und es wird Ruhe gehalten – verstanden?«

Anneke grinste nichtsnutzig. Aber sie nahm gehorsam auf einem der beiden unbequemen Stühle Platz. »Solange ich nicht den ganzen Abend darauf verbringen muß«, konterte sie mit gespielter Kleinmädchen-Widerborstigkeit.

Mette, die freudestrahlend und sprachlos dagestanden hatte, wurde angewiesen, für ein frühes Abendessen zu sorgen. Die gute Seele eilte davon; Augenblicke später brachte Karl, ihr Mann, Tischböcke und Tafel in die Diele, während Mette, unterstützt von ihren zehn- und zwölfjährigen Töchtern, in der Küche mit Töpfen und Pfannen zu hantieren begann. Mine, die Jungmagd, richtete derweil im oberen Stockwerk Annekes leerstehende Jungmädchenkammer für das junge Paar her, und Bartel, der Fuhrknecht, machte sich ebenfalls nützlich. Er half dem gebrechlichen Altherrn des

Hauses, Evert van Damme, aus der guten Stube in die Diele.

Konrad Veckinghusen und Anneke hatten es sich zusammen mit Engelke schon auf den eilig herbeigetragenen Stühlen um den Bocktisch bequemgemacht. Dennoch sprang Anneke auf, als Evert der Ältere, gestützt von Barthel, hereinkam, und fiel ihrem Großvater mit einem Jubelschrei um den Hals. Evert van Damme erwiderte die Umarmung eher steif und förmlich – es war nie seine Art gewesen, Gefühlsregungen zu zeigen, und er konnte nicht aus seiner Haut. Aber seine alten, blaßgrauen Augen schimmerten plötzlich verräterisch feucht. »Es ist schön, Anna, dich wieder einmal hier zu sehen«, sagte er mit der ihm eigenen, klaren Aussprache, »aber wahre deine Haltung. Du bist Frau – es schickt sich nicht mehr für dich, so unbeherrscht herumzuspringen!«

»Ach, Grootvadder!« Anneke drückte Evert dem Älteren respektlos einen Kuß auf die faltige Wange. Da mußte der Unbeugsame doch lachen. Er ließ es sogar zu, daß seine Enkelin ihn selbst zum Sessel geleitete und ihm die weichen Sitzkissen, mit denen der Armstuhl gepolstert war, passend zurechtrückte. Anneke das Küken, die Jüngste aller van Dammes, hatte sich schon immer leisten können, was der alte Mann niemandem sonst erlaubte. Bei Anna lächelte er, wo er bei jedem anderen gezürnt hätte. So war das nun einmal.

Und jetzt erzählte die junge Frau Veckinghusen. Sie sprudelte alles heraus, was sie seit ihrem Auszug aus dem Vaterhaus erlebt hatte; sie leuchtete, glühte vor Zufriedenheit und Glück, hatte sich in ihre Rolle als Ehefrau und Hüterin eines eigenen Haushalts offensichtlich wunderbar eingelebt, himmelte ihren Mann mehr denn je an und wurde leidenschaftlich von ihm geliebt.

Jetzt trug sie Konrad Veckinghusens erstes Kind und würde sehr bald Mutter werden. Engelke, die mit großen Augen die glückstrahlende junge Frau betrachtete, konnte dieses Wunder kaum fassen. Anneke – ihre kleine Anneke, der sie von Anfang an, seit dem Tod von Muhme Gunda, eher Mutter als Base gewesen war – dieses Kind von siebzehn Jahren würde selbst bald ein Kind zur Welt bringen.

Und sie, Engelke, hatte nicht einmal mehr Hoffnung auf ein solches Glück.

Nicht, daß sie Neid empfunden hätte – das lag ihr fern. Aber beim Anblick der beiden jungen Leute, die nach einjähriger Ehe mehr denn je ineinander verliebt waren und die in jeder Hinsicht hervorragend zueinander paßten und miteinander zurechtkamen, stiegen Melancholie und Traurigkeit in ihr auf. Ganz unvermittelt machte sich eine Sehnsucht in ihr breit, die so lange und so tief vergraben gelegen hatte. Ein alter Schmerz erneuerte sich. Wieder wurde sie sich ihrer quälenden Einsamkeit inmitten dieser glücklichen Menschen überdeutlich bewußt.

Eigentlich gab es keinen Grund, weshalb sie mit ihrem Leben hätte unzufrieden sein sollen. Seit fast drei Jahren führte sie nun ein eigenes Unternehmen, ihr Brauhaus – und das mit großem Erfolg. Zudem war sie daran gewöhnt, in erster Linie als Geschäftsfrau betrachtet zu werden und nicht als weibliches Wesen. Wenn einer ihr klargemacht hatte, daß sie für keinen Mann zur Ehe in Frage kam, dann war das Grootvadder Evert gewesen. Selbst Ohm Godert van Damme hatte sie immer nur als seinen »besten Mann im Kontor« bezeichnet. Engelke Geerts – das war ein »begabter Kaufmann« und keine Frau, die Träume und Sehnsüchte hatte wie andere Frauen. Diese Engelke hatte viel erreicht – mehr als eine gewöhnliche Frau hätte erreichen können. Dafür gab es aber nur eine einzige Erklärung: Man räumte ihr männliche Rechte ein, weil man sich Engelke als verheiratete Frau nicht vorstellen konnte.

Auch Mandus Kellinghusen sah in ihr eher den Kameraden, den verläßlichen Vertrauten, den klugen Gesprächspartner. Auch er übersah, daß sie weiblich war, und bewunderte lediglich ihre Fähigkeit, klar zu denken. Nur ein einziges Mal – drei Jahre war das jetzt her –, da hatte einer ihr für einen kurzen Augenblick das Gefühl vermittelt, liebenswert zu sein – geliebt sogar, um ihrer selbst willen. Dieser eine hatte sie glauben machen, sie sei schön – eine begehrenswerte Frau, geboren, um Seite an Seite mit ihm zu leben und Mutter seiner Kinder zu werden.

Engelke hatte sich diesem Traum hingegeben und fest daran geglaubt, daß er Wirklichkeit werden würde. Aber er war so schnell vergangen, wie er entstanden war, und alle daran verschwendete Leidenschaft hatte ihn nicht festhalten können.

Ja, der Traum war ausgeträumt. Aber die Liebe zu demjenigen, der Inhalt des Traumes gewesen war – die lebte noch in Engelke und drängte und tat ihrem Herzen weh …

Natürlich fiel niemandem aus der weiteren Runde am Tisch Engelkes Schweigsamkeit auf. Anna plauderte fröhlich, gelegentlich unterstützt oder auch gebremst von ihrem Konrad, über Gott und die Welt, die sie im Begriff war, sich aufzubauen. Grootvadder Evert und Ohm Godert, der nach Einbruch der Dunkelheit dazugekommen war, hörten lächelnd zu, fragten das junge Paar weidlich aus, gaben Ratschläge – kurz, niemand achtete darauf, daß Engelke sich eine Zeitlang kaum am Gespräch beteiligte.

Ihr war das sehr recht. Die Pause gab ihr Gelegenheit, sich wieder zu fassen und sich von neuem vor Augen zu führen, daß sie sich mit ihrem Leben, so wie es jetzt verlief, abzufinden hatte. Wiebke, ihre alte Kinderfrau, hatte früher einmal den Ausspruch getan: Es gibt Wünsche, die sich nie erfüllen, Kind. Du solltest sie vergessen, sobald du sie als unerfüllbar erkannt hast.

An diesen weisen Ratschlag hatte Engelke sich immer gehalten, seit sie denken konnte. Und sie würde ihn auch diesmal befolgen – selbst, wenn es sehr, sehr schwerfiel. Es war nicht das schlechteste für eine unverheiratete Frau, ein eigenes Geschäft zu führen, uneingeschränkte Herrscherin über ihre Zeit zu sein und ihr Leben allein zu gestalten. Es war nicht das schlechteste, in eigener Arbeit ein Vermögen anzusammeln und frei darüber zu verfügen, ohne Rechenschaft ablegen zu müssen. Es hatte auch sein Gutes, ungebunden zu sein und zu bleiben …

Bald mischte Engelke sich wieder in das Familiengespräch ein. Sie meckerte zum Schein ein bißchen an Annekes leichtsinniger Reise herum, wobei Konrad Veckinghusen ihr schweigend, aber deutlich zustimmte. Dann kam sie auf all die Veränderungen zu sprechen, die nun, noch vor Ankunft des neuen Erdenbürgers, im Haus vorgenommen werden mußten. »Es geht natürlich nicht, Anneke«, sagte sie zu ihrem Bäschen, »daß du mit Konrad oben in deiner ehemaligen kleinen Kammer wohnen bleibst. Ich finde, euer Kind sollte auf jeden Fall in der Stube zur Welt kommen – in dem Bett, wo deine Mutter schon deine Brüder und dich geboren hat. Meint Ihr nicht auch, Grootvadder?«

Evert der Ältere erwiderte Engelkes vorsichtig-fragenden Blick mit einem belustigten Lächeln, das sein altes Gesicht in tausend Fältchen zerknitterte. »Gar keine Frage«, erwiderte er und unterdrückte ein leises Lachen, »ich hatte das vorschlagen wollen, aber Engelke ist mir wieder einmal ein paar Schritte voraus.«

»Ist sie das nicht immer?« sagte Godert van Damme augenzwinkernd. »Ich wüßte gern, wie lange sie noch als Kontorist in meinem Haus mitarbeiten wird. Der Notarius auf dem Rathaus sagte mir, sie habe sich heute Orloff für das Brauen von Winter-Bier geholt. Über kurz oder lang wird sie sich wohl nur noch um ihr Brauhaus kümmern können, und für ihren alten Oheim bleibt keine Zeit mehr übrig.«

Jetzt lachte der Altherr tatsächlich. »Hab' ich's nicht prophezeit?« warf er ein. »Godert, die hat mehr Talent zum Kaufmann als du und deine Söhne zusammengenommen.« Er nickte und schmunzelte. »Wieviel von dem Kredit, den du von deinem Ohm und mir erhalten hast, ist schon abgetragen?« wandte er sich an Engelke.

»Fast alles, Grootvadder«, sagte Engelke nüchtern, »da bleibt nicht mehr viel zurückzuzahlen.« Sie überlegte einen Augenblick. »Ich weiß die Zahlen nicht genau auswendig – aber wenn Ihr wollt, kann ich's mal schnell ausrechnen ...«

Evert der Ältere machte eine abwehrende Handbewegung, während er ihr einen fast zärtlichen Blick schenkte. »Nicht nötig, Deern«, lehnte er das Angebot ab, »ich glaub' dir auch so. Ich hab' immer gewußt, daß du aus nichts noch was sehr Ansehnliches herausholen kannst. Nur weiter so – ik bün stolt op di, min' besten Mann!«

Auch jetzt hatte Engelke Mühe, diesen Ausdruck, der sie

einerseits beleidigte, andererseits aber auch stolz machte, einfach wegzustecken. Sie fand nur einen Ausweg: Schnellstens das Thema zu wechseln und vom Geschäft wieder auf Annekes unerwarteten Besuch zu kommen. »Es war also der strenge Winter in Riga, der dich dazu bewogen hat, diese Gewaltreise zu unternehmen und nach Hamburg zurückzukehren«, wandte sie sich – ein wenig zu abrupt – an ihr Bäschen.

»Ja, sicher«, erwiderte Anneke und fügte mit einem spitzbübischen Grinsen hinzu: »Aber nicht nur. Ich wollte auch mal wieder sehen, wie es euch geht – und natürlich hatte ich 'n ganz klein bißchen Heimweh. Außerdem hat Konrad die Pelz- und Holzladungen, die er im Sommer eingekauft hatte, bereits auf den Weg gebracht. Und da war genügend Zeit, um mit mir –«

»Pelz und Holz?« hakte Godert van Damme ein und drehte sich zu seinem Schwiegersohn um. »Immer eine profitable Ware, wenn man gute Qualität erwischt. Welche Menge hast du denn anzubieten, Konrad – und wie sind die Aussichten auf einen vernünftigen Gewinn?«

»Ja, also –«, begann der junge Veckinghusen. Womit das Gespräch doch wieder beim Geschäft gelandet war.

Engelke setzte gerade zu einem zweiten Versuch an, die Männer auf ein angenehmeres Thema zu bringen, als von der Wendeltreppe, die am hinteren Ende der Diele ins Obergeschoß führte, laute Geräusche hörbar wurden. Eine Tür ging da oben, Schritte tappten auf den Dielen, und zwei giftige Altfrauenstimmen klangen auf: »Wieso sind wir nicht zu Tisch gebeten worden?« keifte die eine schrill und mit beleidigt klingendem Unterton. »Das ist man wahrhaftig 'ne Unverfrorenheit!« meldete sich die zweite, tiefer und voller, aber mindestens ebenso gereizt.

Alle wandten sich der Treppe zu, auf der wutschnaubend die Tanten erschienen – Meta in einem eng geschnürten roten Kleid mit Schleppärmeln, das ihre Leibesfülle überdeutlich zur Schau stellte und in seiner Farbigkeit das Alter der Trägerin ungünstig hervorhob, Gesine in üppig gefälteltem Graugrün, das nicht gerade schmeichelhaft um ihre hagere, knochige Gestalt herumhing und ihren käsigen Teint noch fahler wirken ließ.

Engelke zog unwillkürlich den Kopf ein. Natürlich waren die beiden unverheirateten Schwestern Ohm Goderts davon unterrichtet worden, daß Anneke und ihr Mann zu Besuch gekommen seien und man zusammen in der Diele das Abendessen einnehmen würde. Engelke hatte Mine ja selbst nach oben geschickt, um den beiden Bescheid zu sagen. Aber wie so oft hatten sie sich nicht entscheiden können, ob sie nach unten gehen oder sich ihr Essen – was sie für standesgemäßer hielten – in ihr Zimmer bringen lassen sollten. Da sie sich weder so noch so geäußert hatten, war Engelke nichts anderes übriggeblieben als abzuwarten.

Jetzt kamen sie also doch. Und Engelke wappnete sich innerlich. Wie gewohnt würde sich der ungerechtfertigte Zorn der Tanten auf sie konzentrieren und sich in einem Donnerwetter von einer Schimpfkanonade über ihrem Haupt entladen.

»Da bist du schuld, Engelke Geerts«, fauchte Gesine auch schon los. Sie kam als erste mit wogendem Busen zorngeschwellt zum Tisch herüber. »Nichts läuft glatt in diesem Haus, weil du überall die Finger drin hast, du Schmarotzerin!«

»Wohl wahr!« Meta wallte im Kielwasser ihrer Schwester heran. »Seit siebzehn geschlagenen Jahren füttern wir dich durch, unnützes Balg – und was ist der Dank? Du sorgst noch dafür, daß wir nichts zu essen kriegen!«

Solche Worte hatte Engelke von den beiden alten Weibern schon unzählige Male gehört. Und es fiel ihr, wie allen anderen am Tisch, sehr schwer, dabei sachlich zu bleiben. Andererseits wußte sie aus Erfahrung: Wenn sie sich zu einem durchaus angebrachten Lachen, zu einer spöttischen oder gar einer scharfen Erwiderung hinreißen lassen würde, dann beschwor sie damit ein noch schlimmeres, lange andauerndes Gewitter herauf und mußte damit rechnen, daß die Tanten tagelang schmollten. Was wiederum bedeutete, daß sie das ganze Haus tyrannisierten.

»Ihr seid ein bißchen spät dran«, suchte Engelke also die

beiden zu besänftigen, »aber wir haben eben erst mit dem Essen angefangen, liebe Tanten. Wenn's recht ist, kann Mette in der Küche den Haferbrei und die Erbsen mit Speck noch mal aufwärmen, damit ihr –«

»Schandweib«, zischte Meta und reckte den faltigen Hals, so daß sie Ähnlichkeit mit einer Sumpfschildkröte bekam.

»Das ist ja wohl das mindeste, was man als Tochter des Hauses verlangen kann«, spuckte Gesine, während ihr Gesicht langsam einen Rotton annahm, der sich mit der Farbe ihres Kleides biß. »Immerhin bin ich eine echte Tochter und kein Kuckucksei, das sich auf Kosten anderer hier durchfrißt!«

»Na, fressen tun in diesem Haus auch noch andere«, fiel Meta ihrer Schwester mit einem hinterhältigen Kichern in den Rücken, »Sieh dir doch mal deine Figur an!«

Das änderte die Situation sofort. Gesines speckfaltiges Gesicht färbte sich purpurn. »Du bist ja bloß neidisch, weil du nichts anderes als'n Haufen morsche Knochen zu bieten hast, du alte, ausgehungerte Ziege«, schrie sie Meta an, »bei mir, da hat'n Mann wenigstens was im Arm, was nich' klappert!«

»Ha! Blöde Kuh! Wenn dich mal bloß einer gewollt hätte! Aber du bist zu dumm. Bei mir war das ganz anders. Als mir damals der du weißt schon wer den Hof gemacht hat, da hat er auch gesagt, du wärst –«

»Wer hat dir wohl jemals den Hof gemacht?« Gesine war so in Rage geraten, daß sich ihre Stimme fast überschlug. »Kein Mensch hat sich doch je nach dir umgedreht. Aber wenn man so aussieht wie du, dann kann man sich keinen Hochmut leisten. Ich hab' immer –«

»Du bist mit jeder Hose im Heu gelandet«, zischte Meta boshaft, »Gott – was hast du dich billig verkauft. Und trotzdem hast du keinen abgekriegt.«

Sie lachte giftig. Gesine holte tief Luft zum Gegenschlag. Aber noch ehe sie ihre Erwiderung loswerden konnte, mischte sich der Vater der beiden Streithennen ein. Seine dürre Greisenhand krachte, zur Faust geballt, auf die Tischplatte. »Genug«, sagten er mit der ihm eigenen schneidenden Schärfe, die immer in seiner Stimme lag, wenn er zornig war, »noch ein Wort, und ihr seid von der Tafel ausgeschlossen – für die Dauer von Annekes Besuch!«

Das wirkte. Grootvadder Evert war noch der uneingeschränkte Herrscher im Haus van Damme, auch wenn er sein Geschäft schon vor vielen Jahren auf seinen Sohn Godert übertragen hatte. Dem Altherrn widersprach man nicht; seine Töchter Meta und Gesine knurrten zwar je ein leises, an die jeweilige Schwester gerichtetes Schimpfwort, aber sie gehorchten wie zwei gescholtene kleine Mädchen. Selten zeigte Evert der Ältere sein Mißfallen so deutlich, wie er es eben getan hatte. Kein Zweifel, er würde seine Drohung wahrmachen, sollte ihm nicht gefolgt werden. Und nicht beim Essen der Familie anwesend sein zu dürfen – wo es doch in nächster Zeit so spannend zugehen würde – das empfanden die beiden zänkischen Tanten als eine allzu harte Strafe, die sie nicht riskieren wollten.

Engelke verspürte beim Anblick der zwei zum Schweigen verdonnerten alten Weiber den unbezwinglichen Drang, laut aufzulachen. Sie erhob sich schnell vom Tisch, schnappte sich die Essensschüsseln und schaffte es gerade noch, mit ihnen in die Küche zu flüchten. Dort gab sie ihrem Lachreiz nach und brach in unterdrücktes Kichern aus.

Mette, die an dem kleinen Fensterchen hockte und für den morgigen Tag Rüben schabte, verzog ebenfalls das Gesicht in einem breiten Grinsen. »Juffer Meta und Juffer Gesine – denen is bloß unsen ollen Heer gewachsen«, begann sie. Aber die alte Wiebke hob von ihrem Platz am Herdfeuer den Kopf und blickte Engelke, eulenhaft in ihrem mächtigen grauleinenen Kopf- und Schultertuch, mit blassen Augen an. »Kein Grund, fröhlich zu sein«, murmelte sie tonlos, aber laut genug, damit die Magd und Engelke es verstehen konnten, »kein Grund – weder heut, noch morgen.«

Mettes Grinsen löste sich auf. Engelke verstummte. Wenn Wiebke diesen Gesichtsausdruck zeigte, diese geweiteten Augen, diesen zu einem dünnen Strich zusammengepreßten Mund – dann spürte sie etwas, hatte am Ende gar etwas gesehen. Denn vor Wiebkes innerem Auge lüftete sich von Zeit zu Zeit der Schleier, der die Zukunft verhüllt, und gewährte ihr Einblick in Dinge, die kommen sollten und die gewöhnliche Menschen nicht einmal ahnen konnten.

»Wiebke«, flüsterte Engelke entgeistert, »warum sagst du so was? Hast du wieder –«

Die Greisin hob ihre knochige Hand und schnitt ihrem Ziehkind die Rede ab. »Ja«, sagte sie. Ihre Stimme klang dünn und brüchig. »Es war ein furchtbares Bild – unbeschreiblich furchtbar. Das Böse lauert in der Stadt ... ungreifbar in seinem Schrecken. Unschuld leidet und stirbt; der Himmel ist rot vom Blut der Schwachen.«

»Erzähl' mir mehr, Wiebke«, forderte Engelke, während sie in einem plötzlichen Frösteln die Schultern hochzog. »Ich verstehe nicht, wie es gemeint ist!«

Die alte Kinderfrau hob den Kopf noch höher. Ihre Hände krallten sich in die Falten ihres Rockes, wirkten plötzlich wie Klauen. Sie schloß die Augen, riß sie wieder auf, stieß ein leises Stöhnen aus. »Blut strömt«, hauchte sie, »es rinnt über einen Altar, vergossen von einem, der viele betrogen hat! Alle, die reinen Herzens sind, schreien auf ... die Flamme brennt, Funken stieben ... Te Deum laudamus! Herr, erbarme dich ihrer unschuldigen Seelen ... sanctus, sanctus ... miserere ...«

Was da in zitternden Atemzügen von Wiebkes Lippen kam, war Latein, waren Worte in einer Sprache, die weder die alte Kinderfrau noch Engelke je gelernt hatten. Aber Engelke verstand, was Wiebke als letztes gesagt hatte: Sanctus – heilig, und: Te deum laudamus – dich, Gott, loben wir. Diese Ausdrücke kamen in der Liturgie der Heiligen Messe vor.

In tiefem Schrecken starrte Engelke die Greisin an, deren Hände sich langsam wieder entspannten. Warum benutzte Wiebke die fremden Worte – und was hatten sie zu bedeuten?

»Hütet die Kinder«, flüsterte Wiebke und heftete den Blick ihrer blassen Augen zuerst auf Engelke, dann auf Mette. »Den Kindern droht Unheil. Ich hab's gespürt vom Anfang des Jahres an. Es ist gewachsen, das Böse, und bedroht viele.«

»Wie sieht es aus?« forschte Engelke. »Kannst du erkennen, welche Gefahr den Kindern droht?«

Die alte Frau schüttelte den Kopf. »Nein«, murmelte sie,

»es verbirgt sein Gesicht, das Unheil. Es versteckt sich hinter glänzenden Flecken – funkelnd wie Metall, wie Reflexe auf dem Wasser ...«

Engelke bekam keine Zeit, über Wiebkes schattenhafte, beunruhigende Gesichte nachzudenken; die Tanten Gesine und Meta forderten mit der gewohnten Unduldsamkeit für den Rest des Abends ihre ganze Aufmerksamkeit. Aber es fiel ihr schwer, sich auf das Geschwätz der alten Frauen oder das muntere Geplauder ihrer kleinen Base zu konzentrieren, so daß sie froh war, als endlich Grootvadder Evert die Tafel aufhob und man zu Bett ging. Gemeinsam mit Mette löschte sie die Kerzen an dem vielarmigen flandrischen Leuchter aus poliertem Messing, der die Diele erhellt hatte, und stieg dann als letzte mit ihrer kleinen tönernen Tranlampe die Wendeltreppe zu den Schlafkammern hinauf. In ihrem Zimmerchen, dessen spärliche Einrichtung aus einem Bett mit hohem Kopfende und einer Kleidertruhe bestand, zog sie ihr blauwollenes Obergewand aus, entknotete die Bänder der schwarzen Seidenhaube, die wie ein kleiner Kasten ihren Hinterkopf bedeckte, und löste die Zöpfe.

Nachdenklich fuhr sie mit dem Hornkamm durch die üppigen, golden schimmernden Wellen, zu denen ihre beiden dicken Flechten auseinandergequollen waren. Und während sie die Haare für die Nacht locker zusammenband, stellte sich von neuem die melancholische Stimmung ein, die sie nach Annekes Ankunft so unvermittelt überfallen hatte.

Sie senkte den Kopf über das Waschgeschirr, goß Wasser aus der Kanne hinein, starrte einen Augenblick auf das schwankende, verschwommene Spiegelbild, das sich in der Schüssel zeigte.

Glück. Was war Glück? Woran konnte man es erkennen?

Für Anneke war das Glück in Gestalt des Konrad Veckinghusen erschienen – eines jungen Mannes, den ihr der Vater ausgesucht hatte.

Für Evert den Jüngeren bestand das Glück aus der Freiheit, selbständig das Kontor des Hauses van Damme im fernen London führen zu dürfen. Er tat es mit Lust und sehr viel Liebe zum Geschäft, und mit dem nötigen Geschick natürlich.

Und Engelke? Worin sah sie das Glück ihres Lebens?

Engelke schluckte. Ihre Kehle schmerzte plötzlich. Aus ihren Augen tropften zwei Tränen in die Waschschüssel.

Zwei Kreise bildeten sich, zwei Ringe, die ineinanderliefen, größer wurden, den Rand der Schüssel erreichten, sich auflösten …

Engelke schluchzte. Ihre Hand fuhr zu dem dünnen Silberkettchen, das sie um den Hals trug. Sie umfaßte den zierlichen Talisman, der daran hing, einen kunstvoll gearbeiteten Thorshammer, und schloß die Finger fest um das kleine Schmuckstück »Kein Glück für mich«, flüsterte sie, während neue Tränen aus ihren Augen in die Wasserschüssel fielen und Doppelringe bildeten, »denn mein Glück wärst du gewesen, Dierk … aber du kommst nie zurück.«

Er konnte nicht wiederkommen – das stand für Engelke felsenfest. Sie hatten sich zur Unzeit kennengelernt, hatten sich unter einem Unstern ineinander verliebt. Unter falschen Vorzeichen hatten sie sich Treue geschworen, damals im Frühling. Dierk, der Steuermann, konnte sein Versprechen nicht einlösen bei einer Tochter aus der besten Gesellschaft Hamburgs – das war nicht zu vereinbaren mit seinem Stolz. Ein Habenichts warb nicht um eine Frau aus einem reichen Handelshaus. Die Kluft war zu groß, als daß er sie hätte überbrücken können – oder wollen.

Engelke selbst trug Schuld daran, daß Dierk nicht mehr bei ihr war. Sie hätte mit ihm sprechen sollen, warf sie sich zum tausendsten Mal vor, hätte ihm schonend beibringen sollen, daß die handfeste junge Frau, in die er sich verliebt hatte, aus einer vornehmen Familie stammte. Sie hätte es ihm sagen müssen, bevor er es von Dritten erfuhr. Dann – vielleicht – hätte es einen Weg gegeben …

Sinnlose, nutzlose Gedanken. Es war zu spät, und die eine geringe Chance lange vertan. Nicht einmal ein Wunder konnte Dierk zurückbringen, und die Zeit lief auch nicht rückwärts. Aber vergessen – das war unmöglich.

Engelke tauchte die Hände ins Wasser, schöpfte ein wenig davon und kühlte sich die tränenheißen Augen. Dann atmete sie tief durch, löschte die Lampe und ging zu Bett.

3

Engelkes Tag hatte schon begonnen, als die nächtliche Dunkelheit dem ersten Grau des Morgens zu weichen begann. Während die anderen Mitglieder der Familie noch in den Federn lagen, teilte sie mit dem Gesinde in der Küche deren einfaches Frühstück, einen Topf voll Hafergrütze, und besprach mit Knechten und Mägden, was heute zu tun war.

Mette sollte Anneke in der oberen Kammer beim Auspakken und Einrichten behilflich sein, Mine mit Mettes kleinen Töchtern das Kochen und Putzen besorgen. Karl der Fuhrknecht hatte Holz zu holen; zusätzlich gab es einige Ballen Wolltuch ins Lagerhaus an der Deichstraße zu transportieren, was wegen des Fahrverbots für Lastwagen mit der Schleife zu geschehen hatte. Also bekam Karl den Auftrag, für diese Arbeit zwei Schleifentreiber anzuheuern. Bartel blieb die übliche grobe Arbeit im Haus: Wasser tragen, Ausmisten des Stalls, Scheitholz hacken und einheizen.

Engelke selbst hatte vor, nach dem allmorgendlichen Kontrollbesuch im Kontor ihres Onkels endlich in ihrem Brauhaus nach dem Rechten zu sehen. Dafür würde sie sich den ganzen Tag, mindestens aber den Vormittag Zeit nehmen. Die beiden jungen Kontorgehilfen, Peder Elmsbüttel und Hein tom Hove, waren dank der strikten Ausbildung, der Engelke sie unterworfen hatte, bereits sehr gut in der Lage, ihre laufenden Arbeiten allein zu erledigen. Besonders Peder versprach, ein wertvoller, belastbarer Mitarbeiter zu werden; man durfte den beiden nur nicht Gelegenheit zum Schlendrian und zur Faulheit bieten.

Sobald Peder und Hein daher ihre Breischüsseln ausgelöffelt hatten, begleitete Engelke sie ins Kontor, zu dem eine separate schmale Treppe aus der Diele ins Obergeschoß hinaufführte.

Der kleine, mit Schubladenschränken und Regalen vollgestopfte Raum an der Straßenseite des Hauses wirkte trotz des mit Schriftstücken und Büchern beladenen Schreibtischs ordentlich und aufgeräumt. Auch diese Ordnung war ein Ergebnis des straffen Regiments, das Engelke hier immer geführt hatte.

Sie lächelte die beiden Kaufmannsgehilfen an, nickte zufrieden, setzte sich und ließ sich zeigen, welche Aufgaben für heute geplant waren. Mit dem größten Teil dessen, was Peder und Hein sich vorgenommen hatten, war sie einverstanden. Einige kleinere Dinge wurden umdisponiert; noch ein kurzer Blick in die Unterlagen, dann konnte Engelke guten Gewissens die beiden jungen Männer allein weitermachen lassen. Sie würden es ohne Schwierigkeiten schaffen, die Warenlisten für einen Landtransport nach Soest zusammenzustellen, kürzlich gezahlte Rechnungen zu verbuchen, Kreditbriefe auszustellen – eben alles, was an laufenden Arbeiten im van Damme'schen Kontor anfiel, ohne Fehler zu erledigen.

Engelke stand auf, nickte den Gehilfen zu und verließ die kleine Schreibstube. Nicht mehr lange, dachte sie, als sie mit gerafften Röcken die Stiege wieder hinunterkletterte, dann wird Ohm Godert die Leitung des Kontors an Peder Elmsbüttel übertragen können. Der ist soweit ... Ich werde kaum noch gebraucht.

Ein guter Gedanke. Was ihr Onkel am vergangenen Abend gesagt hatte, stimmte schon. Sie brauchte ihre Zeit für das eigene Geschäft – besonders, wo sie jetzt auch die Erlaubnis besaß, im Winter zu brauen, und sich ihre Aufgaben damit verdoppelten. Sicher, Tidemann war ein erstklassiger Braumeister, aber das hieß nicht, daß er auch ein guter Kaufmann war.

Mit diesen Überlegungen und dem festen Entschluß, sich heute nicht von den beunruhigenden Ereignissen des gestrigen Tages den Kopf vernebeln zu lassen, machte Engelke sich am frühen Vormittag auf den Weg zum Grimm. Unter der Kapuze ihres dicken wollenen Umhangs trug sie noch ein warmes Kopftuch, denn es regnete zwar nicht, aber ein scharfer Nordost war während der Nacht aufgekommen und pfiff ganz ordentlich die Reichenstraße entlang.

Viel zu kalt und ungemütlich für die ersten Herbsttage – von wegen goldener Oktober. Engelke beschleunigte ihr Tempo, trotz des tiefen Straßenkots, in dem ihre Holzschuhe schmatzende Geräusche machten und bei jedem Schritt fast steckenblieben.

Als Engelke in Brands Twiete einbog, die im rechten Winkel von der Reichenstraße abzweigte, die Reichenstraßeninsel in südlicher Richtung durchschnitt und bei der Brücke über das Gröningerstraßenfleet auf die Grimm-Insel mündete, fuhr der Wind unter ihren Mantel. Er blähte das weite Kleidungsstück wie ein Segel, zerrte daran, ließ es flattern. Engelke hatte Mühe, sich wieder ordentlich hineinzuwickeln.

Sie ging noch schneller. Bei solchem Wetter lockten die Wärme des Sudhauses und ein in aller Ruhe geführtes Gespräch mit Tidemann, zumal ein frisches Bier probiert werden konnte – vielleicht garniert mit einem knackigen, ofenwarmen Rundstück ... Man konnte einen der Brauerknechte in die Bäckerei schicken, und ...

O ja – eine herrliche, sehr aufwärmende Idee. Engelke tastete nach ihrem kleinen ledernen Geldbeutel, der am Gürtel hin- und herbaumelte. Da war genug drin, um den Jungs und Tidemann Rundstücke für vier Wochen zu spendieren, und auch Butter dazu.

In den Gärten und auf den Obstwiesen entlang der Twiete leuchteten die Bäume schon im Herbstlaub. Erste gelbe Blätter flatterten und wirbelten, von launischen Böen mutwillig abgerissen, taumelnd zu Boden. Engelke zog die Kapuze tiefer in die Stirn und warf einen kurzen Blick zum Himmel. Graue Schleierwolken zogen vorüber; hier und da zeigte sich ein Fetzchen Blau. Es bestand die berechtigte Hoffnung, daß sich heute doch noch die Sonne zeigte – sobald der Himmel freigeblasen war.

Ein paar Schritte, und Engelke hatte die schmale hölzerne Brücke über das Fleet hinter sich gelassen. Das letzte Stück Weg bis zu ihrem Brauhaus ließ sie sich vom Wind schieben, den sie kühl in ihrem Rücken fühlte. Im Vorübergehen warf sie ein Auge auf das Gebäude, das auf dem Nachbargrundstück neben ihrem Brauhaus stand; Jochen Palholt war der

Besitzer gewesen – bis zu seinem jähen Tod im vergangenen Jahr. Jetzt stand es leer. Palholts Erben hatten offenbar keine rechte Verwendung dafür.

Es war ein nicht zu großes, sorgfältig in Eichenfachwerk aufgerichtetes, zweistöckiges Haus. Noch nicht alt – höchstens sieben Jahre. Die Kammern darin hatten ordentliche Maße; Engelke kannte ihren Zuschnitt. Das Haus war wie geschaffen für sie selbst; seine Lage direkt neben dem Brauhaus hätte nicht günstiger sein können.

Engelke blieb einen Augenblick stehen und schaute genauer hin. Der Gedanke, dieses hübsche kleine Gebäude zu kaufen, wurde zum Entschluß. Sobald sie die zusätzlichen Einnahmen aus der Winterbrauerei richtig einschätzen konnte, würde sie mit Palholts Erben verhandeln. Und nächsten Sommer konnte sie dann – vorausgesetzt, der Kaufvertrag kam zustande – aus Ohm Goderts Haus nach hier umziehen.

Tidemann, der Engelke gutgelaunt wie immer mit einem strahlenden »Mojn, Mojn« empfing, war von der Aussicht, seine Patronin bald in unmittelbarer Nachbarschaft zu haben, hell begeistert. »Ik heff mi dat al' lang dacht«, sagte er, während er ihr ein Plätzchen auf der Bank am Fenster des Sudhauses anbot, »dat Palholt'sche Huus, dat schullt Ji koopen, Fröln'n Engelke. Denn bruukt Ji nich so weit to lopen bis to 'n olen Tidemann.«

»Ach«, erwiderte Engelke lächelnd, »das Laufen bis hierher, das hat mir nie viel ausgemacht.« Sie zwinkerte ihren Braumeister an. »Aber wenn ich nebenan wohnte, dann könnte ich Euch besser auf die Finger gucken ...«

Tidemann lachte. Er setzte sich zu Engelke. »Dagegen hab' ich nix«, sagte er und gab das Augenzwinkern zurück. »Ihr müßt mich dann aber auch 'n Blick in die Bücher tun lassen!«

»Und vorher soll ich Euch wohl noch das Lesen beibringen?«

Sie brachen in schallendes Gelächter aus. Tidemann fand die Vorstellung, als gestandener Mann noch lesen zu lernen, so grotesk, daß ihm vor Heiterkeit die Tränen über die rotbraunen Wangen liefen. »Wat schullt min Fru wohl darto seggen«, japste er, »'n Gelehrten als Mann – da könnte sie ja nich' mal mehr mit mir reden. Und die redet doch so gern und viel!«

Er brauchte ein paar Atemzüge, um wieder Luft zu bekommen. Dann schickte er auf Engelkes Wunsch Fiete, einen seiner Knechte, zum Brötchenholen.

Es wurde eine sehr anregende Stunde. Engelke war sogleich zur Sache gekommen, zum eigentlichen Grund ihres Besuchs. Tidemann bekam damit noch einmal Gelegenheit zum Jubeln. Auf Engelkes Erwähnung des frisch genehmigten Winter-Orloffs machte er gleich eine ganze Reihe von Vorschlägen zur Erweiterung der Produktion, zum Beispiel einen Anbau an das Sudhaus, um weitere Kessel aufzustellen, und das Einziehen eines zusätzlichen Bodens unter dem Dach, damit mehr Gerste eingelagert werden konnte. »Die könnte eingekauft werden, wenn die Preise stimmen«, erklärte er, »denn lohnt sich die Sache ja erst!«

»Tidemann«, sagte Engelke nach seinem Vortrag und folgte einer Überlegung, die sie schon vor einiger Zeit angestellt hatte, »ab sofort habt Ihr einen von meinen Sudkesseln zur freien Verfügung. Ihr könnt darin eigenes Bier brauen und es auf eigene Rechnung verkaufen. Vielleicht solltet Ihr –«

»Fröl'n Engelke!« Der Braumeister riß Mund und Augen auf und starrte seine Patronin an wie ein Wunder Gottes. »'n eig'nen Kessel … auf eig'ne Kosten … för mi alleen …? Dat kann ik nich' glööven … dat wöör to schön …«

»Glaubt es man ruhig, Tidemann«, sagte Engelke energisch. Es machte sie verlegen, daß ihr Braumeister sie als Wohltäterin betrachtete, wo er sich den zugesagten Vorteil doch wirklich mit seiner hervorragenden Leistung reichlich verdient hatte. »Und keine Dankeshymnen, verstanden? Sicher – es wird mehr Arbeit geben. Aber ich hatte ohnehin vor, noch wenigstens einen neuen Knecht einzustellen. Würde das reichen? Was meint Ihr?«

»Nee aber ook …« Tidemann schüttelte verwirrt den Kopf, nickte dann heftig. »Ik meen – jo, jo, dat geiht an! Een oder twee Mann ... Herrgott, wat min Ollsch wohl darto seggen mag ... Jan Tidemann, 'n selbständigen Bruumeester ... Nee, nee!«

Engelke sah sich genötigt, dem guten Mann die Angst zu nehmen und ihn auf den Boden der Tatsachen zurückzuholen. »Soweit sind wir noch nicht, Tidemann«, sagte sie und legte ihm beruhigend die Hand auf den muskulösen Arm. »Aber wenn der Betrieb ausgeweitet wird, könntet Ihr Lehrlinge ausbilden. Und später mal –«

»Ogottogottogott ... ! Fröl'n Engelke, ik weet nich', wo mi de Kopp steiht. Lehrlinge ... Gesellen ... 'n großer Betrieb ...«

»Später, Tidemann. Aber bis dahin läuft noch viel Wasser die Alster runter.«

Das beruhigte den Braumeister etwas. Er erholte sich wieder von seinem Höhenflug. Seine große, ans Anpacken gewohnte Hand klatschte flach auf die Fensterbank, so daß die beiden dort stehenden Bierbecher klapperten; dann erhob er sich. »Denn ran«, sagte er, wieder ganz der besonnene alte Tidemann, »woll'n mal seh'n, ob dat nich' doch irgendwie hinzukriegen is – wat, Fröl'n Engelke?«

Sie machten die Abtretung des Sudkessels gleich perfekt. »Nägel mit Köppen«, wie Engelke meinte, »das ist immer das beste. Sobald der neue Kessel eingebaut ist, könnt Ihr mit Eurem anfangen. Wenn's Euch recht ist, verkaufe ich Euer Bier zusammen mit meinem – vorläufig noch unter meinem Namen. Das muß ja sowieso sein, weil Ihr keinen Orloff habt. Den Gewinn rechne ich mit Euch ab – der geht natürlich in Eure Geldkatze.«

Dieser Vorschlag brachte den guten Tidemann schon wieder aus dem Häuschen. »Ich muß nich' mal Orloff beantragen und auch keine Gebühr bezahlen?« stotterte er fassungslos.

Engelke lachte leise. »Warum sollte wohl der Rat mehr Geld kassieren als unbedingt nötig«, erwiderte sie schlitzohrig, »ich zahle ja schon. Eure Gebühr kann man doch gut und gerne sparen – oder?«

»Oh – Ihr seid mir eine ...« Das war alles, was der Braumeister fürs erste herausbringen konnte.

»Man muß sehen, wo man bleibt«, gab Engelke trocken zurück, »es ist außerdem nicht sicher, ob der Rat Euch überhaupt Brauerlaubnis erteilt. Und deshalb –«

»Oh, Fröl'n Engelke ...«

»Deshalb –«, fuhr Engelke fort, ohne den neuen Dankbarkeitsausbruch ihres Braumeisters zu beachten, »deshalb umgehen wir vorläufig den Rat. Wenn Ihr dann später 'n bißchen besser dasteht, kriegt Ihr den Antrag ohne dumme Fragen bewilligt.«

»'n bißchen besser – wie meint Ihr das?«

»Na – mit Kapital eben.«

»Kapi ... wat?«

»Mit Geld in der Tasche, Tidemann.« Engelke lächelte. »Geld, um eigenen Grund und Boden zu kaufen, zu bauen – und so weiter.«

Der Braumeister gaffte sie an, zum zweiten Mal an diesem Morgen. Er war mit dem, was sie eben angesprochen hatte, völlig überfordert. Irgendwann ein eigenes Brauhaus zu besitzen, das überstieg sein Vorstellungsvermögen – wenigstens im Augenblick noch.

»Fangen wir erst mal am Anfang an«, sagte Engelke nüchtern, »es hat keinen Zweck, das Pferd am Schwanz aufzuzäumen.«

Tief in Gedanken verließ Engelke zwei Stunden später ihr Brauhaus. Sie hatte mit Tidemann die nötigen Einkäufe von Malz und Hopfen besprochen und ihm aufgetragen, den neuen Sudkessel zu bestellen.

Während sie jetzt auf dem Weg zum Hafen war, um ihre letzte Bierproduktion an einen dort ansässigen Krüger zu verkaufen, grübelte sie über Tidemanns Verhalten nach.

Eindeutig war, daß sie ihren Braumeister, wenigstens für den Augenblick, aus dem Gleichgewicht gebracht hatte. Die Aussicht auf Selbständigkeit war ihm unheimlich. Tidemann verstand etwas von seinem Handwerk, aber zum Kaufmann fehlten ihm Talent und Mut zum Risiko. Für den Handel war er einfach nicht geboren.

Tat Engelke ihm also einen Gefallen damit, wenn sie ihn

in diese Richtung lenkte, oder erwies sie ihm einen Bärendienst? Möglich, daß die Stadt, falls Tidemann sich selbständig machte, einen großartigen Braumeister verlor und als Ersatz dafür lediglich einen miserablen Kaufmann dazubekam, der das Salz in der Suppe nicht mehr verdienen konnte. Möglich, daß Tidemann trotz seiner hervorragenden Handwerksarbeit wegen mangelnder kaufmännischer Fähigkeiten bankrott ging – durch ihre Schuld.

Das war nicht der richtige Weg, ihn zu fördern. Der Gedanke, ihn eines Tages als Braumeister zu verlieren, war ohnehin recht unangenehm. Vielleicht, wenn man ihn am Gewinn beteiligte – mit ein paar Prozent des Netto-Erlöses aus der gesamten Produktion …

Da zeigte sich schon eine Möglichkeit, ihn zu halten und vor dem Risiko der Selbständigkeit zu bewahren. In einigen Tagen, wenn sie wieder im Brauhaus nach dem rechten sah, würde sie noch einmal mit Tidemann über das Thema sprechen. Plötzlich war sie sicher, daß sie ihm mit dem neuen Vorschlag der Gewinnbeteiligung nicht nur seinen inneren Frieden zurückgeben, sondern ihn auch überglücklich machen würde.

Der Krüger, der nach Tidemanns Hinweis bereit war, die Ladung Bier zu übernehmen, hatte sein Lokal in der Nähe der Kajen, am unteren Ende der Deichstraße. Engelke passierte die kleine Kirche Sankt Katharinen, zu deren Gemeinde auch sie gehören würde, falls sie auf den Grimm übersiedelte, und wechselte auf der schmalen Brücke in der Nähe des Kirchhofs über das Fleet zur Cremon-Insel. Der Himmel klarte mehr und mehr auf, der scharfe Wind hatte sich schon etwas gelegt, und die Sonne warf sogar hier und da blitzende Reflexe auf das schwärzliche Wasser. Mit der Aufhellung des Wetters stieg auch Engelkes gute Laune. Forschen Schrittes marschierte sie den Cremon hinunter, vorbei an den säuberlich aufgereihten Häusern, die diese lange Straße säumten.

In diesem Viertel des Kirchspiels Sankt Katharinen waren die meisten Brauhäuser der Stadt versammelt. Man erkannte sie an den Erkern und Ausluchten, die über das Wasser der

Alster hinausragten, und von denen in hölzernen Eimern das Brauwasser aus dem Fluß hochgezogen wurde.

Die roten Ziegelmauern und das schwarzweiße Fachwerk leuchteten. Ein schöner Anblick – besonders jetzt im Oktober, wo die goldbelaubten Herbstbäume das Bild noch farbenfroher gestalteten. Engelke, die schon auf der Hohen Brücke angekommen war, nahm es genießerisch in sich auf. Ihr Blick verweilte auf einem hellrot strahlenden, neu gedeckten Dach, über das ein langer, ausgefranster Wolkenschatten zog.

Dieser Schatten … er hatte die Form einer dürren, vogelkrallenartigen Hand. Er hob sich dunkel vom Rot der Dachziegel ab, während er sich langsam darüberschob, und ein kleines Kind, das dicht an der Hausmauer spielte, wurde kurz von einem der Schattenfinger berührt …

Engelke zog die Schultern hoch. Unwillkürlich kam ihr ins Gedächtnis, was die alte Wiebke am vergangenen Abend gesagt hatte: Das Böse lagert über der Stadt … hütet die Kinder …

Mit einem Mal fröstelte Engelke wieder, obwohl die Luft längst nicht mehr so kalt war wie am frühen Morgen. Sie wikkelte sich enger in ihren dicken Umhang, zog das Kopftuch tiefer ins Gesicht und brachte eilig die Hohe Brücke hinter sich. Heute hatte sie keine Augen für das mächtige Bauwerk aus Ziegel, das mit seinen beiden klotzigen, zinnenbewehrten Rundtürmen die Alster wie ein riesiges Tor überspannte. Auch den Booten, Kähnen und kleinen Schiffen, die hier das Wasser in wimmelndem Durcheinander bevölkerten und denen sie immer so gern zugeschaut hatte, schenkte sie diesmal keinen Blick. Erst mußte sie das unheimliche Gefühl loswerden, das sich ohne Vorwarnung bei ihr eingestellt hatte.

Der Krug ›Zum Walfisch‹ bei den Kajen war leicht zu finden, auch wenn Engelke das Wirtshaus noch nie bewußt gesehen hatte. Wenige Schritte, nachdem sie die Hohe Brücke überquert hatte, stand sie vor dem aus glatten Ziegeln schön gemauerten Gebäude, das trotz seines hohen Treppengiebels eher breit und ein bißchen behäbig wirkte.

Dieser Eindruck ergab sich wohl aus den ziemlich großen Fenstern, deren Rahmen weiß gestrichen waren und die zum Beweis dafür, daß der Krüger allerbeste Geschäfte machte, mit bleigefaßten Butzenscheiben prunkten. Die Illusion der Breite wurde noch gefördert durch ein über der Eingangstür eingelassenes steinernes Relief, auf dem bunt ausgemalt ein Seeungeheuer mit wild geringeltem Schweif zu sehen war.

Kein Zweifel – der ›Walfisch‹ war das beste Haus am Hafen, genau wie Tidemann gesagt hatte. Hier soffen nicht die Seeleute und Schauermänner; hier tranken Schiffer und wohlhabende Handwerker ihr Bier – Leute, die auf eine gepflegte Umgebung, auf gutes Essen und anständige Getränke Wert legten und die sich solche Genüsse vor allem auch leisten konnten.

Engelke legte die Hand auf den Türknopf aus blankgeputztem Messing, atmete tief durch und trat ein. Die geräumige Schankstube mit ihren geschnitzten und bunt bemalten, massiven Deckenbalken, den gewachsten Tischen und dem blitzsauberen Tresen, über dem eine große Anzahl silberglänzender Zinnhumpen an der Wand hing, bot ein Bild der Gediegenheit. Die glasierten, rot-weißen Fliesen des Fußbodens waren fleckenlos, auf einem Bord neben der Herdstelle an der Stirnwand entdeckte Engelke sogar einen üppigen Strauß aus blauen Astern in einer Tonvase.

Noch während sie sich höchst angenehm überrascht umschaute, erschien aus einem Hinterzimmer ein Mann in der Gaststube. »Guten Morgen«, sprach er sie an, »was wünscht Ihr?«

Er war nicht mehr jung, grauhaarig, adrett in dunkelbraune, strumpfenge Hosen, ein schlichtes weißes Leinenhemd und ein schwarzwollenes Wams gekleidet. An seinem rechten Zeigefinger glänzte ein schmaler silberner Ring. Seine Stimme hatte höflich, aber kühl geklungen.

Der Besitzer dieses Anwesens – das sah Engelke sofort. Ein Geschäftsmann durch und durch, ein Wirt, der es nicht gewohnt war, unbegleitete Frauen in seinem Lokal zu sehen.

»Ich bin in Geschäften hier«, antwortete Engelke ebenso kühl und nannte ihren Namen. »Mein Braumeister Tidemann berichtete mir, Ihr seid daran interessiert, mein Bier auszuschenken.«

»O ja«, sagte der Wirt. Sein Gesichtsausdruck wandelte sich völlig. Aus der starr-würdevollen Miene entwickelte sich ein etwas verlegenes, um Entschuldigung bittendes Lächeln. »Oh – bitte, nehmt doch Platz … beim Feuer vielleicht? Ihr möchtet Euch sicher ein wenig wärmen bei dem schneidenden Wind da draußen …«

Die Hand mit dem Ring deutete auf eine in rotem Samt gepolsterte kleine Bank, die nebst einem zierlichen Tischchen nah beim Kamin stand. Engelke nickte hoheitsvoll, ließ sich vom herbeigewinkten Knecht den Mantel abnehmen und setzte sich gnädig.

So geschäftstüchtig wie dieser Krüger war sie schon lange. Ihm schien tatsächlich sehr an ihrem Bier gelegen. Aber durch ausgesuchtes Benehmen und wohlfeile Artigkeiten würde sich eine Engelke Geerts nicht im Preis drücken lassen. Das wußte der Mann nur noch nicht.

»Darf ich Euch einen kleinen Imbiß anbieten«, fragte der Wirt, »eine kräftige Fleischbrühe vielleicht oder ein Schälchen Blamensier oder ein Gläschen Rheinwein?«

»Gern«, antwortete Engelke. Sollte er sich ruhig ein bißchen anstrengen, bevor es ans Geschäft ging. »Blamensier – was ist das? Ein Wein aus Welschland?«

Der Krüger strahlte sie an. Es lag deutlich Stolz in seiner Miene. »Nein, ein Getränk ist es nicht – obwohl ich natürlich auch welsche Weine in meinem Keller lagere.« Er neigte sich zu Engelke hinab und senkte etwas die Stimme. »Aber das Rezept für Blamensier kommt aus dem Franzosenland – das habt Ihr ganz richtig geraten!«

»Also eine Speise.« Engelke nickte. Wie der Kerl sich mit Schmeicheleien ins Zeugt legte! »Ist sie gut?«

»Gut … !« Der Wirt rollte mit den Augen. »Eine Delikatesse, Fräulein Engelke, eine Delikatesse!«

Und es war nicht übertrieben. Engelke, die sich entschlossen hatte, die ausländische Speise zu probieren, genoß den steifen, gelben, gewürzduftenden Brei vom ersten bis zum letzten Löffel. Nachdem sie anschließend mit dem Wirt Menge und Preis der Bierlieferung ausgehandelt hatte – ein günstiger Abschluß für beide Seiten –, kam sie auf das Rezept zu sprechen.

Der Krüger, sehr zufrieden mit dem eben getätigten Handel, ließ sich dazu hinreißen, eins seiner Küchengeheimnisse preiszugeben. »Nehmt zerstoßene Mandeln und Weißwein und bereitet daraus eine Mandelmilch. Dazu schüttet gekochten Reis, fein gehacktes Hühnerfleisch, in Schmalz goldgelb geröstete Zwiebeln, Safran, Ingwer, Paradieskörner und Nägelchen. Laßt alles gut kochen und sich miteinander verbinden. Fügt auch Fleischbrühe hinzu und am Ende feines Salz.«

»Muß die Fleischbrühe erst am Schluß hinein, wenn der Brei fertig ist?«

»Nein, nein.« Der Wirt schüttelte den Kopf. »Ihr macht die Mandelmilch mit Wein und Brühe. Dann laßt sie dick einkochen, während die Zwiebeln braten. Und dann –«

Engelke lächelte. »Ja, ich verstehe«, sagte sie. Es war doch immer das gleiche mit den Köchen, nie konnten sie folgerichtig beschreiben, wie sie ein Gericht zustande brachten. »Und der Safran – der gehört natürlich in den Reis, während er kocht?«

»Ja. Und das Hühnerfleisch –«

»Das wird angeschmort. Mit dem Ingwer, den Paradieskörnern und den Nägelchen. Oder?«

Der Wirt nickte bestätigend. »Und man muß oft rühren«, fügte er ergänzend hinzu, »auch das Feuer darf nicht zu hell brennen, weil –«

»Kann ich mir vorstellen«, fiel Engelke ihm ins Wort und erhob sich. »Aber meine Magd weiß es schon zu verhindern, daß der Reis sich am Topf ansetzt. Nun werde ich den Schatz, den Ihr mir gegeben habt, schnell nach Hause tragen, und –«

Eine junge Magd betrat den Schankraum. Sie trug ein braunes Wollkleid; ihre weiße Leinenschürze strahlte vor Sauberkeit, das Kopftuch hatte sie sich wie einen Turban um den Kopf geschlungen. »Verzeiht die Störung«, sagte sie und knickste, »die Herren lassen fragen, ob sie jetzt speisen können.«

Sofort wurde der Wirt vom Kochkünstler zum Geschäftsmann. »Selbstverständlich«, antwortete er dem Mädchen, »geh nach oben und bestelle unseren Gästen, es sei alles gerichtet, und sie bräuchten sich lediglich herunterzubegeben. Sie sollen sofort bedient werden.« Er räusperte sich mit einem strengen Blick auf die Magd. »Danach, wenn sie sich gesetzt haben, trägst du auf. Und schick' Ursel zum Zimmerlüften und Bettenmachen – aber erst, wenn die Schlafkammern leer sind!«

Dies war also nicht nur ein Krug mit Speisegaststätte. Engelkes Achtung vor dem Besitzer des Hauses wuchs. »Ihr vermietet auch Fremdenzimmer?« fragte sie.

»Aber ja.« Der Wirt scheuchte mit einer befehlenden Handbewegung die junge Magd an die Arbeit. »Ich stelle insgesamt sechs Kammern zur Verfügung – vom Feinsten, und nur an Gäste, die mir nichts schuldig bleiben. Überhaupt sehe ich zu, daß meine Häuser so proper wie möglich bleiben, obwohl –«

»Was denn«, wunderte sich Engelke, »gehören Euch etwa noch mehr Lokale?«

Der Krüger lachte. »Sicher«, bestätigte er stolz, »vier insgesamt. Dieses Haus – mein bestes –, dazu noch zwei schlichtere Krüge und ein reines Gästehaus der preiswerteren Sorte. Aber alle sauber und gut besucht – das kann ich Euch versichern.«

»Wenn sie so geführt werden wie dieses hier«, sagte Engelke beeindruckt, »dann glaube ich Euch auf's Wort. Sagt – woher bezieht Ihr das Bier für die anderen Krüge?«

»Oh, aus verschiedenen kleinen Brauereien«, antwortete der Wirt, »es ist eine Frage des Geldes, wißt Ihr. Nicht in jedem Lokal läßt sich erstklassiges Bier zu einem angemessenen Preis mit Gewinn absetzen. Im Roten Einhorn zum Beispiel –«

Die Eingangstür flog mit einem Ruck auf. Ein Windstoß wehte durch die Schankstube, und es kam jemand von der Straße herein.

Engelke und der Wirt fuhren gleichzeitig herum. Der Ankömmling war eine Frau – recht jung, mit flatternden aschblonden Haaren, für das herrschende Wetter völlig unpassend und unzureichend in ein grellrotes, tief ausgeschnittenes und sehr eng geschnürtes Kattunkleid gezwängt. Die Farbe ihrer Lippen war ebenso grell, und der Blick ihrer Augen herausfordernd.

»Raus«, sagte der Wirt. Seine Stimme klang schneidend.

»Ich hab' ne Verabredung hier«, gab die Grellrote patzig zurück und schob das Kinn vor, »wer sollte mich wohl dran hindern, 'nen guten Freier sausen zu lassen?«

»Raus«, wiederholte der Wirt, »oder hast du was mit den Ohren?«

Engelke wunderte sich. Die Frau war unübersehbar schwanger; ihr Bauch wurde durch das enge Kleid deutlich hervorgehoben. Wie, zum Kuckuck –

»Ich geh nich'«, zischte die Dirne. »Ihr habt kein Recht, mich rauszu –«

Weiter kam sie nicht. Der Wirt war mit ein paar langen Schritten bei ihr, packte sie unsanft an den Oberarmen und bugsierte sie aus der offenen Tür. »Und ob ich das habe«, knurrte er zornig, »Hau ab! Geh im Einhorn anschaffen! Hier dulde ich deinesgleichen nicht – merk' dir das ein für alle Mal!«

»Dreckiger Lüütschinner«, schimpfte das Straßenmädchen, »warte nur – demnächst vergeht dir dein Hochmut schon noch!« Sie trollte sich. »Du kriegst das gezeigt – darauf kannst' Gift nöhm'. Dat du mi rutsmeten häst – dat schall di noch leed doon!«

Bei diesen letzten, wütend herausgebrüllten Worten erstarrte Engelke. Sie schluckte, raffte ihren Mantel vom Haken, reichte dem Wirt eilig die Hand. »Ich glaube, wir haben für diesmal alles Wichtige besprochen«, sagte sie, »jetzt muß ich schnell weiter!« Damit hastete sie aus der Tür und ließ den Wirt etwas konsterniert durch ihren überstürzten Aufbruch in seiner Gaststube stehen.

Die Dirne war erst ein paar Schritte weit gekommen. Sie stiefelte, die Arme um den Oberkörper geschlungen, unter zornigem, halblautem Gemurmel Richtung Kajen.

Engelke lief ihr nach. »Katrien«, rief sie, »Katrien – bleib stehen! Warte doch!«

Aber die Dirne verlangsamte nicht einmal ihre Schritte. Im Gehen wandte sie den Kopf zu Engelke um. »Nich' nötig, dat Ihr mir hinterher rennt«, zischte sie verächtlich, »reden tu' ich sowieso nich' mehr mit Euch.«

Katrien hatte Engelke also auch erkannt – natürlich, denn Engelke hatte sich nicht nennenswert verändert. Im Gegensatz zu ihr, der ehemaligen Jungmagd des Hauses van Damme. Engelke rief noch einmal: »Halt doch an, Mädchen! Es passiert dir ja nichts!«

Katrien blieb stehen, drehte sich um, verzog den knallroten Mund. Sie stieß ein schrilles Lachen aus. »Nix, was mir nich' schon passiert wäre, gnä Fröl'n Geerts!«

Der Name war haßerfüllt ausgestoßen worden. Katrien lachte noch einmal. »Tja – ich bin nu keine anständige Frau mehr. Ihr habt das ja so gewollt.« Sie zeigte eine verächtliche Grimasse. »Und jetzt zieht Leine. Ich will' mit Euch nix mehr zu tun haben!«

Engelke trat dicht an die Magd heran. »Nein, du selbst hast es so gewollt«, erwiderte sie mit spröder Stimme. »Du hattest gestohlen, Katrien – weißt du noch? Und statt dich an den Büttel auszuliefern, hab' ich dich damals in die Obhut der Schwestern vom Heilig-Geist-Haus gegeben. Da hättest du ehrliche Arbeit leisten können. Statt dessen bist du –«

»Ehrliche Arbeit?« kreischte Katrien und brach wieder in unangenehm gellendes Lachen aus. »Die Nonnen haben mich schinden wollen! Ich sollte die ekelhaften Siechen und die verlausten Bettler pflegen – ich! So was kann keiner von mir verlangen!«

»Du bist abgehauen«, fuhr Engelke ungerührt fort, »und jetzt sieh dir an, was aus dir geworden ist. Eine ... eine ...«

»'ne Nutte.« Katrien streckte trotz des kalten Windes die Arme aus und stemmte die Fäuste in die Hüften. »Na und? Wenigstens hab' ich mein Auskommen – und 'n lustiges Leben obendrein!« Sie starrte Engelke so dreist und herausfordernd ins Gesicht, wie sie es früher nie gewagt hätte. »Ich bin heilfroh, daß ich mir in Eurem Dreckshaus nicht mehr den Rücken krumm schuften muß«, fügte sie hochmütig hinzu.

Aber diese unverschämte Antwort beeindruckte Engelke nicht. »Du bist schwanger«, konterte sie trocken, »da wird sich das mit dem guten Auskommen und dem lustigen Leben in Grenzen halten. Katrien –« Sie legte ihrer ehemaligen Hausmagd die Hand auf die Schulter, »ich wäre bereit, dich wieder aufzunehmen. Schließlich hast du doch mal zu unserem Gesinde gehört. Willst du nicht mit mir nach Haus –«

Katrien kreischte belustigt auf, so, als habe Engelke ihr einen unanständigen Witz erzählt. »Mit Euch? He, das is gut … das is wirklich gut! Nee, meine Gnädigste –«, sie knickste übertrieben tief und zeigte ein schiefes Grinsen, »ich werd' den Teufel tun – im wahrsten Sinn des Wortes!«

»Katrien –«, versuchte Engelke es noch einmal, »was soll aus dir werden, wenn du erst das Kind hast, jetzt, wo der Winter kommt? Denk doch mal nach, Mädchen! Ich will dir wirklich helfen!«

»Mit Verlaub – dat kann ich schon allein.« Katrien schob Engelkes ausgestreckte Hand angewidert von sich weg. »Und das Balg stört mich auch nich' bei dem, was ich vorhab'. Im Gegenteil!« Sie kicherte, lächelte süffisant. »Mir wird's demnächst erst richtig gut gehen – noch viel besser, als wie das Euch gehen tut. Das merkt Euch man, blöde olle Juffer!«

Sie spuckte vor Engelke aus, faltete die Arme wieder über der Brust, drehte sich um und setzte ihren Weg fort. Engelke gab auf. Sie blieb bewegungs- und tatenlos stehen und sah Katrien nach, bis die ehemalige Magd und jetzige Straßendirne um die nächste Ecke verschwunden war. Was konnte man da ausrichten? Engelke blieben nur Zorn und beleidigtes Selbstgefühl, auf sonderbare Weise gemischt mit einem Drang zu helfen und einer völligen Machtlosigkeit.

4

Es fiel Engelke schwer, die Gedanken von Katrien zu lösen und sich auf andere Dinge zu konzentrieren. Mit gesenktem Kopf, immer auf ihre Füße schauend, ging sie die Deichstraße entlang, achtete automatisch und unbewußt auf Unrat und morastige Schlaglöcher und grübelte im Gehen über die Magd nach.

Wie hatte es geschehen können, daß Katrien so schnell auf die schiefe Bahn geraten war? Das Mädchen war ja immer rebellisch gewesen, hatte bei jedem noch so unwichtigen Anlaß aufgemuckt, aber Engelke hatte Katrien nie für wirklich schlecht gehalten. Höchstens für unbedacht und leichtsinnig …

Katrien tat Engelke leid, trotz der Frechheiten, die ihr die jetzige Dirne an den Kopf geworfen hatte. Das dumme Ding war in einer Lage, um die sie niemand beneiden konnte. Und verstockt, wie Katrien nun einmal war, hatte sie sogar jede Hilfe abgelehnt – was Engelke überhaupt nicht verstand. Die völlig unsinnigen Aussprüche, die Katrien getan hatte, gaben ihr Rätsel auf: »Das Balg stört mich gar nicht bei dem, was ich vorhab'. Mir wird's bald erst richtig gut gehen …«

Was meinte Katrien bloß damit? Ob sie jemanden hatte, der sie trotz ihres Gewerbes und trotz des Kindes, das sie erwartete, bei sich aufnehmen wollte?

So mußte es sein. Eine andere Möglichkeit fiel Engelke nicht ein, so sehr sie sich auch den Kopf zerbrach. Denn daß Katrien eine Arbeit gesucht und in ihrem Zustand sogar eine gefunden hatte, das war nicht vorstellbar. Zudem paßte diese Möglichkeit absolut nicht zu Katriens Behauptung, es werde ihr bald besser gehen als ihrer ehemaligen Herrin.

Engelke hatte das nördliche Ende der Deichstraße erreicht. Sie ließ den Hopfenmarkt mit seinem frühmorgendlichen Betrieb links liegen und betrat die Neue Burg, eine hufeisenförmig gekrümmte Straße, die, dicht bebaut mit schmalen Giebelhäusern, die Gemeindekirche Sankt Nicolai umrahmte.

Auf halber Länge der Neuen Burg mündete die Trostbrücke. Diese führte von Sankt Nicolai über die Alster zum Neß und zum Rathaus und wurde auch Wechslerbrücke genannt, weil auf und neben ihr die Bänke und Buden der Geldhändler zu finden waren.

Engelke liebte den Betrieb, der hier herrschte. Die meisten Wechsler und Fachleute für Geldgeschäfte waren ihr gut bekannt – hatte sie doch selbst öfter fremde Währungen in das hiesige Silber umzutauschen. Das Gewimmel der mehr oder minder einflußreichen Kunden auf der Trostbrücke beflügelte deshalb ihre Schritte, sobald es von weitem in ihren Gesichtskreis kam. Sie ging schneller, um womöglich mit dem einen oder anderen Bankinhaber ein fachkundiges Schwätzchen zu halten. Augenblicke später war sie angelangt.

Engelke blieb kurz stehen, ehe sie sich in das Gewühl der Wechslerstände stürzte. Eine Menschenansammlung an der Böschung neben den Brückenpfeilern erregte ihre Aufmerksamkeit. Was wollten die Leute direkt am Wasser, wo doch keine Bänke und Buden waren? In einer dichten Traube standen sie im nassen Gras und murmelten erregt durcheinander.

»Was ist denn da los?« erkundigte sich Engelke bei einer alten Frau, die ebenfalls dastand und den Kopf in Richtung des Menschenknäuels gedreht hielt.

Die Frau, deren Kopf und Schultern mit einem gewaltigen grauen Wolltuch vermummt waren, hatte offenbar an der Alster Wäsche gewaschen; der Korb mit dem nassen Leinenzeug stand neben ihr. Ganz langsam wandte sie Engelke das Gesicht zu. Sie war blaß, ihre Augen blickten schreckensstarr. »Dat is nich dat erste«, sagte sie mit belegter, angstvollgedämpft klingender Stimme, »und ausgerechnet ich hab' dieses gefunden – ausgerechnet ich!«

»Aber was denn?« forschte Engelke erschrocken.

»Es lag direkt vor mir im Wasser«, wisperte die Alte, »es hat bestimmt schon seit gestern oder vorgestern da unter der Brücke gelegen und ich … ich …«

Engelke trat näher an die Wäscherin heran und faßte sie an den Schultern. Sie wollte eine weitere Frage stellen, um eine konkrete Antwort aus der Frau herauszuholen. Aber das erübrigte sich auf einmal. Von der Brücke her tauchten zwei Stadtknechte auf, und die Menschentraube teilte sich. Engelkes Blick fiel auf einen winzigen, nackten weißen Körper, der reglos mit ausgebreiteten Ärmchen auf dem Rücken im Gras lag. Ein Säugling, dessen Leben nur wenige Tage gedauert hatte und der in dieser Haltung, mit auf die Seite gerolltem Köpfchen, in erschreckender Weise an einen gekreuzigten Christus erinnerte.

Engelke entfuhr ein laut hörbarer Atemzug des Entsetzens. Unwillkürlich tat sie einen Schritt näher an die kleine Leiche heran. Das Kind – ein Junge – hatte goldene Löckchen gehabt, die jetzt in nassen Kringeln seine runde, marmorblasse Stirn umgaben. Die Augen waren nicht völlig geschlossen; der bleiche, bläulich verfärbte Mund stand offen wie zu einem tonlosen Schrei.

Die Stadtknechte verharrten auf der Stelle und musterten den Fund. Einen Augenblick brachten sie in ihrer Betroffenheit kein Wort heraus; schließlich räusperte sich der ältere von ihnen. »Es is' ertrunken«, brummte er, »ins Wasser gefallen und ertrunken …«

Die alte Waschfrau, die einen Schritt hinter Engelke gestanden hatte, rührte sich. »Nein«, sagte sie laut in die Stille hinein, »nich' ertrunken, die Herren. Es war schon tot, eh' es ins Wasser geworfen wurde.«

Der Stadtknecht, der gesprochen hatte, musterte die Frau ernst. »Woher willst du das wissen?« fragte er.

»Ich hab' das arme Wurm ja rausgezogen«, gab die Waschfrau zurück, und in ihrer Stimme war wieder das rauhe Zittern. »Sie haben ihm die Kehle durchgeschnitten …«

Der andere, bis jetzt noch stumme Stadtknecht bückte sich. Sacht legte er die Hände um den Kopf des Kindes und drehte ihn ein wenig. Ein nicht allzu großer, tiefroter, klaffender Schnitt in der Beuge des kleinen Halses wurde sichtbar – genau an der Stelle, wo das Blut pulsiert.

»Stimmt«, sagte der Stadtknecht erschrocken. »Es ist mit

'nem Messer umgebracht worden – wie man 'n Schwein absticht!«

Engelke wandte sich ab. Übelkeit würgte sie plötzlich. Sie konnte den Anblick des winzigen Leichnams keinen Augenblick länger ertragen. Es war nicht so sehr die Begegnung mit dem Tod, die ihr dieses Grauen einflößte, sondern vielmehr ein ganz anderes Gefühl, das sie bis jetzt noch nie empfunden hatte – der Schrecken vor dem Bösem, das hier so offen zutage trat.

Wiebkes Worte fielen ihr ein und hallten in ihrem Gedächtnis wider. Für den Rest des Heimwegs, den sie in höchster Eile und ohne Aufenthalt zurücklegte, wurde sie das entsetzliche Bild des ermordeten Kindes nicht los. Und in ihr keimte der heiße Wunsch auf, selbst dazu beizutragen, daß der Unmensch, der hilflose Säuglinge wie Tiere abschlachtete, zur Strecke gebracht wurde.

Kellinghusen würde durch die Stadtknechte von dem Verbrechen in Kenntnis gesetzt werden. Er würde dafür sorgen, daß die Kinderleiche identifiziert wurde. Möglicherweise handelte es sich dabei um das verschwundene Neugeborene der Korbmacherin. Aber was konnte er danach noch tun, um den brutalen Mörder zu finden?

Seine Möglichkeiten, ihm auf die Spur zu kommen, waren gleich null. Engelke, die vor dem Haus van Damme angekommen war, ballte die Fäuste. Sie selbst fand nicht einmal einen Beweggrund, aus dem jemand die grauenvolle Tat hätte begehen sollen. Auch hatte sich, soweit sie wußte, niemand bei der Frau des Korbmachers gemeldet und Lösegeld erpreßt. Das Kind hatte mit Sicherheit keinen Schmuck, keine reiche Kleidung getragen. Seine Eltern waren arme Leute.

Es war einfach nur umgebracht worden – ohne jeglichen Sinn. Man hatte es getötet und seine nackte Leiche unter die Trostbrücke geworfen – einen kleinen Kadaver ohne Wert.

Aber es mußte einen Grund geben für den Mord. Es gab immer einen Grund, aus dem Menschen mordeten. Nur – wie sah er diesmal aus? Was brachte den Mörder dazu, sich Kinder zum Opfer zu wählen?

Engelke zögerte noch, ins Haus zu gehen, bevor sie ihre

Gedanken zu Ende gedacht hatte. Der Leichnam war an der Trostbrücke gefunden worden, an einer der belebtesten Stellen der Stadt – wenigstens tagsüber. Solange die Geldwechlser ihre Stände geöffnet hatten, konnte sich dort niemand unbeobachtet einer Leiche entledigen, selbst wenn sie so klein war wie die des Säuglings. Die Waschfrau, die die fürchterliche Entdeckung gemacht hatte, hatte also wahrscheinlich recht mir ihrer Vermutung, der Körper des Kindes müsse bei Nacht dort hingeschafft worden sein.

Gesetzt den Fall, daß es so gewesen war, wer konnte das Ablegen der Leiche beobachtet haben? Nachtwächter patrouillierten zwar durch die ganze Stadt, und man mußte sie natürlich befragen. Aber es war sehr unwahrscheinlich, daß von ihnen brauchbare Aussagen kamen. Jeder wußte, daß die Männer eher auf Feuer oder Rauchentwicklung achteten und sich um nächtliche Spaziergänger oder gar um irgendwelche Geräusche einen Dreck scherten. Kein Wunder in einer Hafenstadt wie Hamburg. Zudem gab es nicht genügend Nachtwächter, als daß sie überall hätten sein können. Sicher war auch in diesem Fall gerade niemand in der Nähe der Trostbrücke vorbeigekommen.

Engelke legte die Hand auf den Türdrücker. Es war so aussichtslos, nach dem Mörder des Kindes zu suchen. Die allseits bekannte Stecknadel im Heuhaufen eben. Und direkt an der Brücke wohnte niemand. Die Häuser der Neuen Burg lagen etliche Schritte entfernt, und auf dem anderen Ufer der Alster standen der Kran, die Waage, das Rathaus ...

Doch – es gab jemanden, der vielleicht etwas beobachtet hatte. Engelke ließ die Klinke wieder los und straffte sich. Vor ihrem inneren Auge erschienen die beiden Bettlerinnen, die an der Trostbrücke ihren Stammplatz hatten, und an denen sie heute so kopflos vorbeigestürmt war, ohne ihnen ein Almosen zu geben.

Die beiden Frauen, Mutter und Tochter, verbrachten all ihre Zeit bei der Brücke, um sich den Lebensunterhalt zu erbetteln. Vermutlich befand sich dort, in unmittelbarer Nähe, auch ihr Unterschlupf.

Engelke atmete tief ein und betrat das Haus. Die Bettlerinnen konnten nichts gesehen haben; sie waren beide blind. Aber vielleicht hatten sie etwas gehört.

In der Diele herrschte ameisenhafte Betriebsamkeit. Engelke stolperte beim Eintreten in eine Anzahl Stoffballen hinein, die zusammen mit anderen Paketen, Beuteln und kleinen Kisten auf den schwarz-weißen Fliesen gestapelt lagen. Peder Elmsbüttel und Hein tom Hove zählten und hakten die Waren auf einer Liste ab, während Bartel damit beschäftigt war, den großen Haken klarzumachen, der am Seil aus der Speicherluke in der Decke herabhing.

»He«, sagte Engelke überrascht, »für heute hatte ich aber keine Lieferung erwartet. Englisches Tuch – und was noch ?«

»Eisenwaren«, informierte Peder, »Messer und andere Waffen, der Posten günstig eingehandelt von einem Kölner Kaufmann. Dann noch Gewürze – hauptsächlich Muskat und Pfeffer – aus demselben Handelshaus. Erste Qualität. Und Knöpfe.«

»Knöpfe?«

»Ein Kästchen voll. Elfenbein. Sehr schöne Arbeit.«

Engelke warf einen Blick in den kleinen Kasten. »Wunderbar«, murmelte sie staunend, »die sind mit hohem Gewinn abzusetzen – wahrscheinlich gleich hier, oder in Lübeck.«

»Der Wein, der auch dabei war, ist schon im Keller«, sagte Heim tom Hove. »Es handelt sich um ein Dutzend Fässer Burgunder und um dreiundzwanzig Fässer Weißen von Rhein und Mosel.«

Engelke stellte das Kistchen mit den Elfenbeinknöpfen wieder hin. »Aber wer hat denn die Ware geliefert«, verlangte sie zu wissen, »ich hatte, wie gesagt, für heute nicht erwartet –«

Jemand hinter dem Berg aus Stoffballen kicherte. Die Stimme klang sonderbar – teils erwachsen, teils kindlichhell. »Schiffer Olsen is mit Heern Godert in't Einbecksche Huus ein'n heben«, kam kieksend die Antwort auf die Frage, »nu bün man bloß ik noch da, Fröl'n Engelke!«

»Teetje!« Das war alles, was Engelke hervorbrachte.

Die junge Stimme lachte laut heraus. Und dann kam ihr Besitzer aus dem Versteck hinter dem Warenstapel hervor – ein lang aufgeschossener Vierzehnjähriger mit zottigem, flachsfarbenem Haar und einem Grinsen von Ohr zu Ohr. »Die Halfmoond meldet sich von Großer Fahrt zurück«, sagte er und strahlte Engelke an, »wi sünd fröh vandoog inlopen.«

»Teetje«, wiederholte Engelke, »heute morgen schon, sagst du? Das ist ja eine Woche früher als wir dachten!« Sie musterte Mettes Ältesten, der als Schiffsjunge auf der schnellsten Kogge des Hauses van Damme zur See fuhr. »Mein Gott –«, fügte sie lächelnd und kopfschüttelnd hinzu, »wo soll das hinaus? Du bist schon wieder 'n Stück gewachsen!«

Teetje verbreiterte sein Grinsen und errötete. »Mutt jo«, brummelte und kiekste er, »Zwerge könn' die an Bord nich' bruken ...«

Engelke lächelte. Sie stieg über einige kleinere Pakete und zog Teetje in den hinteren Teil der Diele. Die glückliche Heimkehr der Halfmoond und Teetjes Rückkunft verdrängten für den Augenblick alles, was sie heute bewegt hatte. »Komm«, sagte sie zu dem Jungen, »erzähl' mir – wie war die Fahrt? Was hast du diesmal erlebt?«

»Och«, Teetje zog die Schultern hoch, »do gifft dat nich' so veel to vertellen. 'n lüttjen Storm op de Hööcht van Hilligenland – all'ns nich' so gräsig, Fröl'n Engelke. Sowat smiet'n Seemann nich' um.«

Diese Antwort reizte Engelke zum Lachen. »Ach – 'n kleiner Sturm auf der Höhe von Helgoland, das ist alles nicht so schlimm«, wiederholte sie und zog die linke Augenbraue hoch, »so was schmeißt 'n Seemann nicht um, was?« Sie gab Teetje einen spielerischen Knuff. »Du fühlst dich wohl schon wie 'n alter Fahrensmann, du großer Held!«

Eine neue Welle von Rot überflutete Teetjes Gesicht bis zum Haaransatz. »Dat nu nich' grade«, murmelte er verlegen, »aber de Skipper is tofreden mit mi.«

»Na, dann«, sagte Engelke. Es war nicht ihre Absicht, das aufkeimende Selbstgefühl des Jungen zu verletzen. »Ich kann's mir auch nicht anders vorstellen. Schiffer Olsen hätte dich kaum so lange in der Mannschaft behalten, wenn er nicht mit dir zufrieden wäre.«

»Er sagt, ich werd' mal'n guter Bootsmann«, gab Teetje zurück und strahlte wieder. »Für'n Schiemann wär ich nich' klein genug.« Er räusperte sich und reckte die knochigen Schultern. »Aber ich will ja auch später mal Steuermann werden – einer von den besten, so wie –«

Er brach den Satz ab. Engelkes Blick verbot ihm weiterzusprechen. »Übrigens, Fröl'n Engelke«, suchte er die Scharte wieder auszuwetzen, »Heiko is in der Stadt. Ich hab' ihn am Hafen gesehen – unten bei den Kajen.«

»So.« Das war alles, was Engelke erwiderte.

»Jo«, nickte Teetje und fuhr unbeirrt fort, ohne ihre versteinerte Miene zu beachten, »he seggt nich' veel, Ji weet dat jo – aber nu fährt he op de Erzengel, heff ik rutkregen. Und Dierk –«

»Paß auf«, unterbrach Engelke den Redefluß des Jungen, »es ist mir ganz egal, was du aus diesem Heiko herausgekriegt hast. Für mich sind nur die van Damme'schen Schiffe erwähnenswert. Also erzähl' mir von der Halfmoond. Alles andere interessiert mich nicht.«

Teetje schluckte betroffen. Dann nickte er. »Verstanden, Fröl'n Engelke. Ich find' das auch nich' gut, daß Heiko und de Stüermann vor Jahren einfach abgehauen sind, besonders, wo Dierk doch –«

»Hast du schon was gegessen?« Engelke packte Teetje so fest am Arm, daß der Junge erstaunt das Gesicht verzog.

»Nee«, stotterte Teetje. »Ik wull man bloß seggen –«

»Dann komm in die Küche.« Engelke zog ihn einfach mit sich. »Wollen mal sehen, ob wir dir nicht mit was Leckerem den Mund stopfen können.« Sie zwinkerte Teetje zu, zwang ihre Gedanken in eine andere Richtung. Und der Junge verstand jetzt endlich, daß sie an gewisse Dinge nicht erinnert werden wollte.

Wiebke war die einzige menschliche Seele in der Küche. Sie saß neben der weitläufigen, überbauten Herdstelle – für den

Augenblick müßig – und schien dösend auf ihre im Schoß liegenden Hände zu starren. Sie blickte nicht auf, als Engelke mit Teetje die Küche betrat.

»Sag, Wiebke«, begann Engelke, »was könnten wir diesem hoffnungsvollen jungen Seemann zum Essen anbieten?«

Die alte Frau hob den Kopf. Ihre Augen klärten sich langsam, als kehre sie aus einem tiefen Traum in die Wirklichkeit zurück. Sie lächelte, richtete den Oberkörper auf, wurde sofort wieder ernst. »So viel Freude«, murmelte sie, »und so viel großen Schmerz. Es mischt sich, bis man das eine vom anderen nicht mehr unterscheiden kann. Am Feuer steht ein Kessel mit süßem Haferbrei. Davon kann der Junge haben, soviel Ihr ihm geben mögt, Fröl'n Engelke.«

Engelke füllte für Teetje eine kleine Schüssel mit der Milchsuppe, die viele vom Kochen dick aufgequollene Rosinen enthielt. »Nur selten im Leben erfährt man ungemischte Freude«, sagte sie, an ihre alte Kinderfrau gewandt, »das hast du selbst immer gesagt, Wiebke. Sollen wir deswegen traurig sein? Die Halfmoond ist sicher heimgekehrt – das ist doch ein Grund zum Feiern!«

»Ja, die Halfmoond«, gab Wiebke gedankenverloren zurück, »und auch die anderen Schiffe. Es war viel Glück dabei – und noch viel mehr Glück trugen sie in den Hafen.«

»Welche anderen Schiffe?« Engelke warf der Alten einen verständnislosen Blick zu. »Meinst du die Bunte Kuh – die Flotte, der der Sieg über die Freibeuter geglückt ist?«

Wiebke nickte. »Jo«, sagte Teetje mit vollem Mund, »aber Glück würd' ich so was nich' nennen. Simon van Utrecht und die anderen Schiffsherren haben 'ne große Tat vollbracht – weil sie schlauer waren als Gödeke Micheel.«

Die Greisin lächelte, antwortete mit einem Nicken, das in ein Kopfschütteln überging. »Noch ist die Zeit nicht gekommen«, sagte sie abschließend.

Das verwirrte Engelke schon wieder. Sie wollte eben nachfragen, als Mette in dem breiten Kücheneingang auftauchte. »Teetje, min Jung«, rief sie und breitete die Arme weit aus, »denn is dat doch wohr – de Halfmoond is t'rück ...«

Teetje war vom Tisch aufgestanden und zu seiner Mutter hinübergerannt. Er ließ sich von ihr umarmen, war plötzlich wieder der kleine Junge, auch wenn er Mette inzwischen um mindestens Haupteslänge überragte. »Ik heff di wat mitbrächt, Mudder«, sagte er und quetschte sie so fest, daß sie japste, »'n Dook von Sied – ut Engeland!«

Mette lachte und schnappte nach Luft. »Büst' fimmelig worn? Was brauch' ich 'n Tuch aus Seide ... so was is für reiche Leute, Teetje!« Sie machte sich von ihrem Ältesten los, nicht ohne ihn vorher noch einmal auf die Wange zu küssen. »'n Seidentuch – för mi!«

Teetje kramte in der Tasche seines dicken wollenen Wamses. Er zog ein winziges, in ein Stückchen Segeltuch gewikkeltes Päckchen hervor und drückte es der widerstrebenden Mette in die Hand. »Wenn dat eine gifft, die 'n Siedendook verdeent hett, denn büst du dat, Mudder«, sagte er, und seine Stimme quietschte vor Ernsthaftigkeit, »nich', Fröl' Engelke?«

Dabei hatte er sich Bestätigung heischend zu Engelke umgedreht. Engelke lächelte und tat ihm den Gefallen. Insgeheim bewunderte sie den Jungen, der es offenbar geschafft hatte, irgendeinem Händler das Tuch für wenig Geld abzuschwatzen. Seide war teuer; unmöglich konnte Teetjes magere Heuer gereicht haben, sie angemessen zu bezahlen. Vielleicht hatte er das Tuch auch beim Händler abgearbeitet; sie würde ihn gelegentlich danach ausfragen.

Die Küche füllte sich. Teetjes kleine Schwestern – fünf inzwischen – drängten herein, um den lange vermißten Bruder zu begrüßen. Sie alle begutachteten mit großen Augen das prächtige Geschenk, das er seiner Mutter mitgebracht hatte.

Das seidene Kopftuch war leuchtend hellblau und hatte an einer Ecke einen großen Wasserfleck. Vielleicht, dachte Engelke, war das der Grund, warum Teetje einen Preisnachlaß herausgeschlagen hatte. Der Fleck tat der schimmernden Schönheit des Stoffes kaum Abbruch; eine reiche Kundin allerdings hätte so eine Ware wohl nicht genommen.

Teetje schien Engelkes Gedanken zu erraten. »Man kann den Fleck vielleicht wegkriegen, wenn man das Tuch mit Essigwasser wäscht«, sagte er zu seiner Mutter, »es is' mir auf'm Schiff 'n bißchen naß geworden ...«

Schlauer Bengel. Engelke schmunzelte. Stellte den Schaden so dar, als habe er ihn selbst verursacht. Wußte ganz genau, daß seine Mutter ihm die Unachtsamkeit verzeihen würde und sicher nicht auf den Gedanken kam, das Tuch sei von Anfang an schadhaft gewesen. Denn Mette hatte keine rechte Vorstellung davon, wieviel so ein Prachtstück kostete.

Als Karl, Bartel und die beiden Kontorgehilfen mit dem Unterbringen der kostbaren Handelsgüter auf den Speicherböden fertig waren, stellten auch sie sich in der Küche ein. Mine gesellte sich dazu; die Tanten bekamen zuerst ihre Suppe nach oben, Grootvadder Evert sein Mittagessen in die Stube gebracht. Dann setzte sich das Gesinde an den langen Tisch in der Küche. Engelke nahm ebenfalls in ihrem Kreis Platz. Da Anneke und ihr junger Ehemann an diesem Tag die Bekanntschaft besuchten und nicht vor dem Abendessen zurückerwartet wurden, sah sie keinen Sinn darin, allein in der leeren Diele zu essen oder bei den zänkischen Muhmen. Grootvadder Evert liebte Gesellschaft nicht sonderlich. Er rief, wenn er jemanden um sich haben wollte. Heute hatte er nicht gerufen.

Engelke hielt sich nur so lange in der überfüllten Küche auf, wie sie brauchte, um ihre Breischüssel zu leeren. Dann erhob sie sich vom Tisch, warf noch einmal ihren Mantel über und verließ das Haus. Sie wußte – da drinnen war alles in den besten Händen; Mette würde dafür sorgen, daß die anfallende Arbeit zuverlässig erledigt wurde. Und auch im Kontor kamen Peder und Hein ohne Hilfe zurecht. Der Hausherr würde ohnehin ganz sicher bald mit Jens Olsen zurück sein, falls er sich und seinem Schiffer nicht noch einen Besuch in Holms Badestube gönnte. Mit Holm hatte auch Engelke vor, ein Gespräch zu führen – sobald der Gang zur Trostbrücke hinter ihr lag.

Sie hoffte inständig, daß die Bettlerinnen da waren. Aber sie waren immer da – so auch jetzt. Als Engelke sich kaum an den dichtgedrängt stehenden Wechslerbänken mit ihrem

Kundengewühl hindurchgearbeitet hatte, konnte sie schon die zerlumpten, hageren Gestalten an ihrem gewohnten Platz bei den Stufen zur Brücke stehen sehen. Sie hielten still ihre Hände auf, ganz ohne das jammernde Bitten, das man von anderen Bettlern so gut wie immer zu hören bekam. Vielleicht hatte Engelke es sich deshalb zur Gewohnheit gemacht, den Blinden regelmäßig, wenn sie hier vorüberkam, ein kleines Almosen zu geben.

Engelke schob sich durch eine letzte Menschenansammlung und fischte gleichzeitig die beiden kleinen Münzen aus ihrem Geldtäschchen. »Hier«, sprach sie die Bettlerinnen an, während sie nah herantrat, »heute morgen hatte ich es so eilig, daß ich euch einfach vergessen habe.« Damit drückte sie der Älteren das Almosen in die dürre Hand.

»Ihr seid es«, gab die Frau verwundert von sich, »wir haben bemerkt, daß Ihr vorüberlieft. Aber wir haben noch nie erlebt, daß jemand zurückkommt, nur um uns zu bedenken.«

»Gott lohne es Euch«, murmelte die Jüngere, »Ihr seid so gütig ...«

»Ach was«, wehrte Engelke verlegen ab, »ich habe – also gebe ich. Und es ist herzlich wenig.«

Die ältere Frau lächelte. Ihr Gesicht – ausgemergelt, blaß, voller Falten, die von ihrem schweren Leben zeugten – verriet plötzlich, daß sie noch nicht wirklich alt war. Sie mochte vielleicht fünfunddreißig Jahre zählen, nicht mehr. »Wenn jeder soviel übrig hätte, wir Ihr uns gebt, wären wir reich«, sagte sie gelassen.

Auch auf dem Antlitz der jungen Frau zeigte sich ein zaghaftes Lächeln. Engelke schätzte, daß sie höchstens zwanzig war. Und sie fragte sich plötzlich, ob Mutter und Tochter schon immer blind gewesen waren. Vielleicht waren sie durch ein Unglück in dieses Elend geraten; dicke, entstellende Brandnarben, die beide an Stirn und Schläfen trugen und durch ihre löchrigen, ausgefransten Kopf- und Schultertücher zu verhüllen suchten, deuteten darauf hin.

Aber nach der Ursache ihrer Not wollte Engelke die Frauen nicht befragen – deswegen war sie nicht durch die halbe

Stadt gelaufen. Neugier konnte sehr verletzend sein, und sie hatte nicht vor, die Bettlerinnen zu demütigen. Nur eins mußte sie wissen. »Sagt«, kam sie zur Sache, »haltet ihr euch den ganzen Tag hier auf?«

»Das wißt Ihr doch«, erwiderte die Mutter, erstaunt über die Frage.

»Wir sind hier von früh bis spät«, bestätigte die Tochter, »solange Menschen über die Brücke gehen.«

»Und des nachts – wo seid ihr da?«

Die Ältere schüttelte den Kopf. »Wenn Ihr glaubt, wir fallen der Stadt zur Last, dann irrt Ihr Euch«, murmelte sie mit wachsender Verwirrung, »wir bestreiten unseren Unterhalt ganz allein – von den Gaben, die uns mitleidige Menschen zukommen lassen.«

»Wir sind Ansässige«, fügte die Jüngere hinzu, »man hat uns erlaubt, hier unsere Nahrung zu erbitten. Daran ist nichts Unrechtes!«

Ihre Stimmen hatten vor Verlegenheit gezittert. Beide schämten sich ganz offensichtlich ihrer Lage. Engelke räusperte sich. Sie hatte die Frauen auf keinen Fall verunsichern wollen – und jetzt war es doch geschehen. »Ich weiß«, sagte sie in einem schwachen Versuch, ihren Patzer wettzumachen, »daß ihr ehrenwerte Leute seid. Nicht umsonst gebe ich euch ja selbst ein Weniges zu eurer Nahrung.« Sie räusperte sich noch einmal. »Ich wollte auf etwas ganz anderes hinaus. In der Nacht, wo schlaft ihr da, wenn nicht in einer der Bettlerherbergen – dem Heilig-Geist-Haus zum Beispiel?«

»Dort passen wir nicht hin«, flüsterte die Mutter. Die Tochter nickte und senkte den Kopf. »Wir versuchen uns sauber zu halten«, setzte sie leise hinzu, »und das wäre in den Herbergen nicht leicht bei den Flöhen und Läusen, die dort herumwimmeln.«

»Wir haben Erlaubnis, in dem kleinen Schuppen bei der Brücke zu schlafen«, sagte die Mutter. »Da stören wir niemanden – und wir machen ja auch keine Unordnung, selbst wenn wir jetzt in der kalten Jahreszeit manchmal ein Feuerchen anzünden müssen.«

»Dazu haben wir einen eisernen Feuerkorb«, ergänzte die Tochter hastig, »ich kann gut damit umgehen – es besteht keine Gefahr!«

»Ein Kaufmann von der Neuen Burg gibt uns selbst die Glut für unser Feuer«, sagte die Mutter, »er traut uns, weil er uns trauen kann.«

»Ja, natürlich«, bestätigte Engelke, »daran zweifle ich nicht. Keine Frage, daß ihr anständige Leute seid. Aber was ich wissen wollte ...« Sie unterbrach sich für einen Atemzug, während sie noch näher an die Frauen heranrückte, »heute ist die Leiche eines Kindes unter der Brücke gefunden worden, und –«

»Ihr glaubt doch nicht, daß wir etwas damit zu tun haben?« kam erschrocken die Frage der Jüngeren.

»Nein – das könnt Ihr nicht glauben«, flüsterte die Ältere, »niemand würde annehmen, daß wir ein unschuldiges Kind –«

»Was redet ihr denn da?« unterbrach Engelke heftig. »Herrgott – kein Mensch würde euch ein solches Verbrechen anlasten! Ich will lediglich wissen, ob ihr während der Nacht, da ihr doch in der Nähe wart, nichts bemerkt habt!«

Die Gesichter der beiden blinden Bettlerinnen zeigten höchste Bestürzung. »Wir haben keinen Anteil an dem Mord«, stammelte die Mutter. »Wir sind unschuldig«, wisperte die Tochter und zog ihr zerlumptes Umschlagtuch über der Brust zusammen.

Engelke wurde ungeduldig. So gut sie die Angst der Frauen verstehen konnte – Bettler waren ja immer die Dummen, wenn erst einmal ein Verdacht auf sie gefallen war –, so sehr drängte es sie, endlich Antwort auf ihre Frage zu bekommen. »Niemand bringt euch mit der Tat in Verbindung«, sagte sie lauter als nötig und stampfte ärgerlich mit dem Holzschuh auf, »wirklich niemand! Sagt mir einfach, ob ihr in der Nacht, als der Mord geschah, irgendeine Beobachtung gemacht habt!«

Die Bettlerinnen schwiegen und senkten die Köpfe. Einige Passanten waren stehengeblieben und spitzten neugierig die Ohren. Natürlich fanden sie es merkwürdig, daß sich hier eine Frau aus gutem Haus mit zwei Elendsgestalten herumstritt.

»Eine Beobachtung ... ?« Die ältere der beiden Bettlerinnen blickte wieder auf. »Wie sollten wir die wohl machen?«

»Wir sind blind«, sagte die Jüngere.

»Aber ihr könnt hören.« Engelke ließ sich so schnell nicht entmutigen. »Sind euch keine Geräusche aufgefallen?«

Die Jüngere verneinte das mit einem Kopfschütteln.

»Es kommen immer mal wieder Schritte am Schuppen vorbei«, sagte die Ältere langsam, »das ist nichts Ungewöhnliches.«

»Auch in der vergangenen Nacht?«

»Ja«, erklärte die Mutter nachdenklich, »zwei oder drei Männer. Fischer vermutlich, die auf dem Weg nach Hause waren.«

Die Tochter schüttelte noch einmal den Kopf. »Fischer waren das nicht«, widersprach sie energisch, »auch keine Hafenarbeiter oder Handwerksleute.«

»Wieso meinst du das, Kind?« fragte die Mutter erstaunt.

»Weißt du nicht mehr?« Die Stimme der Tochter verriet plötzlich eine leise Erregung. »Ich bin vor die Tür gegangen, als die Glocken elf schlugen. Ich wollte horchen, weil der Wachmann schon vorübergegangen war und sonst so spät niemand mehr an unserer Hütte entlang kommt. Und da –«

»Was?« fragte Engelke gespannt.

»Zwei Leute –«, sagte die Jüngere der Bettlerinnen, »es stapften zwei Leute vorüber – der eine mit schwerem Tritt, der andere leichtfüßiger. Vielleicht war's eine Frau.«

»Und es waren keine Fischer oder Arbeiter oder Handwerker?«

»Nein.

»Warum nicht? Was bringt dich zu der Annahme?«

»Sie rochen ... irgendwie anders.«

Einige der inzwischen zahlreichen Zuschauer und Zuhörer lachten. »Wie riecht denn 'n Handwerker?« fragte spöttisch grinsend ein vierschrötiger Bär von einem Kerl.

Engelke blieb ungerührt. »Sag mir, was für ein Geruch das war«, forderte sie die Bettlerin auf.

»Ich kann mich irren«, murmelte die junge Frau, verunsichert durch das Gelächter, »vielleicht hab' ich's nicht mehr richtig im Gedächtnis, weil es so lange her ist.«

»Was denn?« Engelke hatte Mühe, geduldig zu bleiben. »Sprich es ruhig aus. Ich möchte es wirklich gern wissen.«

Die Bettlerin kroch förmlich in sich zusammen. Sie senkte die Stimme. »Weihrauch«, sagte sie leise, »an den beiden Leuten, die vorübergingen, haftete ein Geruch wie in der Kirche.«

»Kann es nicht sein, daß sie eine späte Messe besucht hatten?«

Die Bettlerin schüttelte den Kopf. »So riecht nur ein Gewand, das häufig dem Weihrauch ausgesetzt wird«, sagte sie bestimmt, »ich wüßte nicht, welcher Handwerker so oft in die Messe geht, daß seine Kleidung nach Weihrauch duftet.«

Die Umstehenden brachen in neues Gelächter aus. Nur einer der Männer, ein langer Mensch, der sich die Sendelbinde seines dicken Filzhutes gegen den kalten Wind über Mund und Nase gezogen hatte, lachte nicht mit. Er wandte sich schweigend ab und ging weiter – offenbar irgendein Meister irgendeines ehrbaren Amtes, der sich beleidigt fühlte.

Engelke blieb ebenfalls ernst. »Das ist schon sehr sonderbar«, sagte sie zu den beiden Bettlerinnen, »andererseits gibt es sicherlich einige vernünftige Erklärungen dafür. Könnte nicht zum Beispiel ein Priester mit seinem Ministranten auf dem Weg zu einem Sterbenden bei der Brücke vorübergegangen sein?«

Das fand die ältere der beiden Frauen auch. Die Jüngere nickte zögernd. »Möglich wäre es schon. Nur, warum sind sie dann unter der Brücke hindurch, statt auf der Straße zu bleiben?«

Darüber zerbrach sich auch Engelke den Kopf, als sie sich von den beiden Blinden verabschiedet hatte und auf dem Heimweg war. Denn dafür fand sich keine vernünftige Erklärung.

5

Daß Teetje, nun seit vier Tagen, wieder zu Hause war, konnte man spüren. Von einem ruppigen, arbeitsscheuen kleinen Dreckspatz hatte er sich zu einem bereitwillig und kräftig zupackenden Jungen gemausert, der seinem Vater Karl eine echte Hilfe war. Teetje schirrte die Pferde aus und an, fütterte, mistete aus, rieb die Tiere mit Stroh ab, wenn sie verschwitzt heimkamen – und er tat das alles ohne besondere Aufforderung.

Engelke sah es mit innerer Befriedigung. Sie hatte immer gewußt, was für ein wertvoller Kern in Teetje steckte, und fand sich bestätigt. Der Junge würde seinen Unterhalt während der Winterruhe reichlich verdienen; seine Arbeit wog fast die eines Jungknechtes auf. Und er würde im Haushalt fehlen, wenn er nächstes Frühjahr mit der Halfmoond von neuem auf Fahrt ging.

Ja, sein Vater würde ihn vermissen, seinen einzigen Sohn. Aber es gab noch jemanden, der Teetje nicht gerne würde ziehen lassen – Grootvadder Evert.

Engelke lächelte in sich hinein, während sie die Stiege zum Kontor hinaufkletterte. Es war eigenartig, wie der Junge sich in den vergangenen Tagen an den Altherrn angeschlossen hatte – oder vielmehr, wie er von Evert van Damme vereinnahmt worden war. Auch jetzt hockte er wieder in der Stube und unterhielt sich mit dem alten Mann; Grootvadder hatte ihn persönlich rufen lassen und, nachdem Teetje sich bei ihm gemeldet hatte, die Tür geschlossen.

Was die beiden – das immer noch unbestrittene Oberhaupt der Familie und der kleine Schiffsjunge – wohl miteinander zu reden hatten? Gemeinsamkeiten gab es zwischen ihnen ja wohl kaum. Was also konnte der Junge dem Altherrn bieten?

Wahrscheinlich ließ Evert der Ältere sich von Teetje Erlebnisberichte liefern und fühlte sich durch das frische Geplauder des Jungen selbst wieder in seine Kinderzeit versetzt.

Noch immer lächelnd, öffnete Engelke die Tür zum Kontor, in dem ein Besucher auf sie wartete. Nach Wochen des Zögerns hatte Niklas Helmers sich endlich herbequemt.

Engelke verbannte das Lächeln von ihrem Gesicht. Sie atmete tief ein und rüstete sich für die langwierige, zähe Verhandlung, die jetzt auf sie zukam. Heute würde sie Helmers nicht ungeschoren davonkommen lassen. Er war der säumigste Zahler, der sich in ihrer Schuldnerliste finden ließ, und sie hatte lange genug gute Miene zum bösen Spiel gemacht. Jetzt mußte das alles ein Ende haben.

Der schönste Mann von ganz Hamburg hatte sich in Engelkes Armstuhl breitgemacht. Er saß tatsächlich hinter dem Schreibtisch, Peder Elmsbüttel gegenüber, der mit aufgeregt kratzender Feder Notizen in ein Auftragsbuch niederschrieb. Als er Engelkes ansichtig wurde, erhob er sich mit nachlässigen Bewegungen und deutete eine zierliche Verbeugung an, während Peder Buch und Gänsekiel hinlegte und Engelke gequält ansah.

»Guten Morgen, Herr Helmers«, grüßte Engelke, »nett, daß Ihr endlich hergefunden habt.«

Der schöne Niklas schien den schneidenden Unterton in Engelkes Stimme überhaupt nicht zu erkennen. Er zeigte sein berühmtes, verführerisches Lächeln, und Engelke wurde wieder einmal klar, warum Liesbeth Pankok diesem liederlichen Menschen im vergangenen Jahr so bedenkenlos ihre Hand zur Ehe gereicht hatte. Niklas Helmers mochte des Lesens und Schreibens kaum mächtig und als Kaufmann eine absolute Niete sein – aber eins mußte ihm der Neid lassen: Er besaß unbestreitbar ein hohes Maß an gutem Aussehen, er war der beste Tänzer der Stadt, er hatte so eine Art, Frauen zu bestricken, und er konnte sich selbst in Szene setzen – alles, was recht war.

»Wie freue ich mich, Euch zu sehen, Fräulein Engelke«, sagte der schöne Niklas und fuhr sich lässig mit der Hand durch sein dicht gelocktes, schulterlanges, kastanienbraunes Haar, »glaubt mir – ich hatte schon lange vor, Euch einen Besuch abzustatten. Aber immer kam mir etwas dazwischen.«

Engelke mahnte sich innerlich zur Vorsicht. Dieser prächtige Gockel war schon wieder dabei, ihre Aufmerksamkeit zu untergraben. »Nun«, gab sie nüchtern zurück, »um einen freundschaftlichen Besuch handelte es sich bei unserem verabredeten Treffen ja nicht, Herr Helmers. Ich meine, da hätten Eure Verabredungen zum Würfelspiel oder die Gesellschaften und Tanzereien wohl eher warten können – oder?«

Der schöne Niklas überhörte diese weitere Ironie. Er strahlte Engelke einfach an. »Aber nun bin ich ja da«, sagte er, »und wir werden uns sicher ganz herrlich unterhalten.« Er kam hinter dem Tisch hervor, bot Engelke mit einer unnachahmlich graziösen Verbeugung ihren eigenen Sessel an und nahm auf dem Deckel der Truhe Platz, die am Fenster stand. Als sie sich gesetzt hatte, angelte er aus der Ärmeltasche seiner modisch kurzen, mit Goldstickerei geschmückten Jacke eine kleine, flache Tonflasche hervor und entkorkte sie, noch immer lächelnd. »Hier ist etwas«, fügte er mit geheimnisvollem Augenaufschlag hinzu, »womit wir anstoßen könnten.«

Es machte nicht den Eindruck, als habe er vor, ein vernünftiges Geschäftsgespräch zu führen. Im Gegenteil – er schien diese Zusammenkunft als lockeren, freundschaftlichen Besuch zu betrachten. Der Zahn mußte ihm gezogen werden – auf der Stelle. Sachte, aber vor allem unmißverständlich.

»Was ist das?« fragte Engelke und deutete auf die Flasche.

»Oh – etwas Hochfeines«, erklärte Niklas Helmers mit strahlendem Eroberer-Lächeln, »Branntwein aus dem Franzenland. Ich wette, Fräulein Engelke – so etwas habt selbst Ihr noch nie gekostet.«

»Branntwein? Was hat man sich denn darunter vorzustellen?« Für den Augenblick ließ sich Engelke durch ihre Neugier vom Grundsätzlichen ablenken.

Der schöne Niklas hielt ihr die Flasche unter die Nase. »Riecht einmal – dieser Duft, dieses Aroma! Ist es nicht einmalig? Ich liebe Branntwein … Seit ich ihm vor einem halben

Jahr zum erstenmal probiert habe, kann ich ihn einfach nicht mehr missen!«

»So«, sagte Engelke und schnupperte. Aus dem Hals der Flasche stieg ihr ein sonderbarer, nicht unangenehmer Geruch entgegen, der aber den hohen Alkoholgehalt des Getränkes verriet. »Puh«, schnaufte sie erschrocken, »das ist ja ein Teufelszeug! Das müßte den stärksten Ochsen umwerfen!«

Helmers setzte die Flasche an die Lippen und tat einen ordentlichen Schluck. Er prustete, hüstelte, lächelte. »O nein, Ihr irrt Euch«, sagte er, »seht Ihr – ich stehe noch aufrecht auf meinen zwei Beinen!«

Engelke verbiß sich ein Lachen. Sich selbst als Ochsen zu bezeichnen, wenn auch als den stärksten – diese Dämlichkeit hätte sie selbst Helmers nicht zugetraut.

»Wenn Ihr mir einen Becher bringen laßt«, sagte der schöne Niklas gerade, »dann gebe ich Euch gern was ab ...«, er rülpste leise hinter vorgehaltener Hand.

»Auf keinen Fall!« Engelke hatte genug von den Präliminarien und kam zur Sache. »Ich möchte mir nicht den Kopf vernebeln, Herr Helmers. Wir sind zusammengekommen, um Eure ausstehenden Zahlungen zu besprechen, und genau das werden wir jetzt tun. Wie steht es mit den Geldern? Wann gedenkt Ihr sie uns zukommen zu lassen?«

»Ach – immer geht es um irgendwelche Gelder ...« Der schöne Niklas trank noch einmal aus seiner Flasche. »Ich muß gestehen«, fuhr er mit leicht schleppender Stimme fort, »ich weiß gar nicht mehr so genau, welche Gelder gemeint sind.«

»Oh, dann frische ich Euer Gedächtnis auf«, konterte Engelke, bereits leicht verärgert über das nonchalante Benehmen ihres Schuldners. »Das Haus van Damme hatte Euch vier Last Rohbernstein zur Ausfuhr nach Flandern überlassen. Das war im vergangenen März. Inzwischen habt Ihr die Ware längst verkauft, aber Zahlung an uns ist noch immer nicht erfolgt. Des weiteren –«

»Ach ja, der Bernstein.« Niklas Helmers setzte die Flasche von neuem an, schluckte und lächelte schelmisch. »Himmel

– den hatte ich ganz vergessen, stellt Euch vor! Jetzt weiß ich, warum mir die gute Liesbeth immer mit irgendwelchen Paternoster-Steinen in den Ohren gelegen hat! Es waren also gar keine fertigen Rosenkränze – deshalb konnte ich mich auch nicht daran erinnern!«

»Ihr schuldet uns die hübsche Summe von insgesamt vierhundert Mark«, fuhr Engelke unbarmherzig fort, ohne auf Helmers' vom Thema abschweifende Äußerung zu achten. »Es geht ja nicht nur um den Rohbernstein, sondern um achtzehn Last Leinwand, um eine Schiffsladung Eichenholz, um Wachs – wieviel, das müßte ich nachschlagen – und um mehrere Schiffsladungen Getreide bester Qualität.« Sie maß ihn mit einem strengen Blick. »Herr Helmers – ich muß auf sofortiger Zahlung bestehen!«

»Ja«, sagte der schöne Niklas. Er setzte seine Flasche noch einmal an, leerte sie und steckte sie wieder in seine Ärmeltasche.

»Ja – was?«

Niklas Helmers gab erst einmal keine Antwort. Er fuhr sich wieder durch seine üppigen braunen Locken und schien zu überlegen; jedenfalls hielt er den Blick gedankenverloren auf einen Punkt hinter Engelke gerichtet. Schließlich sah er Engelke an. »Ja – Ihr besteht auf sofortiger Zahlung«, sagte er, »das habe ich wohl verstanden.«

O Gott, dachte Engelke. »Und wann kann ich mit dem Ausgleich Eurer Schulden rechnen?« fragte sie.

»Das ist es ja«, erwiderte Helmers. Seine Stimme klang etwas schleppend. »Im Augenblick ergeben sich gewisse Probleme, glaube ich ...«

»Was für Probleme?«

»Nun –«, er versuchte, seinen immer wieder abirrenden Blick von neuem auf Engelkes Augen zu richten, »ich bin in letzter Zeit gar nicht so recht flüssig, und –«

»Was soll das heißen«, fiel Engelke ihm in die Rede. »Das Vermögen Eurer Frau ist, soweit ich informiert bin, sehr erheblich. Und da wollt Ihr behaupten, Ihr könnt keine vierhundert Mark lockermachen?«

»Wir hatten im vergangenen Jahr hohe Ausgaben, Liesbeth und ich«, murmelte der schöne Niklas, »die vielen gesellschaftlichen Verpflichtungen und so weiter ...«, er lächelte wie ein kleiner Junge, der beim Naschen ertappt worden ist, »das hat eine Menge Geld verschlungen. Und deshalb –«

»Dann werdet Ihr wohl ein paar Renten auf Grundstücke oder Schiffe verkaufen müssen«, unterbrach Engelke ihn ein zweites Mal, »Oder verpfändet die Stormvogel. Ein guter Holk dürfte die vierhundert Mark allemal einbringen.«

»Die Stormvogel?« Niklas Helmers begann, nervös mit dem Ende seines prächtigen, silberverzierten Gürtels zu spielen. »Darauf kann ich kein Geld mehr leihen. Das Schiff ist schon seit dem Frühjahr verkauft. Und die Grundstücke ... ich weiß nicht genau, ob von denen eins noch höher belastet werden kann ...«

Engelke verschlug es für einen Augenblick die Sprache. Da hatte dieser windige Vogel also das Kunststück fertiggebracht, das Pankok'sche Vermögen – Häuser, Grundstücke, Bargeld und ein sehr gesundes, äußerst profitables Handelsunternehmen – in weniger als einem Jahr zu verjubeln!

In dem Augenblick, als Liesbeth Pankok ihn geheiratet hatte, war für Engelke klar gewesen, daß der Reichtum, den der alte Pankok in jahrzehntelanger Knauserei und Pfennigfuchserei zusammengerafft hatte, keinen Bestand haben würde. Aber daß Liesbeths Märchenprinz das viele Geld so schnell durch die Finger rinnen würde – damit hatte sie denn doch nicht gerechnet. »Wollt Ihr damit andeuten, daß Ihr pleite seid?« fragte sie, um sich zu vergewissern.

»Äh«, sagte der schöne Niklas, »irgendwie schon – aber so kraß würde ich es nicht ausdrücken. Geschäftsmäßig habe ich zwar einiges Pech gehabt – man kann sich ja nicht immer persönlich um alles kümmern – aber ...«, er schenkte Engelke ein strahlendes, wenn auch etwas leeres Lächeln und rülpste leise, »aber ... aber ich hab' 'n Trumpf im Ärmel. Bestimmt. Das ... das hab' ich auch den anderen Gläubigern schon gesagt. Nur 'n ... 'n paar Wochen Aufschub ... dann ... dann kann ich zahlen. Weil dann das Geld wieder fließt.«

»Warum sollte es?« fragte Engelke unwirsch, »wo keine Quelle mehr ist, da kann auch nichts mehr fließen.«

»Doch, doch«, widersprach Niklas Helmers, »es gibt eine Quelle, und die ... die gedenke ich anzuzapfen.«

»Dann habt Ihr selber Außenstände?«

»Das nicht«, erklärte Helmers und unterdrückte einen weiteren kleinen Rülpser. »Ich hab' da eine todsichere Sache«, fuhr er fort, während er die Stimme senkte und Engelke geheimnisvoll zuzwinkerte, »die bringt mir soviel Geld, wie ich will. Nur noch 'n paar Tage, dann läuft sie an – und danach –«

»Was soll denn das für eine Sache sein?« Engelke glaubte von alledem kein Wort.

»Ich kann leider nicht ... nicht darüber sprechen«, erklärte der schöne Niklas mit noch leiserer Stimme, die Zunge vom Branntwein schwer, »wichtig ist, daß ich das ... das Geheim-hick-nis bewahre. Nur dann ... ist ... ist gewährleistet, daß es auch wirkt ...«

»Helmers!« Engelke war beunruhigt. »Ihr werdet Euch doch nicht etwa in dunkle Machenschaften verwickelt haben! Ich hoffe für Euch, daß Ihr –«

»Neinneinnein!« unterbrach er hastig, »es ist ganz ungefährlich für mich, das ... das hat man mir glaubhaft ver - versichert!« Er stand auf, wirkte plötzlich unruhig. »Es hat mich nur dreißig Schillinge gekostet – und ... und wenn man bedenkt, daß ... daß ich dafür Geld in Überfluß bekomme, dann war der Einsatz doch gering ... oder?«

»Wollt Ihr mir nicht doch mitteilen, um was für einen Handel es geht?« fragte Engelke. »Ich könnte Euch beraten, Euch sagen, ob er Aussicht auf einen entsprechenden Gewinn bietet.«

»Neinneinnein.« Helmers winkte mit etwas zu großer Geste ab. »Ich darf auf ... auf gar keinen Fall etwas darüber verlauten lassen – sonst wirkt es nicht.«

»Sonst wirkt es nicht?« Der Kerl mußte völlig betrunken sein. »Von welcher Wirkung sprecht Ihr denn bloß?«

Der schöne Niklas schüttelte seine Mähne. Er schritt, etwas schwankend, aber immer noch elegant, zur Tür. »In zwei Wochen s...sehen wir uns wieder ... Fr-Fräulein Engelke Geerts«, schlurrte er, »dann wer...werde ich zahlen können – auf Heller und Pfennig. G...gehabt Euch wohl einstweilen. Und gr...grüßt mir Euren Oheim g...ganz besonders herzlich.«

Er verabschiedete sich mit einer Reverenz von höfischer Vollendung und verschwand aus dem Kontor. Engelke hielt ihn nicht auf. So, wie er sich benommen hatte, war es wohl wenig sinnvoll, mit ihm weiterzuverhandeln. Vernünftiger würde es sein, bei Liesbeth, seiner Frau, vorzusprechen und mit ihr eine angemessene Regelung auszuhandeln. Vierhundert Mark waren kein Pappenstiel; eine solche Summe war zu hoch, als daß das Haus van Damme sie einfach in den Schornstein schreiben konnte.

Engelke nickte zu sich selbst. »Hmm«, sagte sie, Peder Elmsbüttel zugewandt, »das hat ja wohl nicht viel gebracht, was? Stell' mir eine Liste von Niklas Helmers' Schulden zusammen – jeden Posten einzeln aufgeführt. Damit werde ich seine Frau beglücken. Liesbeth hat zwar vom Geschäft keinen blassen Schimmer, aber es wird sie interessieren, wie weit ihr Prachtstück sie schon in die Pleite geritten hat. Ich bin sicher, sie legt ihm das Handwerk, wenn sie noch einen Funken Menschenverstand hat.«

Das meinte Peder auch. Er machte sich sofort ans Werk; eine halbe Stunde später marschierte Engelke, die Schuldenliste in ihrer Rocktasche, Richtung Fischmarkt, wo Helmers residierte. Die Auslagen der Höker, die an ihren Ständen auf der Milchbrücke Kram aller Art verkauften, fesselten heute ihre Blicke nicht, denn sie wälzte immerfort die sonderbaren, scheinbar unsinnigen Worte im Kopf herum, die Niklas Helmers ihr geboten hatte. Es gibt eine Quelle, hatte er gesagt, aber ich kann sie nicht preisgeben. Am unverständlichsten war noch der Ausspruch: Ich darf nicht darüber sprechen, sonst wirkt es nicht.

Kopfschüttelnd überquerte sie die Brücke, den Blick im Gehen auf die Füße gerichtet. Ohne nach rechts oder links zu sehen, schob sie sich durch die Masse der Mägde, Hausfrauen und anderen Kunden, die sich vor den Verkaufstischen drängten, und bemühte sich, Brücke und Fischmarkt rasch hinter sich zu lassen. Dennoch, so wenig sie auf ihre Umgebung achtete, sie kam nicht umhin, einige Worte aufzuschnappen, die eine Gemüsefrau am Rand des Marktes mit ihrer Standnachbarin wechselte.

»Hest al' höört?« fragte die Frau, eine dicke Bäuerin im braunen Wollkleid, und beugte sich hinter ihren Kohlköpfen hervor, »dat tote Kind, dat is nich' dat verschwundene Lütte von der Korbmacherin. Dat s-tammt aus Sankt Jakobi. Hat 'ner zugereisten Handwerkerfamilie gehört.«

»Na – denn kann die Korbmachern ja noch hoffen«, gab die andere Marktfrau zurück. Sie stützte sich auf ihre Körbe, in denen Möhren und vor allem Eier zum Verkauf ausgelegt waren.

»Meinst du?« Die Kohlfrau schüttelte den Kopf. »Ik glööv dat nich, dat die ihr'n Lütten noch mal lebendig wiedersehen tut. Ich hab' da 'n ganz komisches Gefühl bei ...«

»Vielleicht haben ja die Heiden das Kind geraubt«, mutmaßte die Eierfrau. »Grad' jetzt is 'n ganzer Schwarm von denen in der Stadt. Wegen der Hinrichtung.«

»Dat is wohr:« Die Kohlfrau nickte eifrig. »Gaukler und Seiltänzer und Feuerfresser, die klauen auch kleine Kinder – jedereen weet dat.«

»Bei denen, da müßten die Herren vom Rat mal suchen«, bekräftigte die Eierfrau, »da würden die bestimmt mehr als genug geraubte Kinder finden.«

»Ich paß jedenfalls auf meine Lütten auf, solange die Heiden noch in der Stadt sind«, sagte die Kohlfrau. »S-päter, wenn die Freibeuter gerichtet sind und dat groote Fest vorbei is – denn wird dat wohl wieder sicherer weern. Aber so lange –«

»Hast recht.« Die Eierfrau teilte diese Meinung. »So lange halt ich auch'n besonders scharfes Auge auf meine lütten Deerns. Anni is man erst zwei – genau das richtige Alter, um geklaut zu werden ...«

Engelke stellte fest, daß sie stehengeblieben war und das ganze Gespräch verfolgt hatte. »Was darf's denn sein?« fragte die Eierfrau. »'n Dutzend vielleicht? Ganz frische Ware – heute gelegt ...«

»Danke«, lehnte Engelke ab, »ich wollte nicht kaufen. Hab' nur zugehört, wie Ihr über die verschwundenen Kinder gesprochen habt. Das Thema bewegt ja die ganze Stadt – mich also auch.«

»So.« Die beiden Marktfrauen sahen Engelke zweifelnd an. »Na, Ihr werdet wohl kaum 'n Kind verlieren«, sagte die Kohlhökerin, »in feine Häuser trauen sich Landstreicher und Heiden nich' rein. Wir Armen, wir sind da immer die Angeschmierten. Und wegen Armeleutekinder strengt sich der Rat nich' besonders an, das sieht man ja auch diesmal wieder.«

»Wohl wahr«, meinte die Eierfrau, »wenn den hohen Herrschaften was dran läge, dann hätten sie schon längst –«

»Ich glaube, da irrt Ihr Euch«, schnitt Engelke der Bäuerin die ärgerliche Rede ab. »Der Gerichtsherr tut sein Bestes. Aber es gibt keine Spuren, die er verfolgen könnte. Was soll er da machen?«

Das wußten auch die Marktfrauen nicht. Sie zuckten die Achseln. »Irgendwas eben«, sagte die Eierfrau, »so geiht dat jedenfalls nich' weiter ...«

»Nee, so nich'«, bestätigte ihre Standnachbarin, »der Kinderräuber soll den Kopp ab kriegen – genau wie die Freibeuter. Und wenn sie die geschnappt haben, warum mookt de Rot dat denn nich' ook mit so'n Kinnerräuber?«

»Hmm«, fiel die Eierfrau ein, »weerd dat Ungehüür nich infangen, weil dat nich' um'n Geldbüdel von Heern Kellinghusen oder de annere rieke Lüüt geiht?«

»Oder weil dat nich' drauf ankommt, ob bei uns 'n Kind weniger is?« ereiferte sich die Kohlfrau und stemmte die kräftigen Fäuste in die Hüften.

»Ach, Quatsch!« Engelke war über die unberechtigten Vorwürfe der beiden Hökerinnen selbst ärgerlich geworden. Sie drehte ihnen einfach den Rücken zu und ging weiter, das Kinn kampflustig vorgeschoben. Wie dumm doch die Leute manchmal daherredeten, obwohl man natürlich zugeben mußte, daß es aus ihrer Sicht der Dinge schon den Anschein hatte, als setze sich die Justiz nicht sonderlich für sie ein ...

Mit diesen etwas ungemütlichen Gedanken langte Engelke beim Haus Martens an, das Liesbeth und Niklas Helmers bewohnten. Sie zupfte ihr Kleid zurecht, rüstete sich für das heikle Gespräch, das sie führen mußte, und klopfte.

Liesbeth öffnete selbst. Engelke, die sie lange nicht mehr gesehen hatte, mußte beim Anblick der jungen Frau einen gelinden Schreck verbergen. Liesbeth, die immer ein bißchen einem runden, rotbackigen Apfel geähnelt hatte, wirkte jetzt eingefallen, abgemagert und abgehärmt. Selbst ihr Lächeln – früher kindlich-fröhlich – hatte etwas Gequältes.

»Ach, Engelke ...«, Liesbeths Stimme klang verlegen und widerstrebend. »Ihr seid es? Was führt Euch her?«

»Laßt mich erst einmal eintreten«, gab Engelke ruhig zurück, »dann sag ich's Euch. Am besten unter vier Augen.«

»Ihr macht Euren Besuch aber spannend«, erwiderte Liesbeth und lud Engelke mit einer matten Handbewegung in die Diele. »Was habt Ihr mir denn zu sagen, daß es niemand hören darf?« Sie lachte gepreßt. Ihre Augen verrieten, daß sie durchaus im Bilde war.

Engelke betrat die Wohnhalle mit einem Seitenblick auf die Hausherrin. Selbst das blaue, schlicht gearbeitete Wollkleid, das Liesbeth Pankok-Helmers trug, wirkte traurig, wie es in schlaffen Falten an ihr herabhing. Und die Stube, in die sie ihre Besucherin führte, sah aus, als sei sie unbewohnt. Auf dem kleinen Tisch vor der Kastenbank – dem einzigen Sitzmöbel im Raum – lag sogar ein dünner Staubschleier.

Liesbeth bot Engelke Platz an. Engelke setzte sich, die Hausherrin blieb stehen und schaute ihrer Besucherin fragend ins Gesicht.

»Es geht um Euren Mann«, begann Engelke vorsichtig, »deshalb sollte das, was wir besprechen, wohl fremden Ohren nicht zugänglich sein.«

»Was ist mit Niklas?« Liesbeths Miene wurde abweisend. »Ich sage Euch schon jetzt – wenn Ihr mir Schlechtes über ihn erzählen wollt, dann spart Eure Zeit. Denn ich werde kein Wort davon glauben!«

Sie starrte Engelke an – ein in die Enge getriebenes kleines Tier. Wie oft hatte sie ihren leichtlebigen Eheherrn wohl schon verteidigen müssen, sie, die doch selbst so brav und konservativ war! Sie tat Engelke plötzlich leid. Was hatte der Märchenprinz bloß aus der lieben, lustigen Liesbeth Pankok gemacht! Schwanger war sie zu allem Unglück auch noch – das erkannte Engelke erst jetzt.

»Nein – eigentlich wollte ich nicht über Niklas Helmers als Mensch sprechen«, beruhigte sie Liesbeth, »sondern über Niklas Helmers den Geschäftsmann. Seht Ihr, Liesbeth –«, sie zog die Liste aus der Rocktasche und hielt sie der jungen Frau hin, »es gibt offenstehende Zahlungen, die Euer Mann schon längst an uns hätte leisten müssen, und die immer noch nicht erfolgt sind.«

Liesbeth Pankok nahm das Blatt Papier mit spitzen Fingern und warf einen Blick auf die Zahlenkolonnen. Ihre Hand begann plötzlich zu zittern, ihre Miene wandelte sich von abweisend zu verstört. Sie ging ein paar Schritte in Richtung des Fenster zur Straße, kehrte dann wieder zu Engelke zurück. »Vierhundertfünfzig Mark«, flüsterte sie, »schon wieder eine so große Summe! Und ich weiß nicht, wo ich das viele Geld …« Sie verstummte, biß sich auf die Unterlippe.

Engelkes Mitleid wuchs. »Liesbeth«, sagte sie in einem Versuch, die junge Frau zu beruhigen, »so groß ist die Summe nun auch wieder nicht. Wenn im Augenblick Euer Geschäftskapital nicht ausreicht, die Schulden zu begleichen, dann greift doch einstweilen auf Euer Privatvermögen zurück! Mein Onkel wäre sicherlich bereit, Schmuck als Pfand zu akzeptieren, bis Niklas wieder flüssig ist, und –«

»Schmuck?« Liesbeth Helmers' Blick wirkte gehetzt. »Ich besitze ja seit heute früh keinen Schmuck mehr! John Eekholt war da und hat achthundert Mark eingefordert – für Kommissionswaren, die noch vor dem Verkauf verdorben sind und an denen wir keinen Witten verdient haben!«

»Ihr habt Euren Schmuck bereits versetzt?« fragt Engelke betroffen.

»Ja«, sagte Liesbeth tonlos, »jetzt hab' ich gar nichts mehr, womit ich Niklas aus der Verlegenheit helfen könnte. Und der Schmuck hat nicht mal für die Schulden bei Eekholt gereicht. Da stehen immer noch zweihundert Mark offen, und ich hab' keine Ahnung, wie ich die abtragen soll!«

Die hilflose Verzweiflung der jungen Frau rührte Engelke jetzt regelrecht; Liesbeth hatte es natürlich als Tochter eines schwerreichen Kaufmanns nie nötig gehabt, sich im Geschäftlichen kundig zu machen. Sie verstand rein gar nichts von der Führung eines Handelshauses, und als sie im vergangenen Jahr Niklas Helmers' Frau geworden war, da hatte die sich mit ihm auch nicht gerade eine Hilfe ins Geschäft geholt. Im Gegenteil. Der Prachtbock, den sie zum Gärtner gemacht hatte, war bereits mit ihrem reichhaltigen Garten fertig, hatte ihn ratzekahl leergefressen.

»Liesbeth«, überlegte Engelke laut, »wenn Ihr mir Einblick in Eure Geschäftsbücher gewähren würdet, dann könnte ich vielleicht nachsehen, was alles schiefgelaufen ist und wo Ihr etwas bessern oder herausholen könnt. Ich würde Euch ganz ohne Hintergedanken helfen – nur, Ihr müßtet Euren Mann aus dem Geschäft heraushalten. Ich glaube, er hat einfach kein Geschick dafür, und –«

Die junge Frau schluchzte auf. Plötzlich kullerten ihr die hellen Tränen über die Wangen. »Ach, Engelke«, stieß sie unter weiteren Schluchzern hervor, »um Niklas mach' ich mir noch viel mehr Sorgen als um das Geld! Ich hab' so schreckliche Angst!«

Engelke stand auf und legte spontan den Arm um die Weinende. »Wenn es nicht das fehlende Geld ist«, sagte sie begütigend, »wovor habt Ihr dann Angst? Glaubt Ihr, mein Onkel würde Euch keinen weiteren Aufschub mehr gewähren – ist es das?«

Liesbeth schüttelte unter Tränen den Kopf. »Nein«, flüsterte sie, krampfhaft zitternd, »nein, das nicht. Aber Niklas ... er hat sich so verändert ...«

»Inwiefern?«

»Er trinkt Branntwein, Engelke«, antwortete Liesbeth unter einem neuen Schwall von Tränen, »seit einem halben Jahr schon, und in immer größeren Mengen. Nie ist er in letzter Zeit ganz nüchtern gewesen.« Sie sah Engelke in die Augen. »Außerdem hat er fürchterliche Alpträume ...«

»Alpträume?«

»Ja. Mitten aus dem tiefsten Schlaf fährt er hoch und schreit und schlägt um sich. Er erschreckt und ängstigt mich!«

»Aber Alpträume hat jeder hin und wieder«, versuchte Engelke die junge Frau zu beruhigen, »das ist doch kein Grund, sich dermaßen aufzuregen! Achtet einfach darauf, daß Euer Mann am Abend keine schweren, fettigen Speisen mehr aufgetischt bekommt. Dann wird sein Schlaf bald friedlicher werden.«

Liesbeth schüttelte wieder den Kopf – diesmal müde und verzweifelt. »Ich hab' schon alle Mittel versucht«, wisperte sie mit rauher Stimme, »nichts hat gewirkt – nicht einmal die Medizin vom Apotheker. Und die sollte sogar den gewaltigen Olifanten betäuben – was immer das für ein Tier ist ...«

Engelke kannte zwar den Olifanten, das mächtige graue Ungeheuer mit dem sonderbaren Rüssel, aus den Erzählungen ihres Großvaters, der in seiner Jugendzeit einmal einen in einem seltenen Buch abgebildet gesehen hatte, und sie mußte lächeln. Aber ihre Belustigung schwand sogleich wieder. Wenn starke Schlafmittel Niklas Helmers keine Nachtruhe verschaffen konnte, dann mußte es mußte es doch recht bedenklich um ihn stehen, und Liesbeth hatte Grund zu Befürchtungen. »Habt Ihr schon einmal mit ihm darüber gesprochen?« fragte sie, »habt Ihr ihn ausgehorcht, was das für Träume sind, die ihn quälen?«

»Ja, sicher«, antwortete Liesbeth tonlos, »schon als es damit anfing. Aber er will mir nichts sagen – und auch keinen Arzt aufsuchen. Obwohl die Alpträume jede Nacht schlimmer werden!«

»Wie äußern sie sich denn?« Engelke begann, die Sorgen der jungen Frau zu teilen.

»Er schläft ein«, erklärte Liesbeth mit zitternden Lippen, »und kurz darauf beginnt er zu schwitzen und zu murmeln. Danach schreit er auf, schlägt mit den Armen, als wolle er jemanden abwehren, und wacht wieder auf. Und dann betrinkt er sich, falls er nicht schon beim Zubettgehen betrunken war.«

»Was sagt er im Schlaf? Habt Ihr seine gemurmelten Worte verstehen können?«

»Nein«, sagte Liesbeth. Sie hatte aufgehört, unbeherrscht zu weinen, aber ihr Gesicht spiegelte so viel hoffnungslose Verzweiflung wider, daß Engelke die junge Frau an sich zog.

Liesbeth legte den Kopf an Engelkes Schulter wie ein kleines Mädchen, das getröstet werden will. »Ich glaube«, flüsterte sie, »ihm erscheint ein Teufel im Schlaf ...«

»Woraus schließt Ihr das?«

»Einmal, als Niklas so schrecklich stöhnte und sich hin und her wälzte, da hab' ich ihn geweckt«, sagte Liesbeth. Sie schluchzte noch ein letztes Mal leise auf. »Da hat er mich wild angestarrt und weggestoßen. Und dabei hat er geschrien: Weiche von mir, Satanas ... !«

Das hörte sich tatsächlich alles sehr bedenklich an. Der schöne Niklas steckte ganz offensichtlich in Schwierigkeiten, die nicht nur finanzieller Art waren. Er und Liesbeth bedurften dringend der Hilfe.

Das Böse lauert in der Stadt, hatte Wiebke gesagt. Was, wenn es sich nicht um das Böse, sondern den Bösen handelte? Ein furchtbarer Gedanke.

Erst einmal durfte die arme Liesbeth nicht noch tiefer in Angst gestürzt werden. Man mußte ihr vielmehr den Rücken stärken, damit sie ihre Notlage besser durchstehen konnte. Sie schien Helmers ehrlich zu lieben; das ging aus jedem ihrer Worte hervor. Deshalb hatte sie Unterstützung verdient – auch wenn ihr Angetrauter ein Hohlkopf und Windbeutel war.

»Ach, was«, sagte Engelke und strich Liesbeth tröstend übers Haar, »glaubt doch das nicht! Ein Teufel ...!« Sie lachte leise, bemühte sich um einen lockeren Ton. »Der Teufel scheint mir Branntwein zu heißen, weil die Alpträume ja mit dem Beginn des Branntweintrinkens angefangen haben – das habt Ihr selbst gesagt, stimmt's?«

»Ja«, flüsterte Liesbeth. Sie hob den Kopf und sah Engelke mit tränengeröteten Augen an.

»Mir scheint deshalb«, fuhr Engelke fort, »Euer Niklas

verträgt das scharfe Zeug nicht. Es macht ihm Magenbeschwerden und verursacht seinen schlechten Schlaf. Ihr wißt doch, daß Männer, die zuviel trinken, irgendwann alle möglichen Schreckgestalten sehen. Aber die existieren nur in ihrer Einbildung. Ist es nicht so?«

»Ja«, sagte Liesbeth und wischte sich über die Wangen, »ja, das habe ich schon mal irgendwo gehört. Ihr meint, Niklas –«

»Genau das.« Engelke ließ die junge Frau los und tätschelte ihr die Schulter. »Ihr solltet versuchen, Euren Mann vom Branntwein wegzukriegen. Ihr werdet sehen – das hilft ihm. Und außerdem braucht Ihr jemanden, der sich Eures Geschäftes annimmt. Ich könnte Euch den Kontoristen des Hauses van Damme überlassen – für ein paar Tage, bis er Ordnung in Eure Bücher gebracht hat.«

»Niklas würde das nie zulassen.« Auf Liesbeths Gesicht zeigte sich neue Furcht. »Und mit dem Trinken wird er auch nicht aufhören, wie ich ihn kenne ...«

»Aber Liesbeth!« Engelke legte all ihre Energie in ihre Stimme. »Ihn von der Branntweinflasche abzuhalten, dazu seid ihr doch wohl Frau genug – oder? Und duldet er keine fremden Angestellen im Kontor, nun, dann macht Ihr selbst eben eine genaue Bestandsaufnahme von allem, was noch vorhanden ist. Und wir beide gehen sie gemeinsam durch.«

»Bestandsaufnahme?« Ein hilfloser Blick traf Engelke. Liesbeths Tränen rollten wieder.

»Es ist ganz leicht«, beruhigte Engelke das arme kleine, ehemals reiche Mädchen. »Ihr schreibt einfach Euer Guthaben und den unbelasteten Besitz auf die eine Seite des Blattes. Die Schulden und übrigen Verpflichtungen kommen auf die andere.«

»So was habe ich noch nie gemacht«, sagte Liesbeth mit zitternder Unterlippe.

»Dann macht Ihr's eben jetzt zum erstenmal.« Engelke nahm die Hand der jungen Frau. »Ihr werdet sehen – Ihr schafft das schon. Jeder Kaufmannslehrling kann es ja!«

»Aber ich –«

»Tut es für Niklas«, schnitt Engelke ihr weitere Einwände

ab, »und für Euer Kind. Wann soll es eigentlich geboren werden?«

»Anfang Januar.«

»Ihr wollt doch nicht, daß es im Elend aufwächst?«

»O nein!« Liesbeths Schultern strafften sich, auch wenn sie immer noch mutlos dreinschaute.

»Na also«, sagte Engelke, »vielleicht solltet Ihr Niklas, wenn Ihr ihn vom Trinken abhaltet, daran erinnern, daß er Vater wird.«

»Er weiß es ja nicht einmal ...«

»Wollt Ihr damit sagen, daß Niklas Helmers Eure Schwangerschaft nicht bekannt ist?« Engelke riß verblüfft und befremdet die Augen auf:

»Ich hatte bis jetzt nicht die rechte Gelegenheit, es ihm zu sagen«, murmelte Liesbeth. »Ich wollte ihn überraschen – in einer schönen Stunde. Aber es hat in letzter Zeit keine schönen Stunden mehr gegeben ...«

Sie war dabei, von neuem die Fassung zu verlieren. Es tat ihr ganz offensichtlich weh, ihrem Mann die Überraschung mangels einer passenden Gelegenheit nicht bieten zu können. Der Gedanke, daß einem aufmerksamen Eheherrn ihr Zustand schon längst hätte auffallen müssen, kam ihr überhaupt nicht.

Herrgott, dachte Engelke, dieser versoffene Bruder Leichtfuß hat eine so liebe, treue Seele wie Liesbeth wirklich nicht verdient. Wie unglücklich er sie gemacht hat – abgesehen davon, daß er auch noch ihr ganzes Vermögen verschleudert und ihr Leben ruiniert! Es galt zu retten, was noch zu retten war.

»Nun ja«, sagte sie zu Liesbeth, »wenn wir Frauen uns jetzt an die Arbeit machen – das heißt, wenn Ihr erst einmal die Aufstellung liefert, dann werden sich wohl in Zukunft wieder schöne Stunden ergeben – und damit auch Gelegenheit, Niklas Helmers zu überraschen.«

Liesbeth nickte. Sie riß sich deutlich zusammen. »Ich gehe gleich daran«, sagte sie, »hoffentlich merkt Niklas nicht, daß ich ihm ins Handwerk pfusche ...«

»Ich glaube kaum, daß er dahinterkommt«, erwiderte

Engelke trocken, »da braucht Ihr Euch nicht zu beunruhigen. Mehr Unordnung, als schon vorhanden ist, könnt Ihr auch nicht verursachen.«

»Meint Ihr?« Diese Antwort klang noch etwas hoffnungsvoller.

»Ganz sicher nicht.« Engelke drückte der Herrin dieses Hauses fest die Hand. »Schickt Nachricht, sobald Ihr mit der Aufstellung fertig seid. Ich komme dann sofort. Laßt den Mut nicht sinken, Liesbeth – und nehmt Eurem Mann die Flasche weg!«

Damit verabschiedete sie sich. Liesbeth Pankok-Helmers sah, als sie Engelke nachwinkte, nicht mehr ganz so abgehärmt und elend aus.

6

Ja, für Liesbeth Helmers sah das Leben nicht mehr ganz so trübe aus. Ihr Himmel war um einiges heller geworden, nun, da sie auf Beistand und Rückhalt hoffen durfte. Für Engelke dagegen war die Zahl der Ungereimtheiten, die sie aus der Welt zu schaffen hatte, deutlich angewachsen.

Engelke ärgerte sich aber auch ein bißchen über sich selbst. Liesbeth Helmers Kummer war ihr zu sehr ans Herz gegangen – wieder einmal hatte sie sich dazu hinreißen lassen, spontan Hilfe anzubieten. Als ob sie nicht auch ohne Liesbeths Probleme schon genug zu tun gehabt hätte!

Unschlüssig stand Engelke einen Augenblick auf der Straße. Dann überquerte sie entschlossen den Fischmarkt und bog in die Bäckerstraße ein. Sie würde ein paar Worte mit Holm wechseln, falls der in seiner Badestube abkömmlich war. Von Holm erhoffte sie sich einige Auskünfte über Niklas Helmers. Außerdem brannten ihr noch ein paar andere Fragen unter den Nägeln, die der erfahrene Bader und Wundarzt ihr vielleicht ebenfalls beantworten konnte.

Erik Holm war gerade erst selbst von einem Gang in die Stadt zurückgekehrt. So sagte er Engelke, als sie in seinem Badehaus in der Bäckerstraße angelangt war und im Vorraum des Badesaals stand. »Ich habe ein Unterredung mit Herrn Kellinghusen gehabt«, führte er aus und lächelte verbindlich, »es ging um die kleine tote Säugling. Herr Kellinghusen wollte ssein Todesurssache von ein Fachmann wissen.«

»Aber das war doch offensichtlich«, erwiderte Engelke. »Der Mörder hat dem Kind die Kehle durchgeschnitten. Im übrigen liegt das ja schon Tage zurück. Es müßte längst begraben sein.«

»Ach – Ihr wißt es also noch nicht …«, Holm legte bedauernd den Kopf schief. Sein langes Gesicht wurde um eine

Spur länger. »Man hat ein ssweite Säugling gefunden, an ein andere Sstelle in die Sstadt.«

»O Gott!« Engelke stieß laut den Atem aus. »Das vermißte Kind der Korbmacherin ... ?«

Holm nickte langsam. »Ja«, sagte er mit gedämpfter Stimme, »es war auf genau diesselbe Art um ssein Leben gekommen wie die andere Ssäugling. In ssein Körper war beinahe überhaupt kein Blut mehr.«

»O Gott«, wiederholte Engelke.

»Ja«, setzte Holm seinen grausigen Bericht fort, »und in die Graben, wo es wurde heraussgeholt, da waren noch weitere menssliche Reste, keine ssehn Ssritt weiter. Die Gerippe von sswei mehr kleine Kinder.«

»Die beiden Babys, die Anfang des Jahres vermißt wurden«, hauchte Engelke voll Entsetzen.

»Wahrsseinlich«, sagte Holm, jetzt eher nüchtern. »Ich habe ssie untersucht. An die Halsswirbeln waren Kratzsspuren wie von ein ssarfes Messer.«

Engelke überlief ein Schauder. »Demnach sind auch diese Kinder durch einen Schnitt in die Kehle getötet wurden«, flüsterte sie. »Das bedeutet es doch – oder nicht?«

Der Bader nickte ernsthaft. Sein Pferdegesicht war ohne Ausdruck. Wie Engelke ihn kannte, betrachtete er den Fall der beiden entdeckten Kinderskelette mit eher wissenschaftlichem Interesse und nicht so sehr mit Trauer – obwohl Holm niemals ohne innere Anteilnahme war. »Die Mörder oder – mit Verlaub – die Mörderin hat die Kleinen alle auf das gleiche Weise umgebracht«, sagte er jetzt, »es muß ein völlig verrücktes Menss ssein, die sso etwas tut.«

»Und wieder sind keine Spuren gefunden worden, die Kellinghusen bei der Suche nach diesem Ungeheuer weiterhelfen könnten?«

»Leider nein.« Holms knappe Antwort drückte seine ganze Hoffnungslosigkeit aus. Er glaubte nicht daran, daß der Mörder der unschuldigen Kinder gefunden werden konnte.

»Mit anderen Worten«, Engelke mühte sich um ihre Fassung und bekämpfte gleichzeitig die ohnmächtige Wut, die plötzlich in ihr hochkam, »mit anderen Worten: Der Unhold müßte auf frischer Tat ertappt werden, damit er seine gerechte Strafe bekommt?«

»Sso ist es«, antwortete Erik Holm. »Aber ich ssehe kein Weg, wie man das erreichen könnte. Niemand hat etwas Verdächtiges gessehen – es gibt kein Hinweiss auf die sslechte Menss, die das getan hat.«

Niemand hat etwas gesehen oder gehört, dachte Engelke. Es gibt keine Spuren, keine Hinweise, keine Augen- oder Ohrenzeugen. Ganz unvermittelt fielen ihr die beiden Bettlerinnen bei der Trostbrücke ein. Die hatten zur Tatzeit zwei Leute am Fundort der einen Kinderleiche vorbeigehen hören. Und sie hatten einen eigentümlichen Geruch bemerkt, den die Kleidung dieser Leute ausgeströmt hatte. Weihrauch ...

»Vielleicht doch«, sagte Engelke. »Die blinden Bettlerinnen, die immer bei der Wechslerbrücke stehen, die haben –«

»Meint Ihr«, fiel Erik Holm ihr ins Wort, »daß der Mord an diesse beide Frauen etwas mit die Kindermorde ssu tun hat?« Er schüttelte zweifelnd den Kopf. »Aber die ssind ja erwürgt worden.«

Engelke wußte im ersten Augenblick nicht, wovon er sprach. »Um Gottes willen, Holm«, sagte sie dann und starrte den Bader in fassungsloser Überraschung an, »das kann doch nicht sein! Ich habe mich erst gestern mit ihnen über das Kind unterhalten, das an der Trostbrücke gefunden wurde, und ...«

»Ssie ssind tot«, bestätigte Holm lakonisch. »Sseit gestern nacht. Und ich ssehe, was Ihr meint, Fräulein Engelke. Man hat ssie genau sso ssinnlos umgebracht wie die unssuldige kleine Ssäuglinge.«

»Holm ...!« Engelke versagte die Stimme, so erregt war sie plötzlich. Die Bettlerinnen mußten aus dem Weg geräumt worden sein, weil sie etwas über die Kindermorde gewußt hatten. Irgendwie lag das auf der Hand. Der Instinkt sagte Engelke, daß es sich so verhielt. Durch den Mord an den beiden Frauen hatte der Mörder sich zweier gefährlicher Zeugen entledigt.

Sie atmete ein paarmal tief durch, um sich zu beruhigen.

Sie würde Mandus Kellinghusen ihren Verdacht mitteilen. Doch ehe sie im Rathaus vorsprach, um ihn über ihre Mutmaßungen zu unterrichten, mußte sie erst noch den Bader über Niklas Helmers ausfragen. Deswegen war sie ja schließlich gekommen. Und noch wegen etwas anderem.

»Holm«, begann sie, »eigentlich ist der Grund meines Besuchs folgender: Ich hätte gern von Euch gewußt, was Ihr mir, ohne indiskret zu sein, über Niklas Helmers sagen könnt.«

Der Bader, erstaunt über Engelkes abrupten und unerwarteten Themawechsel, zog die Augenbrauen hoch. »Wie?« fragte er nach, »Ihr wollt Auskünfte über Helmers? Aber die ganze Stadt weiß ja um sseine Eskapaden; und was er für ein lockere Lebenswandel treibt …«

»Ja, schon«, sagte Engelke, »aber seine Frau macht sich große Sorgen um ihn, weil er Alpträume hat. Vielleicht kennt Ihr einen Grund, warum Helmers so verstört ist, und ich kann Liesbeth helfen, indem ich ihr einen Hinweis gebe. Sie wäre dann vielleicht imstande, die Ängste ihres Mannes auszuräumen …«

Holm musterte Engelke mit seinen aufmerksamen, hellblauen Augen. Nach einigen Atemzügen sagte er langsam. »Nun – er hat viele Ssulden. Da kann ein Mann sson sslechte Träume bekommen. Auch ssoll er viel trinken, aber das weiß ich nicht gewiss, weil er sson sseit ein halbes Jahr nicht mehr in mein Badehaus war. Er liebt die lockere Weiber – aber ssolche Frauen dulde ich nicht hier. Deshalb geht er in die letzte Sseit sstets in ein Bad bei die Alte Mühle.«

»Ach«, erwiderte Engelke nachdenklich, »seit einem halben Jahr hat er Euer Haus nicht mehr besucht? Das wundert mich. Früher war er doch Dauergast!« Sie erwiderte Holms forschenden Blick. »Glaubt Ihr, es liegt wirklich an den fehlenden Huren, daß er nicht mehr hierher kommt?«

Holm schüttelte den Kopf und zuckte gleichzeitig die Achseln. »Ehrlich gesagt, Fräulein Engelke«, sagte er, »ich weiß es nicht. Es mag auch wohl etwas anderes dahinter stecken – möglisserweisse …«

»Was?«

»Vielleist sämt ssich Herr Helmers, weil er bei alle Kaufherren von die Sstadt sso viele Ssulden hat ... ?«

Das war lautes Nachdenken gewesen. Holm hatte wohl bis jetzt keinen Gedanken daran verschwendete, warum der leichtsinnige Niklas sein Badehaus plötzlich mied. Es konnte sogar sein, daß der Bader es nicht ungern sah, daß Helmers aus dem ehrenwerten Kreis seiner Kundschaft ausgeschieden war. Dem schönsten Mann von Hamburg hatte ja immer ein nicht ganz tadelloser Leumund angehaftete, und Holm legte auf Seriosität den größten Wert – das war genauso stadtbekannt wie Niklas Helmers' ungeordneter Lebenswandel.

»Mag sein«, sagte Engelke. »Und mehr könnt Ihr mir nicht sagen?«

»Wirklich nicht, Fräulein Engelke.« Holms Blick sagte ihr, daß er tatsächlich keine Informationen für sie hatte. »Aber gegen bösse Träume – da könnte ich Herrn Helmers Hausfrau ein gute Mittel geben. Falls ssie ein ssolches bei ihr Mann verssuchen will.«

»Ja, ich weiß nicht«, – begann Engelke. Ein aufgeregtes Klopfen an der Tür unterbrach sie.

Holm öffnete. Teetje stürzte mit vom Laufen hochroten Wangen in den Vorraum. »Fröl'n Anneke kriegt dat Lütte«, sprudelte er hervor, stockte, berichtigte sich: »Ik meen' ... Fru Veckinghusen ... se wöör so wiet, schall ik mellen ... un dat Mudder Griepsch vörbiekomm' schall – ik meen, Fru Holm ...!«

Teetje schien so aus dem Häuschen, daß Engelke sich ein Lachen verbeißen mußte. In seiner Aufregung hatte er sogar vergessen, zu grüßen – was er jetzt, um der Komik seines Auftritts die Krone aufzusetzen, schnell nachholte; »Dag tosamen ...!«

Holm grinste. Seine Frau, die wohl Teetjes Klopfen gehört hatte, erschien auf der Treppe. »Wie eilig ist es denn?« fragte sie nüchtern.

»Weet ik nich«, haspelte Teetje. »Ik glööv, dat eilt – weil Herr Konrad ... de is bannig upreegt ...!«

»Na«, sagte Gerda Holm, während sie die Treppe herunterstapfte und sich dabei den Mantel um die Schultern warf, »beim ersten Kind sind die Männer immer furchtbar aufgeregt. Das gibt sich dann beim zweiten und dritten.« Sie lächelte Teetje an. »Wir gehen trotzdem mal rüber und sehen nach dem Rechten. Vielleicht ist es ja wirklich schon soweit.«

Engelke hatte sich entschlossen, die Hebamme zum Haus van Damme zu begleiten, anstatt wie geplant Mandus Kellinghusen im Rathaus aufzusuchen. Der Gedanke an Anna, die kleine Frau Veckinghusen, die ganz sicher in dieser für sie so neuen, aufregenden Situation reichlich Unterstützung brauchen konnte, verdrängte für den Augenblick die schrecklichen Neuigkeiten, die Holm auf Lager gehabt hatte. Zudem fühlte sich Engelke bei Anna immer noch ein bißchen wie eine Mutter. Anna würde einen neuen Erdenbürger zur Welt bringen – da mußte Engelke ihrem Bäschen einfach zur Seite stehen.

In der großen Diele des Hauses an der Reichenstraße war der Teufel los – das sah Engelke gleich, als sie mit Gerda Holm eintrat. Sämtliche Mannsleute hatten sich hier versammelt. Bartel stand an der Tür zum Hof, in den Händen seine Filzmütze, die er zwischen den knochigen Fingern walkte. Peder Elmsbüttel und Hein tom Hove hockten wie zwei frierende Spatzen dicht zusammengedrängt und mit furchtsamen Mienen nebeneinander auf der Stiege zum Kontor und flüsterten miteinander. Konrad Veckinghusen lief mit blassem Gesicht völlig aufgelöst in der Diele auf und ab, begleitet von Karl, der sich an seiner Seite hielt und beruhigend auf ihn einredete. Teetje, der vorausgelaufen war, drückte sich jetzt mit bibbernder Aufregung an der Tür zur Stube herum. Und Evert der Ältere saß in seinem bequemen Sessel am Hinterfenster und musterte mit gerunzelten weißbuschigen Augenbrauen mißgestimmt die ganze wunderliche Versammlung.

»Gut, daß du kommst, min Deern«, rief er Engelke aus dem Hintergrund entgegen, als er ihrer ansichtig wurde. »In diesem Narrenhaus schnappt man über, wenn nicht sofort wieder ein vernünftiger Mensch alles in die richtigen Bahnen lenkt!«

Engelke konnte ihren Großvater und seine mürrische Stimmung verstehen. »Sie haben Euch ausquartiert, wie ich sehe«, antwortete sie ihm begütigend, »wo sind denn die Frauen?«

»Anneke ist natürlich in der Stube«, erwiderte Evert der Ältere, schon wieder etwas friedlicher und weniger gereizt, »Mette und die olle Wiebke sind auch da drin. Mine und die Kleinen kochen massenhaft Wasser in der Küche. Und Meta und Gesine haben sich in ihre Kammer zurückgezogen. Sie sind wütend, weil sich alles um Anneke dreht.«

Er lachte mit leiser Schadenfreude. »Das ist gut«, meinte Engelke, »dann stehen sie uns wenigstens hier unten nicht im Weg.«

Sie näherte sich dem Altherrn. »Sagt, Grootvadder«, flüsterte sie ihm ins Ohr, »könntet Ihr Euch nicht Konrads ein wenig annehmen? Korl – de kriegt dat nich hin, den tor Roh to bringen. Ji künnt dat veel beter.«

»Heff ik al' versöökt, Deern«, winkte Evert der Ältere ab, »de is nich ansprechbar – glööv mi dat.«

»Na, denn ...«, Engelke schickte einen ratlosen Blick zu Konrad Veckinghusen. Aber Gerda Holm hatte inzwischen längst die Initiative ergriffen. Sie stand bei ihm, hatte ihn offenbar angesprochen. Engelke ging zu den beiden hinüber. »Herr Veckinghusen«, sagte die Hebamme gerade zu dem werdenden Vater, der vor Anspannung regelrecht zu schlottern schien, »ich werde Eure Frau erst einmal gründlich untersuchen. Ihr könnt einstweilen mit dem Zittern aufhören und ihr eine schöne heiße Brühe zubereiten lassen. Die wird ihr guttun.

»B...brühe?« wisperte Konrad Veckinghusen, »wie kann ihr eine Brühe nützen – wo es doch um Leben und Tod geht!«

Die Hebamme lachte. »Wer hat Euch denn das gesagt?«

»Anna ... sie ist dabei, unser K...kind zur Welt zu bringen«, würgte der werdende Vater hervor, »und niemand erkennt den Ernst der Lage. Anna ... sie kann sterben ...!«

Gerda Holm faßte den völlig Verstörten am Arm und

schob ihn sanft zur Küche. »Doch, doch«, sagte sie, und in ihrer Stimme lag ein weicher, mitfühlender Unterton, »ich bin mir dessen durchaus bewußt. Aber bevor wir darüber sprechen – erst die Brühe. Eure Frau braucht mehr Kraft. Wir wollen doch alles tun, um das Schlimmste zu verhindern – oder?«

Konrad Veckinghusens Gesicht wurde noch eine Spur blasser, aber er fühlte sich verstanden. »O … o ja«, hauchte er, »ja, das wollen wir! Eine Brühe – damit sie genügend Kraft hat …«

»So ist's recht«, bestätigte Gerda Holm und lenkte ihn mit einem sanften Schubs in die Küche. Der werdende Vater verschwand willenlos aus der Diele. Die Hebamme zwinkerte Engelke zu. »Man muß sie beschäftigen«, flüsterte sie hinter vorgehaltener Hand, »sonst machen sie einem mehr Arbeit als Mutter und Kind.« Sie legte die kräftige Hand auf die Klinke zur Stubentür. »Und jetzt wollen wir mal den Ernst der Lage prüfen.«

Sie lächelte fröhlich. Engelke antwortete ihr mit einem ebenso belustigten Lächeln. Gemeinsam betraten sie den Raum, in dem Anneke sich auf die Geburt ihres ersten Kindes vorbereitete.

Die junge Frau hatte das Bett bestiegen, in dem schon sie selbst und ihre Brüder zur Welt gekommen waren. Sie saß mehr als sie lag in dem kurzen, breiten Alkoven; Mette hatte ihr alle verfügbaren Kissen in den Rücken gestopft, so daß sie es möglichst bequem hatte. Wiebke war gerade dabei, einen Stapel frischer Leintücher auf dem Tisch zurechtzulegen und blickte kurz auf, als sie die Hebamme sah. »Es hätte noch Zeit gehabt, Gerda«, sagte sie ruhig, »aber der junge Herr bestand darauf, daß Ihr sofort geholt werdet.«

Gerda Holm nickte. »Man weiß ja, wie es beim erstenmal für die Männer ist«, erwiderte sie mit heiterer Gelassenheit, »die leiden viel mehr als wir Frauen.« Dabei tippte sie sich lächelnd an die Stirn.

Anneke verzog das Gesicht unter einer Wehe. »Der arme Konrad«, seufzte sie, »wenn ich ihn doch nur trösten könnte!«

»Da müssen sie alle durch«, antwortete die Hebamme

energisch, aber nicht ohne ein belustigtes Funkeln in den Augen, »und zwar allein! Wir haben Besseres zu tun, als uns ausgerechnet jetzt um sie zu kümmern.« Damit trat sie an das Bett und legte die Hände auf Annekes Bauch.

Die Untersuchung dauerte nur Augenblicke. »Es hat wirklich noch Zeit«, sagte Gerda Holm, »mindestens drei, vier Stunden.«

»So lange?« Anneke maulte wie das kleine Mädchen, das sie mit ihren siebzehn Jahren eigentlich noch war. »Ich finde die Wehen so schon ganz gräßlich und unangenehm. Wenn das noch stundenlang so weitergehen soll –«

Jetzt konnte sich Gerda Holm ein Kichern nicht verkneifen. »Gräßlich und unangenehm? Na – denn wartet mal ab, Fru Veckinghusen! Dat Beste kommt erst noch!«

»Aber so weit ist doch alles in Ordnung?« wollte Engelke wissen.

»Ja, sicher. Sieht sehr gut aus«, bestätigte die Hebamme.

»Dann gehe ich jetzt in die Diele und sorge dafür, daß Konrad eine Aufgabe hat«, meinte Engelke. »Man muß ihm was zu tun geben – das sagtet ihr ja selbst, Holm'sche.«

»Als Ihr geboren wurdet, Fröl'n Engelke«, fügte die alte Wiebke verschmitzt lächelnd ein, »da hab' ich Harm Geerts zum Holzhacken geschickt. Und daß kein Knecht im Haus war, der das hätte übernehmen können – dafür hatte ich vorher gesorgt. Mit dem Holz hat Euer Vater dann sieben Zuber Wasser kochend heiß machen müssen. Und als er damit fertig war, da wart Ihr schon eine halbe Stunde auf der Welt.«

Engelke kicherte, die Hand bereits auf der Klinke. »Du kommst doch bald wieder?« erkundigte sich Anna, ein kleines, ängstliches Zittern in der Stimme.

»Aber ja«, beruhigte Engelke ihr Bäschen, »wo werde ich dich denn den großen Augenblick allein erleben lassen? Ich bin doch genau so neugierig wie du, zu erfahren, ob's 'ne kleine Deern wird oder 'n Junge!«

»'n Junge«, sagte Anneke mit Überzeugung.

»Oder 'ne Deern«, hielt Engelke dagegen, während sie hinausging.

Sie prallte fast gegen Konrad Veckinghusen, der mit einer

Suppenschüssel in der Hand auf dem Sprung in die Stube war. »Jetzt noch nicht«, sagte sie zu ihm und senkte die Stimme, damit Anneke ihn nicht bemerkte. »Die Wehmutter untersucht sie gerade. Da sind Männer fehl am Platz!«

»Ach … ach so«, wisperte der werdende Vater ehrfurchtsvoll, »und wann darf ich zu ihr?«

Engelke zog ihn von der Tür weg und schubste gleichzeitig Teetje auf die Seite, der sich noch immer vor der Stube herumdrückte. »Später – viel später«, informierte sie Konrad Veckinghusen, »die Suppe kann Mine ja hineintragen.«

»Aber ich hätte so gern gesehen, wie es ihr geht«, wandte der junge Mann ein, »seit zwei Stunden ist sie schon ganz allein da drin … sie hatte Schmerzen, und ich –«

»Konrad«, schnitt Engelke ihm die Worte ab, »ich kann Euch beruhigen. Es geht ihr gut – und sie ist keineswegs allein. Alles läuft ganz normal ab. Kommt –«, sie leitete ihn in die Küche zurück, »während wir warten, können wir uns nützlich machen. Anna braucht Eure Hilfe – aber nicht da drinnen, sondern hier.«

Konrad Veckinghusen starrte Engelke verzweifelt an. »Aber was kann ich denn für Anna tun! Ich komme mir so schrecklich überflüssig vor, so ausgeschlossen …«

Er hatte natürlich recht. Er war tatsächlich von dem Geschehen ausgesperrt – wenn auch aus gutem Grund. Ihn Wasser schleppen zu lassen, wozu die alte Wiebke damals Engelkes Vater verdonnert hatte, das schien in Konrads Fall nicht passend. »Wißt Ihr was?« sagte Engelke zu ihm, »während Eure Frau das Kind zur Welt bringt, solltet Ihr ein Gedicht für sie verfassen. Ich wette, Ihr habt Anna noch nie ein eigenes Lied geschrieben.«

»Ein Lied?« fragte der junge Mann. Sein Gesichtsausdruck hätte nicht entgeisterter sein können.

»Ja. Ein paar schöne, wirklich schöne Verse«, wiederholte Engelke und bemühte sich, ob seiner völlig verständnislosen Miene ernst zu bleiben. »Jede Frau liebt es, von einem Menschen, der ihr teuer ist, Verse zu bekommen. Faßt Eure Gefühle in Reime – und vergeßt nicht, einen langen, ausführlichen Brief dazu zu schreiben.«

Konrad Veckinghusens Verwirrung war vollständig. »Ich … ich weiß nicht – einen Brief? Aber Anna ist ja hier, wo ich mit ihr reden kann! Wozu soll ich ihr da schreiben?«

»Könnt Ihr wirklich mit ihr reden?« Engelke bewahrte die Geduld. Sie gab gleich eine Antwort auf ihre Gegenfrage. »Nein, im Augenblick könnt Ihr das nicht. Anneke ist hinter dieser Tür – unerreichbar für Euch. Und das wird noch eine ganz Weile dauern. Also müßt ihr ihr schreiben.«

»Ihr meint –«, der junge Mann hatte Mühe, Engelkes Gedankengang zu folgen, aber er strengte sich an. »Ihr sagtet – ein Gedicht für Anna. Ob sie so was wohl mögen würde? Ich weiß nicht …«

»Aber Konrad!« Engelke nahm den werdenden Vater energisch bei der Hand und zog ihn aus der Küche in die Diele. Sie hielt auf die Stiege zum Kontor zu. »Ob Anna so was mag? Keine Frage! Anna ist ja so romantisch – das war sie schon als kleines Mädchen. Kommt. Im Kontor sind Tinte und Feder und reichlich Papier. Und ich veranlasse, daß niemand Euch stört.« Sie scheuchte mit einer eindeutigen Handbewegung die beiden Kaufmannsgehilfen von der Treppe, die die Stufen immer noch besetzt hielten.

»Aber ich weiß nicht, ob ich überhaupt reimen kann, wagte Konrad Veckinghusen einen letzten schwachen Einwand, während er halb freiwillig, halb gezogen, mit Engelke die schmale Stiege hinaufkletterte.

»Nur Mut«, munterte Engelke den Zögernden auf, »für Anneke wird Euer Gedicht das schönste sein, das je geschrieben wurde. Ihr seid doch ein gescheiter Mann – außerdem findet die Liebe immer die rechten Worte.«

Das endlich überzeugte den werdenden Vater. »Oh, ich liebe sie sehr«, murmelte er, »und das weiß sie, glaube ich.«

»Aber hat sie es auch schriftlich?«

»Noch nicht«, sagte Konrad Veckinghusen.

»Seht Ihr?«

Der junge Mann lächelte mit blassen Lippen. »Ich habe verstanden, was Ihr meint, Engelke«, sagte er leise und betrat ohne weiteren Widerspruch das Kontor.

Engelke überließ ihn sich selbst und seinen dichterischen Versuchen, sobald sie ihm Schreibmaterial gegeben hatte. In der beruhigenden Gewißheit, daß er jetzt für Stunden ausgelastet war und keine Zeit mehr haben würde, über seine Ängste und Befürchtungen nachzudenken, stieg sie wieder in die Diele hinunter. Aber auch sie wurde fürs erste in diesem Haus nicht mehr gebraucht. Drei Stunden mindestens, bis es mit der Geburt des neuen Erdenbürgers ernst werden würde – das hatte Gerda Holm gesagt, und sie mußte es als erfahrene Hebamme ja wissen. Da blieb Engelke genügend Zeit, um sich doch noch um dringende Geschäfte zu kümmern. Es reichte völlig, wenn sie in zwei Stunden wieder hier war und sich in der kritischen letzten Stunde an die Seite ihres Bäschens gesellte, um ihr Beistand zu leisten.

Sie konnte an den Hafen gehen, zum Walfisch. Die Bierlieferung an den Krüger war gestern erfolgt; aber es galt noch mit ihm zu besprechen, welche Mengen er in Zukunft abzunehmen gedachte, und der Handel um Bier für seine anderen Lokale war auch noch nicht unter Dach und Fach. Katriens Auftauchen hatte Engelke ja daran gehindert, das Gespräch über dieses Thema zu einem guten Abschluß zu bringen. Der Krüger war jedenfalls nicht abneigt gewesen, auch seine Kneipe zum Roten Einhorn mit Bier aus Engelkes Brauhaus beliefern zu lassen – wenn der Preis richtig war.

Nun – genau darüber mußte verhandelt werden. Man würde sich schon einigen.

Engelke langte bei den Kajen an, als die Glocken gerade drei geschlagen hatten. Etwas erhitzt vom schnellen Fußmarsch trat sie in die Gaststube des Hauses zum Walfisch. Das Verkaufsgespräch mit dem Wirt hatte sie auf eine halbe Stunde angesetzt; danach konnte sie auf dem Rathaus bei Kellinghusen vorsprechen und ihm mitteilen, was die beiden Bettlerinnen vor ihrer Ermordung noch hatten aussagen können. Sie hoffte, daß der Gerichtsherr etwas mit den Hinweisen anfangen konnte. Obwohl sie natürlich äußerst mager waren …

Aber denjenigen, die die blinden Frauen umgebracht hatten, schienen sie gefährlich zu sein – gefährlich genug, um einen Mord an den beiden harmlosen, bescheidenen Frauen zu rechtfertigen.

In dem gemütlichen, blitzsauberen Schankraum saßen ein paar Männer beim Schoppen zusammen – nach ihrer gepflegten schwarzen Tuchkleidung zu urteilen, handelte es sich bei ihnen um Kaufleute von mittlerem Vermögen – wahrscheinlich aus den Niederlanden. Als Engelke grüßte, stellte sich ihre Einschätzung der Gäste als richtig heraus, denn sie antworteten in ihrer Sprache: »Goeden Dag, Mevrouw!« und lüfteten sehr höflich ihre weichen Haarfilz-Hüte.

Der Krüger kam gleich hinter seinem Tresen hervor und bot ihr den Platz vor dem Feuer an, den sie schon bei ihrem letzten Besuch eingenommen hatte. »Ich bin äußerst zufrieden mit dem gelieferten Gebräu«, sagte er und lächelte Engelke an, »falls es das ist, wonach ihr Euch erkundigen wollt, Fräulein Engelke!«

»Auch«, gab Engelke knapp zurück und setzte sich.

»Dann gibt es einen zweiten Grund für Euren Besuch?«

»Ja.« Engelke sah den Krüger offen an. »Ich habe mich hingesetzt und einmal alles überschlagen. Nach dem Ergebnis könnte ich es unter Umständen möglich machen, auch Eure anderen Lokale mit einem gewissen Quantum Bier zu versorgen.«

»Wie?« Der Krüger hatte Mühe, ihr zu folgen.

Engelke half ihm auf die Sprünge. »Erinnert Ihr Euch? Bei unserem letzten Treffen fragtet Ihr mich, wieviel ich liefern könnte – für alle Eure Krüge. An dem Tag konnte ich natürlich auf Anhieb keine genaue Auskunft geben. Schließlich braue ich kein gewöhnliches Allerweltsbier, und die Menge ist begrenzt, so leid es mir tut.« Sie zeigte ihr wirkungsvollstes Lächeln. »Aber für Euch wäre ich bereit –«

»Fräulein Engelke«, sagte der Krüger verwirrt, »nicht, daß Ihr da einem Mißverständnis aufgesessen seid. Ich –«

»O nein.« Engelke ließ ihn nicht zu Wort kommen. »Seid unbesorgt. Es wird zwar Mehrarbeit für meinen Braumeister bedeuten, aber er hat mir versichert, daß es zu schaffen ist. Es soll mir also eine Freude sein, Euch zu bedienen. Zumal die Umsätze in all Euren Krügen durch besseres Bier ja erheblich steigen werden.«

Der Wirt, durch Engelkes letzten Satz bereits ziemlich überrumpelt, schüttelte in einem letzten schwachen Versuch des Widerstandes den Kopf. »Was mir Sorgen macht, ist der Preis«, sagte er langsam.

»Aber der ist ja noch nicht festgelegt.« Engelke legte einen leisen Vorwurf in ihre Stimme. »Wenn Ihr da Befürchtungen habt, dann laßt Euch sagen: Ich pflege niemanden zu übervorteilen.«

»Aber nein – nein!« Der Krüger verbeugte sich vor Engelke, so verlegen hatte ihn ihre Bemerkung gemacht. »Es ist überall bekannt, daß Ihr beste Ware zu angemessenen Preisen liefert.« Er räusperte sich. »Was würde es mich kosten, falls ich –«

»Falls?« Engelke erhob sich. »Ich hatte angenommen, Ihr seid entschlossen. Bei einem ›falls‹ brauchen wir nicht weiter zu verhandeln.«

Der Krüger hob erschrocken die Hände. »Bitte«, sagte er schnell, »setzt Euch doch wieder, Fräulein Engelke! Natürlich habe ich mich entschieden – das ist wirklich keine Frage! Wieviel Bier könntet Ihr mir denn für dieses Haus, das Rote Einhorn und den Krug zum Bunten Hahn überhaupt beschaffen?«

Drei Lokale, dachte Engelke. Sämtlich am Hafen – also gut besucht. »Oh –«, sagte sie nüchtern, »so dreißig Fässer pro Woche dürften schon zusammenkommen, wenn auch, wie bereits gesagt, mit erheblicher Mehrarbeit seitens meines Braumeisters und seiner Knechte.«

»Das ist fast der gesamte Bedarf«, murmelte der Wirt, »ich müßte einem großen Teil meiner bisherigen Lieferanten absagen ...«

»Bedenkt, daß in nächster Zukunft die Hinrichtung der Seeräuber ansteht«, sagte Engelke, »da wird das Bier erfahrungsgemäß in Strömen fließen. Aber nur, wenn auch genügend davon vorhanden ist.«

»Ein wahres Wort.« Der Krüger gab seinen Widerstand auf. »Gut. Wieviel wollt Ihr für eine Ladung von dreißig Fässern pro Woche haben?«

Die Magd trat in die Gaststube. Engelke, die gerade ihren Preis hatte nennen wollen, sagte erst einmal nichts.

»Herr«, meldete das Mädchen, »der Schiffer aus dem großen Zimmer hat seine Kiste gepackt. Er läßt sagen, er habe noch in der Stadt zu tun. Einer unserer Knechte soll sein Gepäck schon wegbringen – und er käme selbst bis zum Anbruch der Dunkelheit, um die Rechnung zu begleichen.«

»Dann schick' Klaas mit der Kiste los«, befahl der Krüger der Magd, »und er soll sie gut behandeln – wie 'n rohes Ei – daß das klar ist!«

Das Mädchen knickste und verschwand. »Der Eigner der Erzengel«, wandte sich der Krüger nicht ohne eine gehörige Portion Stolz wieder an Engelke. »So wichtige Leute beherberge ich öfter unter meinem bescheidenen Dach.« Und auf Engelkes fragenden Blick ergänzte er erklärend: »Der Mann hat sein eigenes Schiff auf dem so erfolgreichen Zug gegen die Piraten befehligt. Dafür hat er das Bürgerrecht bekommen – was ja auch nicht mehr als recht und billig ist.«

»Zwanzig Schilling«, sagte Engelke unbeeindruckt.

»Wie?«

»Zwanzig Schilling«, kam Engelke zum Thema zurück, »billiger kann ich Euch das Bier nicht lassen.«

Der Krüger schaffte endlich den Gedankensprung. Er lachte auf. »Herrgott, Fräulein Engelke«, gab er zurück, »das geht bannig schnell mit Euch. Wat schall ik darto seggen?«

»Einverstanden?«

»Einverstanden.« Der Wirt schlug in ihre ausgestreckte Hand ein. »Solange es nicht dreißig Schilling sind«, fügte er grinsend hinzu.

Jetzt wunderte sich Engelke. »Was meint Ihr denn damit?«

»Nichts besonderes. War nur 'n dummer Spruch.«

»Dreißig Schilling – daran finde ich nichts Komisches.«

Der Wirt kicherte. »Mein Pächter aus dem Roten Einhorn – der behauptet steif und fest, für dreißig Schilling kann man sich 'n Wunder kaufen. Wenn das nicht komisch ist! Aber ich will keine Überraschung – ich will Bier von Euch!«

»Das kriegt Ihr auch.« Engelke schüttelte den Kopf über den etwas kindlichen Humor des Krügers. Dann verabschiedete sie sich und verließ das Haus zum Walfisch.

7

Auf dem Weg zum Rathaus ging ihr, so sehr sie sich auch auf etwas anderes zu konzentrieren suchte, der unverständliche Ausspruch des Walfisch-Wirts im Kopf herum. Einer seiner Pächter hatte dreißig Schilling erwähnt, für die man ein Wunder kaufen könne – das war sonderbar, denn auch Niklas Helmers hatte, soweit sich Engelke richtig erinnerte, etwas von dreißig Schillingen gesagt, die ihn wieder kapitalkräftig machen sollten – was unter den gegebenen Umständen einem Wunder gleichkommen würde.

Diese Vorstellung war natürlich purer Blödsinn. Für einen einfachen Menschen stellten dreißig Schilling zwar eine ganz erhebliche Summe dar. Schließlich konnte man mit soviel Geld eine große Familie auf lange Sicht sattmachen. Aber für einen Handelsherrn wie Helmers waren dreißig Schilling nicht mehr und nicht weniger als anderthalb Mark Silber. Ein Klacks, wenn man die Höhe seiner Schulden betrachtete, die sich allein beim Haus van Damme auf mehrere hundert Mark belief. Welche Investitionen konnte er mit dreißig Schilling schon tätigen?

Engelke fiel nichts Sinnvolles dazu ein. Als sie auf dem Neß angekommen war und sich im Rathaus beim Gerichtsherrn melden ließ, legte sie in Gedanken ihre ergebnislosen Überlegungen beiseite. Jetzt galt es erst einmal, Kellinghusen eine Mitteilung zu machen, die unter Umständen bei der Aufklärung der Säuglingsmorde und der Morde an den blinden Bettlerinnen hilfreich war. Alles andere hatte zurückzustehen.

Mandus Kellinghusen saß, wie Engelke ihn schon so oft erlebt hatte, allein in seiner Amtsstube, vor sich einen Berg von Papieren, auf der Nase die ungefüge eiserne Brille, die seinen weitsichtigen Augen beim Lesen die nötige Sehschärfe vermitteln sollte.

Er blickte auf, als Engelke in den Raum trat, und lächelte

sie mit ehrlicher Freude an. »Nanu«, sagte er, »Euch hatte ich heute am allerwenigsten erwartet. Schön, daß Ihr Euch ab und zu an mich erinnert!"

»Ihr hättet Euch aber auch melden können, Mandus«, konterte Engelke, »Ihr wißt genau, ich freue mich über jeden Eurer Besuche!«

Er seufzte. »Dafür bleibt mir leider im Augenblick überhaupt keine Zeit. Ihr könnt Euch sicher denken, warum.«

»O ja.« Engelke nahm zwanglos auf dem Polsterschemel gegenüber seinem Schreibtisch Platz. Sie ordnete die Falten ihres Rockes, dessen Saum durch den langen Fußmarsch etwas angeschmutzt war und auch ein wenig Wasser gezogen hatte. »Dennoch gehe ich davon aus, daß inzwischen die Freibeuter alle verhört und geständig sind, daß der Rat bereits das Datum der Hinrichtung festgesetzt hat, und daß Ihr den Rest der Aufgaben dem Scharfrichter überlassen könnt. Richtig?«

»Richtig«, sagte Kellinghusen, »wenn auch mit kleinen Abstrichen. Es gibt da noch die Frage des Straferlasses für einige der Piraten ...«

»Straferlaß?« Engelke richtete sich auf. »Das kann ja wohl nicht Euer Ernst sein, Mandus! Ihr wollt ein paar von den Verbrechern laufen lassen – wo die Kaufmannschaft doch so froh sein kann, daß die verdammte Freibeuterei ein Ende hat?«

Kellinghusen erwiderte ruhig Engelkes Blick. »Als wir den Störtebeker abzuurteilen hatten«, sagte er, »da hat der Kerl verlangt, wir sollten so viele von seinen Spießgesellen freilassen, wie er auf zwei Beinen laufend passieren könne, nachdem ihm der Kopf abgeschlagen worden sei. Erinnert Ihr Euch?«

»Ja. Ein schauerlicher Gedanke.« Engelke schüttelte sich nachträglich »Gott sei Dank ist nichts draus geworden.«

»Ein Körper ohne Kopf kann eben nicht mehr rennen«, ergänzte Kellinghusen, »Holm hat das damals schon richtig vorausgesagt, obwohl er mir natürlich auch nicht erklären konnte, warum das so ist. Aber –«, er machte eine kurze Pause und starrte gedankenverloren auf ein beschriebenes Blatt

Papier, das vor ihm lag. »Trotzdem verlangen die Piraten, die wir jetzt hinzurichten haben, das gleiche Privileg wie Störtebekers Leute«, setzte er seine Rede fort. »Ich gehe davon aus, daß es ihnen auch gewährt wird.«

»Wo liegt die Schwierigkeit?« fragte Engelke, erstaunt über Kellinghusens Bedenken. »Godeke Micheels Körper wird ohne Kopf genauso wenig laufen können wie der von Klaas Störtebeker. Also muß keiner von den Likedeelers freigelassen werden.«

»Das ist es ja«, sagte Kellinghusen. Er nahm die eiserne Brille von der Nase und klappte sie an ihrem Scherengelenk zusammen, so daß die runden Linsen übereinander zu liegen kamen. »Es gibt einen Mann, den ich nur ungern mit den anderen hingerichtet sehen würde.«

Engelke fand das schwer zu verstehen. »Wieso? Sie sind alle Verbrecher – oder etwa nicht?«

»Fast alle«, gab Kellinghusen zurück, »und es gilt natürlich der Satz: Mitgefangen, mitgehangen – oder in diesem Fall geköpft. Aber ...«

»Was, aber?«

»Gerade dieser Jakobus Lüneburg, dessen Name Euch aufgefallen war, Engelke – der war nur Maat auf Godeke Micheels Schiff. Und er hat an keiner einzigen Metzelei teilgenommen.«

»So.« Engelke begann zu verstehen, was Kellinghusen meinte. »Jakobus Lüneburg also – der Mann, der sich nicht an seine Kindheit erinnern kann, oder daran, wie er zu seinem Namen kam.«

»Genau der«, bestätigte Kellinghusen. »Als ich ihn befragte, kam es mir so vor, als habe er nicht einmal gewußt, wen er vor sich hatte, als er auf Godekes Schiff anheuerte. Außerdem scheint er keinen Begriff von der Seeräuberei zu haben.«

Engelke fand das absurd. »Wie kommt Ihr denn bloß zu dieser Meinung? Ihr könnt doch nicht glauben, daß ein Mann, der auf einem Piratenschiff Dienst nimmt, nicht weiß, worum es seinem Führer geht!«

Kellinghusen klappte seine Brille wieder auf und begann,

die dicken Linsen an seinem Ärmel zu polieren. »In Jakobus Lüneburgs Fall muß es dennoch so gewesen sein«, sagte er langsam, »das meinte auch Holm, der ihn gesehen hat. Holm fand es ganz erstaunlich, als er Lüneburgs Narben sah, daß der Mann solche massiven Schädelverletzungen im Jugendalter überlebt hat. Er sagte, Menschen, deren Schädelknochen einmal zerschmettert waren und danach verheilt sind, verlieren häufig das Erinnerungsvermögen und einen großen Teil ihres Verstandes.«

»Ihr meint – sie werden dumm?«

»Das vielleicht nicht gerade«, erklärte Kellinghusen, »aber langsam von Begriff – so wie Jakobus Lüneburg.«

»Und deshalb –«

»Deshalb halte ich ihn der Piraterie für nicht schuldig«, ergänzte Kellinghusen Engelkes angefangenen Satz aufs Geratewohl. »Und ich würde es gern sehen, wenn er freikäme.«

»Ihr müßt einen Narren an dem Mann gefressen haben, Mandus.« Engelke wehrte sich aus irgendeinem Grund gegen Kellinghusens Überlegungen. »Der Kerl war in Godekes Mannschaft. Unkenntnis schützt vor Strafe nicht – das waren doch immer Eure eigenen Worte!«

»Aber hier geht es um die Todesstrafe.« Der Blick, der Engelke aus hellgrauen Augen traf, war vorwurfsvoll und ein bißchen enttäuscht. »Ich hätte gerade von Euch mehr Sinn für Gerechtigkeit erwartet. Zudem zwingt mich noch eine andere Überlegung, bei Jakobus Lüneburg über einen Straferlaß nachzudenken.«

»Welche?« Engelke schämte sich. Er hatte ja völlig Recht mit allem, was er ihr dargelegt hatte. Nur waren die Todesurteile für alle bereits gefällt. Wie konnte man daran noch etwas ändern?

»Jakobus Lüneburg ist zwar zu jung, um als Moses auf dem Schiff Eures Vaters gefahren zu sein«, sagte Kellinghusen ernst. »Andererseits – habt Ihr nicht einmal erwähnt, daß damals Euer Bruder Hendrik an Bord –«

»Mandus!« Die Worte des Gerichtsherrn trafen Engelke bis ins Mark. Sie sprang auf, begann im Zimmer hin- und herzugehen. Nach langen Augenblicken blieb sie stehen und sah Kellinghusen fest in die Augen. »Ihr haltet es demnach für möglich, daß Hendrik –«

»Das Alter könnte stimmen«, unterbrach sie der Gerichtsherr ruhig. »Nach Körpergröße und Statur wäre es durchaus denkbar, daß Jakobus Lüneburg Eurer Familie entstammt. Haar- und Augenfarbe stimmen ebenfalls. Und –«

»Es gibt viele hochgewachsene, blondhaarige und blauäugige Männer«, fuhr Engelke ihm in die Rede, »keiner von ihnen hat mir bis jetzt etwas bedeutet.«

Sie schluckte. Augenblicklich spürte sie den schmerzhaften Kloß, der ihr beim Gedanken an Dierk, den sie für immer verloren hatte, in die Kehle stieg. Der war hochgewachsen und blondhaarig gewesen. Und er hatte ihr viel bedeutet.

Ihre Hand fuhr nach dem kleinen silbernen Amulett, das an seinem Kettchen um ihren Hals hing. Sie sagte nichts mehr, drehte Kellinghusen für zwei Atemzüge den Rücken zu. Dann räusperte sie sich. »Verzeiht«, sagte sie mit plötzlich heiserer Stimme, »es war sehr dumm, so etwas zu sagen. Im Fall Jakobus Lüneburg häufen sich einfach zu viele Zufälle. Eure Mutmaßung ist deshalb gar nicht so unbegründet. Doch selbst wenn der Mann nichts mit meinem Bruder zu tun hat, wenn er ein ganz anderer ist – der Sohn eines Passagiers der Jakobus zum Beispiel –, es sollte für ihn die Möglichkeit geben freizukommen. Und zwar, weil er nicht zu den Likedeelern gehört hat.«

Kellinghusen lächelte Engelke erleichtert an. »Ich habe mich also doch nicht in Euch getäuscht«, sagte er, während seine Miene sofort wieder ernst wurde. »Nur – wie stell' ich es an? Ein Körper ohne Kopf kann nicht mehr laufen – das sagte ich ja schon.«

»Aber ein Kopf ohne Körper kann rollen«, gab Engelke trocken zurück.

»Gott – Engelke! Was seid Ihr bloß für eine Frau!« Der Gerichtsherr war erschrocken und belustigt zugleich. »Wollt Ihr damit sagen –«

»Ja«, sagte Engelke nüchtern, »man könnte die Leute freilassen, an denen Godeke Micheels Kopf vorbeirollt. Das wäre die Möglichkeit, die ich sehe.«

Kellinghusen brauchte einen Moment, um sich von der Überraschung zu erholen, die Engelke ihm bereitet hatte. »Ihr seid härter als so mancher Mann«, sagte er nach mehreren Atemzügen, »härter – und viel kaltblütiger.«

»Muß ich das nicht?« konterte sie gelassen.

»Vielleicht«, sagte er so leise, daß Engelke es gerade noch verstand.

Schweigen breitete sich zwischen ihnen aus. Engelke konnte sich vorstellen, was er jetzt denken mochte. ›Sie könnte es leichter haben als meine Frau, wenn sie mich nur nehmen wollte. Warum tut sie es nicht?‹

»Aber so stehen die Dinge nun mal«, sagte Engelke in die Stille hinein. »Manches läßt sich eben nicht ändern. Wißt ihr, Mandus, eigentlich hatte ich wegen etwas ganz anderem bei Euch vorsprechen wollen.«

Er hob den Kopf und sah sie an, als sei er eben aufgewacht. »Und das wäre?« fragte er, während er mit etwas fahrigen Bewegungen seine Brille weglegte.

»Die beiden blinden Bettlerinnen, die an der Trostbrücke tot aufgefunden worden sind, die haben vor ihrer Ermordung eine Beobachtung an mich weitergegeben.«

»Wie?«

»Nun, die Frauen haben in der Nacht, bevor der tote Säugling unter der Brücke entdeckt wurde, etwas bemerkt, was auf die Spur des Kindermörders führen könnte.«

»Was sollte den armen Weibern denn aufgefallen sein?« fragte Kellinghusen und runzelte die Stirn. »Sie waren blind – sie können niemanden erkannt haben ...«

»Wundert es Euch nicht, daß man sie ermordet hat?« wollte Engelke wissen.

»Doch, natürlich«, erwiderte der Gerichtsherr, »das fragt sich jeder, der die beiden kannte. Bei denen war nichts zu holen. Und in ihrem erbärmlichen Verschlag ist folgerichtig auch nicht herumgewühlt worden. Niemand hat eine Ahnung, warum man sie auf so elende Art umgebracht hat.«

»Weil sie offenbar zuviel wußten«, sagte Engelke. »Sie haben den Kindermörder zwar nicht sehen können, aber sie haben ihn möglicherweise gehört und – gerochen.«

»Was?«

»Sie haben einen sonderbaren Geruch bemerkt«, führte Engelke aus, »er haftete zwei Leuten an, die mitten in der Nacht dicht bei der Hütte der Bettlerinnen vorüberkamen. Die nächtlichen Fußgänger hielten sich nah am Alsterufer, anstatt den Weg zu benutzen. Das fanden die beiden Frauen merkwürdig. Die Jüngere hat mir, als ich sie fragte, alles genau geschildert.«

»Was für ein Geruch?« Kellinghusens Interesse war geweckt. »Nicht, daß uns die Erkenntnis weiterbringen könnte, aber in der Hütte der beiden Frauen roch es deutlich nach Weihrauch, als ich den Ort der Bluttat besichtigte.«

Engelke richtete sich auf und zog die Luft durch die Zähne. Es klang wie ein leises Zischen.

»Diesen Duft hätte niemand in einer so armseligen Behausung vermutet«, fuhr Kellinghusen fort, »denn woher hätten die Bettlerinnen das Geld haben sollen, um sich einen solchen Luxus zu leisten – ganz abgesehen davon, daß sie nicht einmal ein Kruzifix oder einen Hausaltar besaßen, vor dem sie den Weihrauch überhaupt hätten abbrennen können.«

»Herrgott«, sagte Engelke und verkrampfte die Hände ineinander.

»Na ja«, füge Kellinghusen hinzu, »der Duft war nicht besonders stark – genauer gesagt, es roch nur schwach danach. Aber selbst die beiden Stadtwachen, die mit mir in der Hütte waren, haben ihn bemerkt.«

»Mandus«, sagte Engelke, während sie ihre Aufregung bekämpfte, »der Geruch, der den Blinden an den nächtlichen Besuchern bei der Trostbrücke aufgefallen ist …«

»Ja?«

»… war Weihrauch.«

Es mußte Zusammenhänge geben zwischen dem Mord an den beiden blinden Bettlerinnen und den Kindermorden. Das sah Kellinghusen genauso wie Engelke. Ihr Gespräch setzte sich fort. Ein konkreter Fortschritt in der Sache kam zwar nicht dabei heraus, aber Engelke grübelte noch auf dem Heimweg in die Reichenstraße über den Möglichkeiten zur Spurensuche nach, die sich aufgetan hatten.

Alle Spezereihändler der Stadt waren zu überprüfen, samt deren Gehilfen. Die Arbeiter in den Gewürzlagern würden sich befragen lassen müssen. In ihren Kreisen waren die Mörder der Kinder und der Bettlerinnen zu finden – davon ging Kellinghusen aus. Und er würde suchen, bis er sie gefunden hatte.

Mit diesen Gedanken langte Engelke zu Hause an. Doch in dem Augenblick, als sie die große Diele betreten hatte, war es vorbei mit dem Nachdenken über die mysteriösen Mordfälle. Sie war gerade richtig gekommen: Anneke lag in den Preßwehen, die Geburt ging schneller voran, als Gerda Holm vermutet hatte.

Mine, die Engelke aufgeregt über den Stand der Dinge informiert hatte, huschte zurück in die Küche, wo sie Wasser abkochte.

Engelke warf einen Blick auf Grootvadder Evert, der ruhig in seinem Sessel am Hoffenster saß und die beiden Kontorgehilfen in ein Gespräch verwickelt hielt. Die Knechte sah Engelke nicht in der Diele, genauso wenig wie Teetje. Offenbar hatte der Altherr sie an irgendeine Arbeit geschickt. Auch Konrad Veckinghusen war nirgendwo zu entdecken. Er schrieb wohl noch an seinem Gedicht.

Ein lautes, angestrengtes Stöhnen, das aus der Stube zu Engelke herausdrang, erinnerte sie an das Versprechen, das sie ihrem Bäschen gegeben hatte. Schnell trat sie ein.

Gerda Hohn kniete am Fußende des Alkovenbettes zwischen Annekes Beinen. Ihr Gesicht leuchtete rosig unter der schneeweißen Leinenhaube. Sie wandte sich Engelke kurz zu. »Das wurde aber Zeit, daß Ihr kommt«, sagte sie und lächelte knapp, »wir haben's schon fast geschafft, Fru Veckinghusen und ich!«

Anneke krallte die Finger in die Bettlaken. »Oh ... Engelke ...«, stöhnte sie, »das dauert ... und dauert ...!«

Die Hebamme lachte leise. »Fünf Stunden fürs erste Kind – und da jammert das Weib noch! Beim Ersten braucht 'ne

Frau meist die doppelte Zeit. So …«, sie beugte sich tief vornüber, »nu legt Euch noch mal richtig ins Zeug, Fru Veckinghusen …«

Anneke verzog auch schon schmerzhaft das Gesicht. Aus ihren halb geöffneten Lippen drang ein langgezogenes Keuchen, das in ein rauhes Stöhnen überging. Der Laut ähnelte einem Kampfschrei.

Engelke trat an den Alkoven heran. Sie packte zu, stützte Anneke den Rücken. »He«, sagte sie bewundernd, »das machst du gut, Anna – als ob du schon Übung hättest!«

Anneke schnaufte, lehnte sich hart gegen Engelkes Arme.

»Da ist das Köpfchen«, sagte die Hebamme, »noch einmal. Fru Veckinghusen – nur noch einmal, ganz kräftig!«

Anneke bemühte sich tapfer. Ein letzter Kraftaufwand, ein weiterer, gepreßter Kampfschrei, und das Kind war geboren. Es tauchte mit einem leisen Wimmern aus Annekes Schoß ans Licht der Welt, aber sein kleiner Laut der Überraschung verwandelte sich alsbald in ein lautes Protestgeschrei.

»'ne lütte Deern«, sagte Gerda Holm, »rund und gesund. Für 'n Stammhalter müßt Ihr's noch mal versuchen.«

»'ne lütte Deern«, hauchte Anneke und lehnte sich mit einem müden, aber unendlich glücklichen Lächeln zurück. »Engelke, wir haben 'ne lütte Deern. Oh, Konrad wird in die Luft springen vor Freude!«

»Himmel, kann die brüllen«, sagte Engelke mit einem Blick auf das Baby. »Daß so was Winziges so laut brüllen kann!«

»Ja – nicht?« Anneke strahlte und seufzte gleichzeitig vor wohliger Erleichterung, während ihr Körper sich entspannte.

Gerda Holm machte sich daran, das Neugeborene abzunabeln. »Kräftiges Kind!« sagte sie zufrieden, »hat gute Lungen …!«

In diesem Augenblick wurde die Tür aufgerissen. Konrad Veckinghusen erschien auf der Schwelle. »Ich – ich muß einfach Anna sehen«, stammelte er, »ich hab' sie vorhin so stöhnen und schreien hören, und jetzt will ich endlich wissen, wie es ihr –«

Sein Blick fiel auf das Laken mit den Blutspuren, der Nässe, den dunkelroten Überresten der Geburt. Wie gebannt starrte er darauf; sein ohnehin schon blasses Gesicht wurde noch um einiges weißer. Die Worte versagten ihm.

Engelke ließ ihre Base los und ging auf den jungen Mann zu. »Konrad«, sagte sie fröhlich, »Ihr habt eine Tochter! Wollt Ihr nicht warten, bis das Kleine gebadet –«

Weiter kam sie nicht. Ohne Vorwarnung und völlig lautlos sackte Konrad Veckinghusen in sich zusammen.

»Ach du lieber Gott.« Gerda Holm, die Schere in der Hand, blies leicht verärgert die Backen auf »Zu dumm, daß er ausgerechnet jetzt hereinkommen mußte. All das Unzeug hier zu sehen –« Sie deutete auf die vor ihr liegende Nachgeburt, »das verkraften die wenigsten Männer. Jetzt haben wir den Ärger!«

Wiebke, die sich still im Hintergrund gehalten hatte, war schon an der Tür, ehe Anneke sich recht besinnen und das Mißgeschick ihres geliebten Konrads bemerken konnte. Ohne Worte winkte sie die beiden Kontorgehilfen herbei und bedeutete ihnen mit ein paar knappen Handbewegungen, den jungen Herrn Veckinghusen in die Diele zu schaffen.

Hein und Peder verstanden sofort. Sie bugsierten den Ohnmächtigen von der Tür weg, hievten ihn hoch, faßten ihn unter den Armen und beförderten ihn in die Diele. Engelke folgte. Anneke war bei Gerda Hohn und Wiebke in guten Händen. Nicht nur die junge Mutter brauchte Aufmerksamkeit. Auch um den frischgebackenen Vater mußte sich jemand kümmern – das war ganz offensichtlich.

Gerade als die Haustür aufging und Godert van Damme in Begleitung von Schiffer Olsen in die Diele trat, kam Konrad Veckinghusen wieder zu sich. Die beiden Kontorgehilfen, die ihn auf einen Stuhl gesetzt hatten, hielten ihn noch fest, aber er wehrte weitere Hilfe ab. »Was ist mit Anna?« wandte er sich zitternd an Engelke, »ich hab' all' das Blut gesehen – also erzählt mir kein Märchen, nur um mich zu schonen. Hat Anna es überlebt … oder ist sie …?«

Er sprach den Satz nicht zu Ende. Seine Augen waren in Erwartung einer Schreckensnachricht angstvoll aufgerissen.

Engelke lachte leise. Mit einem Schritt war sie bei Konrad und legte ihm schwesterlich den Arm um die Schulter. Dann drehte sie sich zu ihrem Onkel und dessen Gast um. »Ohm Godert«, sagte sie laut, »Ihr seid Großvater eines niedlichen, gesunden kleinen Mädchens. Anneke geht's gut – sie hat ihre Sache ganz großartig gemacht. Es war eine ausgesprochen leichte und kurze Geburt. Ich schätze, in einem Weilchen könnt Ihr die Kleine besichtigen. Sie wird gerade gebadet.«

Konrad Veckinghusen hatte sich aufgerichtet. Langsam kehrte wieder Farbe auf sein blasses Gesicht zurück. Grootvadder Evert ließ sich aus dem Hintergrund vernehmen: »Hab's mir gleich gedacht«, brummelte er, wie es alle von ihm gewohnt waren, »kein Grund zur Sorge – von Anfang an nicht. Deine Tochter ist aus gutem Holz geschnitzt, Godert. Eben 'ne echte van Damme. Veckinghusen der Jüngere hätte sich man bloß nicht so aufregen sollen. Das hätte wirklich nich' not getan!«

»Ich hab' 'ne Tochter«, flüsterte Konrad Veckinghusen, »'ne gesunde kleine Tochter ...«

»Jo, min Jung«, bestätigte Evert der Ältere grinsend, »du büst nu 'n Vadder. Aber dat is goor nix – ik bin Ur-groß-vater!«

Er betonte jede Silbe einzeln und dehnte das Wort übertrieben in die Länge. Engelke mußte lächeln über die Erleichterung, die in seiner Stimme gelegen hatte. Auch er hatte sich Sorgen gemacht. Aber nie im Leben hätte er das offen zugegeben.

Godert van Damme lachte auf. »Lieber Himmel«, sagte er überrascht und begeistert, »ich mache einen harmlosen Geschäftsbesuch, komme nichtsahnend wieder heim, und schon hat man mich hinter meinem Rücken zum Großvater gemacht!«

Es wurde ein langer, recht fröhlicher Abend. Gerda Holm war zwar, nachdem sie einen tüchtigen Humpen Rotwein angeboten bekommen und einen fürstlichen Lohn erhalten hatte, zu ihrer Familie in die Bäckerstraße abgezogen. Sie hatte die Einladung zum Abendessen im Haus van Damme dankend, aber unnachgiebig mit der Begründung abgelehnt, sie würde schließlich auch daheim gebraucht. Aber alle anderen, auch das Gesinde, fanden sich zu einer großen Freudentafel in der Diele zusammen – alle bis auf Konrad Veckinghusen, der in der Stube bei seiner Anna blieb, ihr nicht von der Seite wich und ihr mit Flüsterstimme, so daß niemand außer Anneke es hören konnte, sein ellenlanges, selbstverfaßtes Liebesgedicht vortrug.

Mette, Mine und die alte Wiebke hatten in der Küche alles verarbeitet, was an guten Sachen im Haus war. Seit langem hatten die Bewohner dieses Hauses nicht mehr in solcher Harmonie zusammen gegessen. Selbst die ewig streitlustigen Tanten Meta und Gesine strahlten heute abend eine Milde aus, die man bei ihnen sonst nicht kannte.

Es wurde fröhlich getafelt, bis die Kerzen in dem vielarmigen flandrischen Leuchter sämtlich niedergebrannt waren. Dann zog sich Schiffer Olsen für die Nacht in die kleine Kammer neben dem Kontor zurück, die er bis zu seiner baldigen Abreise in seine Heimatstadt Flensburg mit dem Hausherrn teilte. Die Kontorgehilfen breiteten im Kontor ihre Strohsäcke aus; Mine und Mette würde in der Diele schlafen und umschichtig wachen, um Mutter und Kind zu versorgen. Die Hausknechte trugen Grootvadder Evert die Treppe hinauf in die Kammer der Tanten, die bereits – ganz ohne Murren – in Annekes ehemalige Jungmädchenkammer umgezogen waren.

Engelke und die alte Wiebke waren die letzten, die sich am Ende dieses langen Tages zur Ruhe begaben. Wiebke tat es mit einem ihrer sonderbaren Aussprüche, deren Sinn nicht gleich zu erkennen war: »Der Ratschluß unseres Herrn ist unerforscht – dunkel sind seine Wege. Betet, Engelke, für jene, die ohne Schutz sind.«

»Wie meinst du das, Wiebke?« fragte Engelke nach.

»So, wie ich's gesagt hab, Fröl'n Engelke. Gut' Nacht.«

Damit war sie einfach in ihrem winzigen, fensterlosen Dienstbotenkämmerchen verschwunden, das sie schon immer bewohnt hatte. Sie ließ ihr Ziehkind einigermaßen verwirrt und ratlos auf der Galerie zurück.

Auch Engelke legte sich zur Nachtruhe nieder. Sie war für

diesmal todmüde, und der Schlaf kam fast augenblicklich, sobald ihre Lider sich geschlossen hatten. Aber die notwendige Erholung brachte er nicht. Mit dem Schlaf überfielen Engelke Alpträume; unter einem schwarzen Himmel, der von vielen rotflammenden Feuern flackernd erhellt war, lief sie einem gesichtslosen Ungeheuer davon, das manchmal vor, manchmal hinter ihr zu sein schien. Überhaupt war Engelke nicht klar, ob sie das unheimliche Wesen oder das Wesen sie verfolgte. Aus der glühenden Finsternis aber gellten Schreie und tönte Kinderweinen.

Engelke erwachte schweißgebadet. Sie brauchte die ersten beiden Stunden des gerade angebrochenen Tages, um den Schrecken loszuwerden, den die üblen Träume der vergangenen Nacht in ihr hervorgerufen hatten. Erst als sie, den Plan für die heutigen Aufgaben im Kopf, am frühen Vormittag das Haus verließ, fühlte sie sich wieder wohler.

Der Gang zum Haus Palholt auf dem Berg war eine herrliche Erfrischung. Kühler Wind, der von Südwesten wehte, blies Engelke die letzten unheimlichen Gefühle weg, während sie forschen Schrittes die Rolandsbrücke überquerte. Ein kurzer Blick zum Himmel zeigte ihr zartes Blau, gesprenkelt mit dünnen weißen Wölkchen; die Sonne ließ das Herbstgold der Bäume auf dem Neß leuchten, und die Farben, mit denen die Rolandsstatue bemalt war, strahlten in bunter Frische. Es versprach ein klarer, ganz wundervoller Herbsttag zu werden.

Engelke atmete tief durch, während sie am Roland vorüberging, dem Zeichen der freien Hansestadt. Der ernste, feierliche Blick des dargestellten Ritters hatte etwas Beruhigendes; seine Haltung – aufrecht, wehrhaft und unbeugsam – flößte Vertrauen ein. Wie jedesmal, wenn Engelke diese Statue sah, so fühlte sie sich auch heute angesprochen, den Werten, die der Roland verkörperte, nachzustreben, und sie mußte zum wiederholten Mal über dieses Gefühl lächeln. Was sind wir bloß für wunderliche Geschöpfe, dachte sie. Symbole zeigen doch immer Wirkung auf uns – wir mögen wollen oder nicht.

Nun ja. In diesem Fall war die Wirkung nützlich und brauchbar. Man mußte sich nicht dagegen wehren. Mut und ein fester Standpunkt waren genau das, was sie bei dem geplanten Gespräch mit Palholts Erben brauchen konnte – auch Haltung und Geschäftssinn und eine Portion Diplomatie. Sie hatte sich vorgenommen, endlich über den Kauf des Nachbargrundstückes auf dem Grimm zu verhandeln; in ihrem Kopf stand schon fest, wie das Geschäft ablaufen sollte. Nun mußte lediglich noch der Verkäufer überzeugt werden – erstens davon, überhaupt zu verkaufen, und zweitens von Engelkes Preisvorstellung.

8

Es hatte geklappt – das Gespräch mit dem jungen Palholt war gerade so verlaufen, wie Engelke es sich vorgestellt hatte. In weniger als einer Stunde war es ihr gelungen, den Besitzer des Nachbargrundstücks bei ihrem Brauhaus zum Verkauf zu überreden – und zwar zu einem noch günstigeren Preis als dem, den sie einkalkuliert hatte.

Genaugenommen war gar kein langes Verhandeln nötig gewesen; Georg Palholt hatte sich in Übereinstimmung mit seinem älteren Bruder Joachim beinahe sofort bereiterklärt, sein Eigentum an Engelke zu veräußern. Es nütze ihm ohnehin nichts, hatte er gemeint und war gleich auf ihren allerersten Preisvorschlag eingegangen.

Jetzt war Engelke bereits auf dem Weg zum Grimm. Sie hatte ja mit Tidemann Abreden zu treffen wegen der Bierlieferungen an das Haus zum Walfisch, zum Roten Einhorn und zum Bunten Hahn, wie mit dem Krüger bei den Kajen vereinbart. Und da lag es nahe, auch einmal einen gründlichen Blick in das Nachbarhaus zu werfen, das jetzt noch Palholt gehörte, aber wohl nächste Woche in ihren Besitz übergehen würde. Den Schlüssel hatte sie sich schon geben lassen. Es konnte nicht schaden, das Gebäude zu begutachten und in Gedanken eine Liste der eventuell vorhandenen Mängel aufzustellen, die möglicherweise nach dem Kauf zu beheben waren.

Engelke machte lange Schritte und lächelte aus der pelzgefütterten Kapuze ihres guten warmen Mantels in die Oktobersonne hinein. Sie klimperte mit dem Haustürschlüssel, den sie bald ihr eigen nennen konnte. Sollten sich tatsächlich Schäden am Gebäude finden, würde man vielleicht den Kaufpreis noch ein wenig drücken können. Die Palholt-Brüder waren weiß Gott reich genug; es würde ihnen nicht wehtun, eine weitere kleine Einbuße hinzunehmen.

Ja, Engelke würde genau prüfen. Das hübsche, aus Ziegel

und Fachwerk erbaute Haus stand zwar noch nicht allzu lange, aber irgendein Schaden fand sich ja immer – ein Leck im Dach vielleicht, eine feuchte Stelle in der Wand, ein undichtes Fenster …

In heiterer Laune wollte Engelke die Tür aufschließen. Die war merkwürdigerweise nur angelehnt.

Leichtsinn, dachte Engelke. Man merkt doch, daß sich niemand um dieses Anwesen kümmert. Sie sah sich in der kleinen leeren Diele um. Es roch nach feuchtem Staub. Die Herdstelle in der offenen Küche war nicht gesäubert; alte Asche hatte alles mit einem dünnen, hellgrauen Schleier überzogen.

Die beiden kleinen Fenster, die weiland Jochen Palholt kurz vor seinem gewaltsamen Tod noch mit Glasscheiben hatte versehen lassen, waren vollkommen blind. Zugestaubt, dachte Engelke. Herrgott – hier fehlen ein paar Eimer Wasser. Dann wäre es gleich viel heller in dieser Stube.

Sie ging zur Stiege, die zu den Schlafkammern und auf den Dachboden führte. Als sie den ersten Fuß auf die Stufen setzte, hörte sie plötzlich ein Geräusch. Es klang wie ein leises, aufgeregtes Scharren, das sich im Obergeschoß von der linken zur rechten Seite des Hauses hinüber bewegte. Als Engelke stillstand und lauschte, verstummte es.

Sie schüttelte den Kopf. Eine Katze vielleicht, dachte sie. Das Tier hat sich wahrscheinlich durch die angelehnte Haustür eingeschlichen. Hoffentlich finde ich nicht überall da oben seinen Unrat vor.

Beherzt stieg Engelke die schmale, steile Treppe hinauf. Wenn sich in den Schlafkammern tatsächlich eine streunende Katze eingenistet hatte, dann flog sie jetzt raus – es sei denn, sie war ein nettes, zahmes Tier …

In der ersten Kammer gleich links am Treppenabsatz war nichts. Das winzige Stübchen war völlig leer, wie sich nach dem Öffnen der Fensterläden zeigte. Auch die große Kammer gegenüber der Stiege enthüllte keine unerwünschten Besucher; in dem Balken aus Sonnenlicht, das durch die Butzenscheiben des halbrunden Giebelfensters auf die Bodenbretter fiel, flimmerten Staubkörnchen.

Engelke wandte sich der letzen Kammer zu, dem kleinen Raum rechts der Treppe. Er war fensterlos – offenbar für Knecht oder Magd gedacht. Deshalb sah Engelke erst einmal nichts außer Dunkelheit, als sie die schlichte Brettertür aufstieß.

Sie spähte hinein. Da drinnen schien sich ebenfalls kein Tier aufzuhalten. Gerade wollte Engelke die Tür wieder schließen, als sie zum zweiten Mal ein Geräusch hörte – ein hastiges, unterdrücktes Atmen, hauchleise aber deutlich.

Engelke riß die Tür weiter auf und bemühte sich, die Finsternis der Kammer mit Blicken zu durchdringen, während sie sich auf das Atemgeräusch konzentrierte. Und plötzlich machten ihre Augen, die sich auf den Mangel an Licht einstellten, eine kleine, in sich zusammengesunkene Gestalt aus, die in der Ecke kauerte.

Ein Bettelkind, das hier wohl vor der Kälte Unterschlupf gesucht hatte. »He«, sagte Engelke, »komm heraus – ich hab' dich gesehen!«

Die kleine Gestalt rührte sich nicht; sie schien noch mehr zu schrumpfen, in sich zusammenzukriechen. Und sie atmete heftiger.

»Du brauchst keine Angst zu haben«, sagte Engelke beruhigend und trat in die enge Dienstbotenkammer ein. »Ich tu' dir nichts.« Mit einigen Schritten war sie bei dem Kind, legte ihm sacht die Hand auf die Schulter.

Sie fühlte nackte, von kaltem Schweiß bedeckte Haut. Das dünne, armselige Wesen stieß ein Wimmern aus, wich voller Entsetzen vor Engelke zurück und preßte sich mit dem Rükken gegen die Wand.

Engelke erschrak. »Was hast du denn?« fragte sie verwirrt und bemühte sich um einen leichten Ton, »ich fresse dich schon nicht!«

Sie faßte noch einmal zu. Ihre Hände umschlossen die mageren Handgelenke des Kindes und suchten es aus seiner Ecke zu ziehen.

Das erbärmliche Würmchen stieß einen spitzen, zitternden Schrei aus, der Schmerzen verriet. Es duckte sich wie ein Kaninchen vor den Hunden, machte sich ganz klein, zog den

Kopf zwischen die Schultern. Engelke konnte es jetzt, nachdem ihre Augen sich der Dunkelheit angepaßt hatten, besser erkennen. Es hatte verklebtes, feuchtes, blondes Haar und war bis auf ein zerrissenes, fleckenübersätes weißes Hemd völlig nackt. Seine Handgelenke –

Engelke ließ hastig los, betrachtete erschrocken die Blutspuren an ihren Fingern. Kein Wunder, daß das kleine Ding aufgeschrien hatte – seine Handgelenke waren offene Wunden!

»Allmächtiger!« Das Kind war ja verletzt! Es hatte sich wie ein waidwundes Tier in dieser dunklen Kammer verkrochen. Engelkes Herz begann plötzlich voll Mitgefühl zu schlagen. Sie ging vor dem zitternden Bündel Angst in die Knie und berührte noch einmal – vorsichtig – seine Schultern. »Wer hat dir das angetan?« fragte sie leise und eindringlich, »du kannst es mir ruhig sagen – ich möchte dir helfen!«

Das Kind hob den Kopf. Engelke konnte zum erstenmal undeutlich sein Gesicht erkennen. Zwei riesige, in namenlosem Schrecken aufgerissene Augen starrten sie da an – Augen, in denen alles Grauen der Welt zu lesen war, und die ihre Umgebung nicht wahrzunehmen schienen. Ein kleiner Mund mit blutleeren Lippen öffnete sich zu einem Keuchen, einem weiteren gepreßten Schrei.

Engelke wollte das Kind in die Arme nehmen. Aber es stieß die Hände, die es fassen wollten, in wilder Abwehr zurück, schlug mit seinen schwachen Fäusten nach Engelke, suchte aus der Kammerecke hochzukommen und zu fliehen.

Es war ganz gefangen in seinem Entsetzen. Es mußte Fürchterliches erlebt haben. Ihm mußte geholfen werden – notfalls gegen seinen Willen und mit Gewalt. Engelke packte zu. Das elende kleine Ding wand sich in ihrem Griff, stieß keuchende Schreie der Angst aus. Es wehrte sich, kratzte, spuckte. Aber Engelke ließ nicht locker. Sie hielt fest, bis der Widerstand des Kindes erlahmte und es wie ein gefangener, wilder kleiner Vogel zitternd und mit hämmerndem Herzen in ihren Armen lag

Jetzt endlich war Engelke in der Lage, das Kind vom Fußboden hochzuziehen und aus der Kammer hinaus auf den Treppenabsatz zu schaffen. Dabei redete sie beruhigend auf es ein. »Sei ganz unbesorgt«, sagte sie und streichelte ihm über das verklebte Haar, »ich lasse nicht zu, daß dir noch einmal jemand wehtut – hörst du?«

Das Kind starrte Engelke mit immer noch vor Entsetzen geweiteten, hellgrauen Augen an. Auf seinem spitzen, kalkweißen Antlitz zeigte sich sonst keine Regung. Während Engelke es jetzt betrachtete, erschrak sie noch einmal. Sie hatte ein ausgehungert wirkendes Mädchen von neun oder zehn Jahren vor sich – zu zart und zu klein für sein Alter, wie so oft bei Kindern der Armen. Es war barfuß; seine Handgelenke zeigten tiefe Schnitt- und Schürfwunden. Und auf seinem fadenscheinigen, zerschlissenen Hemd, seinem einzigen Kleidungsstück, leuchteten von der Taille abwärts – Rot auf schmutzigem Weiß – feuchtfrische Blutflecke.

»Allmächtiger«, wiederholte Engelke. Für einen Augenblick war sie wie gelähmt. Dann kam sie zu sich. Entschlossen umfaßte sie das kleine Mädchen, hob es vom Boden hoch, nahm es wie einen Säugling auf die Arme. »Halt dich bei mir fest, Kind«, sagte sie sanft, während sie bereits die Treppe wieder hinunterstieg, »ich bringe dich von hier fort – zu guten Leuten, die dir zu essen geben und deine Wunden versorgen. Du mußt nicht mehr zittern. Was immer du Schreckliches durchgemacht hast – es ist vorbei. Ich beschütze dich.«

Und das Kind schien ihren Worten zu trauen. Wenigstens sträubte es sich nicht mehr gegen Engelke, sondern legte sogar, als sie mit ihm aus dem Haus auf die Straße trat und es unter ihren warmen, pelzgefütterten Mantel nahm, seine mageren Ärmchen um ihren Hals und ließ sich davontragen.

Engelke mußte nicht lange überlegen, wohin sie das Kind bringen sollte. Erik Holm würde als erfahrener Chirurgus am besten wissen, wie die Verletzungen dieses armen kleinen Wurms zu behandeln waren.

»Fräulein Engelke«, sagte der Bader überrascht. Er hatte auf ihr Klopfen höchstpersönlich die Tür seines Hauses geöffnet. »Nanu – wen bringt ihr mir denn da?«

»Ein kleines Mädchen«, sagte Engelke, schweratmend von dem schnellen Fußmarsch. Das Kind wog zwar nicht viel, aber sie hatte sich sehr beeilt.

»Ein kleine Mädssen …? Und was ssoll ssie bei mir in mein Badehaus?«

»Sie ist verletzt«, erklärte Engelke, »Sie blutet. Und ich dachte mir –«

»Kommt doch herein.« Der Bader hielt ihr bereitwillig die Tür auf, damit sie bequem eintreten konnte. »Woher ist die Kleine?«

»Ich habe sie gefunden«, sagte Engelke und schritt in den Vorraum. »Sie hatte sich im Palholt'schen Haus auf dem Grimm versteckt. Ich möchte, daß Ihr sie Euch einmal ansehr, Holm – der Wunden wegen. Vielleicht hat man sie töten wollen. Sie scheint mir sehr verstört.«

»Sso …«, sagte Holm. Er streckte die Hand aus und lüftete den Zipfel des Mantels, mit dem Engelke das Kind eingehüllt hatte. Das Kind, das bis jetzt schlaff und still in Engelkes Armen gelegen hatte, verkrampfte sich und preßte sich angstvoll an ihre Beschützerin, während es leise wimmerte.

Holm zog seine Hand zurück. »Es sseint ssich immer noch ssu fürchten«, meinte er besorgt, »habt Ihr ssehen können, an welsse Teile von ssein Körper es verwundet ist?«

Engelke schüttelte den Kopf. »Nicht genau«, gab sie sachlich zurück, »seine Handgelenke sind aufgeschürft, und auf dem Hemd, das es trägt, waren Blutflecke. Ich nehme deshalb an, daß Wunden an seinem Leib sind, aber –«

Holm machte ein bedenkliches Gesicht. »Tragt es am besten nach oben«, meinte er nach einem zweiten forschenden Blick auf das kalkweiße, vom Schrecken gezeichnete Antlitz des Kindes. »Meine Frau ssoll es ssich ssuerst anssehen«, fügte er mit einem Kopfschütteln hinzu.

Engelke wunderte sich über Holms Verhalten – wie schon so viele Male zuvor. Während sie, das Kind auf dem Arm, hinter ihm die Treppe zum oberen Geschoß hinaufstieg, wo neben einigen privaten kleinen Badestuben seine eigenen Wohnräume lagen, setzte sie zu einer Frage an: »Warum wollt Ihr nicht selber –«

»In diesem Fall ist meine Frau wahrsseinlich die Kundigere«, unterbrach Holm, »auch, weil das Kind ein kleine Mädssen ist.«

»Aber eben nur ein kleines«, widersprach Engelke, noch immer verständnislos. »Wieso –«

»Ich habe ein ganz bestimmte Verdacht«, sagte Holm und öffnete die Tür zu seiner Stube. »Gerda«, rief er hinein, »willst du kommen, bitte?«

Die Hebamme erschien mit hochroten Wangen; sie war offenbar gerade beim Kochen. »Ah – Fröl'n Engelke«, sagte sie und lächelte, »ich wollte eigentlich erst am Nachmittag nach der jungen Frau Veckinghusen sehen. Aber wenn Ihr Euch ein halbes Stündchen geduldet, komme ich gleich mit!«

»Deshalb bin ich nicht hier«, sagte Engelke. »Ich komme in einer ganz anderen Angelegenheit.«

»Ach?« Gerda Holm machte runde Augen. Sie bemerkte das Kind, das Engelke auf den Armen trug. »Und wen habt Ihr denn da bei Euch?«

Engelke setzte zu einer Erklärung an. Aber noch ehe sie sprechen konnte, war der Bader bei seiner Frau. Er flüsterte ihr ein paar Worte ins Ohr. »Ssieh dir die Kleine an, Gerda«, sagte er dann so laut, daß Engelke es verstehen konnte, »ihre Handgelenken verbinden kann ich danach.«

Die Hebamme nickte betroffen. Langsam näherte sie sich Engelke und schlug den Mantel zurück, der das kleine Mädchen bedeckte. »Wir wollen dir ein reines Hemd geben«, sagte sie mit mütterlich-zärtlicher Stimme zu dem zitternden Geschöpf, »komm – ich wasche dich. Dann wird es dir gleich besser gehen, mein Schätzchen. Wir sind in einem Badehaus mit viel warmen Wasser – ist das nicht schön?«

Erstaunlicherweise ließ sich das Kind ohne Angstgebaren von Gerda Holm anfassen. Es sperrte sich auch nicht dagegen, in eins der kleinen, aufwendig ausgestatteten Badekämmerchen geführt zu werden. Aber es ging langsam, als ob jeder Schritt es schmerzte. Bevor es mit der Hebamme hinter der Tür verschwand, warf es Engelke einen dankbaren und gleichzeitig bittenden Blick zu.

»Ich warte auf dich«, rief Engelke ihm leise nach.

Holm läutete nach der Bademagd. Die schaffte ein paar Eimer heißes Wasser in die Kammer. Engelke und der Bader blieben auf dem Flur. Als Engelke Holm noch einmal fragen wollte, aus welchem Grund er das Kind nicht selbst untersucht habe, wehrte der Bader ab. »Ihr werdet es ssogleich erfahren«, sagte er geduldig, »und ich bin ssicher, dann werdet Ihr mich verstehen, Fräulein Engelke.«

Gerda Holm nahm sich Zeit. Das Warten stellte Engelkes Geduld auf eine harte Probe. Endlich, nach fast einer ganzen Stunde kam die Hebamme wieder aus der kleinen Badestube, in der Hand das blutbefleckte Hemd des Kindes.

Sie schloß die Tür. Auf Engelkes fragenden Blick sagte sie: »Es sitzt noch im Zuber. Das warme Wasser tut ihm wohl. Ich möchte ihm die Ruhepause gönnen.«

»Was ist mit sseine Verletzungen?« nahm der Bader Engelkes Frage vorweg, »ssind ssie sslimm?«

Gerda Holm nickte wortlos.

»Stichwunden?« wollte Engelke wissen.

»Nein«, sagte die Hebamme ernst. »Die Wunden, die der Kleinen zugefügt wurden, sind vor allem seelischer Natur.«

Holm nickte wie in Bestätigung seiner Gedanken.

»Wie meint Ihr das?« fragte Engelke. »Sicher – sie hatte schreckliche Angst, als ich sie fand, aber –«

»Sie ist brutal vergewaltigt worden«, sagte Gerda Holm mit gesenkter Stimme.

»Was …?« stieß Engelke hervor. Ihr versagte fast die Stimme. »Sie … sie hat doch höchstens zehn Jahre erlebt … welcher Wahnsinnige könnte denn einem unmündigen Kind Gewalt antun?«

»Ich dachte es mir«, sagte der Bader, »gleich, als ich ssie ssah …«

»Man hat sie gefesselt«, führte Gerda Holm ihren erschreckenden Bericht fort, »die Schürfwunden an ihren Handgelenken stammen wahrscheinlich von Hanfschnüren. Nur rauher Hanf schneidet so tief in die Haut ein, wenn man ihn mit Gewalt abstreifen will.«

»Lieber Gott«, hauchte Engelke. Sie schwieg einen Augenblick, brauchte ein paar Atemzüge, um sich zu fassen. »Wer hat ihr das angetan?« wandte sie sich schließlich an die Hebamme, »hat die Kleine das gesagt?«

Gerda Holm verneinte. »Sie ist stumm geblieben«, sagte sie zu Engelke, »Schmerz und Schrecken haben ihr für jetzt die Sprache genommen. Ich hab' nicht einmal ihren Namen aus ihr herausbekommen, oder woher sie kommt und wer ihre Eltern sind.«

»Ihr meint, sie hat überhaupt nichts gesagt?«

»Kein Wort. Sie starrte mich nur mit diesen großen, angstvollen Augen an. Ich fürchte, es ist nicht nur die Vergewaltigung, die sie stumm gemacht hat.«

»Was führt Euch zu dieser Annahme?«

»Na«, sagte Gerda Holm, »vor Jahren hab' ich schon mal ein junges Mädchen untersuchen müssen, das mißbraucht worden war. Und die Kleine von damals – die –«

Erik Holm mischte sich ein. »Auch die war sehr verletzt und verssreckt«, sagte er mit klirrender Stimme, »aber sie konnte uns ssagen, wer ssie gessändet hatte. Man hat ihn gefunden, und er mußte sswer dafür bessahlen.«

»Bezahlen –«, frage Engelke, »womit?«

»Es hat ihn ein Vermögen gekostet«, kam die zornige Antwort von Gerda Holm, »ganze vier Mark mußte er den Eltern des jungen Dings hinlegen. Als ob das eine Buße wäre – für so ein himmelschreiendes Verbrechen!«

Der Bader senkte den Kopf. »Mir ist genausso klar wie dir, Gerda«, sagte er, »es ist nicht recht. Aber wie ssonst ssoll ein ssolche Sswein bestraft werden? Sag mir – wie?«

»Kerlen, die sich an Kindern vergreifen, gehört der Kopf abgeschlagen«, zischte die Hebamme, »oder – noch besser – man sollte sie in die Tollkiste sperren. Denn sie müssen wahnsinnig sein. Meint Ihr nicht auch, Fröl'n Engelke?«

»Ja … vielleicht«, sagte Engelke. Sie blickte Gerda Holm in die Augen und schaute dann den Bader an. »Was meint Ihr? Wird das Kind bald wieder sprechen?«

Holm zuckte die Achseln. »Ich würde ssagen, ja, sson. Aber es gibt auch Fälle, wo kleine Kinder, ssofern ssie ein furchtbare Erlebnis hatten, niemals wieder geredet haben.«

»Der Schrecken hindert sie daran«, fügte seine Frau hinzu, »mit der Zeit vergessen sie dann, wie man spricht.«

»Und wenn man sehr gut zu diesen Kindern ist«, fragte Engelke, »wenn man sich bemüht, sie vergessen zu machen, was geschehen ist?«

»Ssum mindesten kann es nicht ssaden«, sagte Holm nachdenklich, »vielleicht heilt auch ein verletzte Seele wieder, wenn sie ssorgfältig gepflegt wird. Ich habe mir ssolches sson oft überlegt, und ich meine, es ist ein Verssuch wert.«

»Dann nehme ich die Kleine mit zu mir«, sagte Engelke in einem plötzlichen Entschluß. »Ich kümmere mich persönlich um sie, lasse ihre Eltern suchen, sorge dafür, daß sie bald nach Hause zu ihrer Mutter kommt.«

Holm lächelte. »Etwas anderes hatte ich von Euch auch nicht erwartet, Fräulein Engelke«, sagte er.

Die Schürfwunden an den Handgelenken des Kindes mußte Gerda Holm verbinden. Das kleine Mädchen ließ den Bader nicht an sich heran, und der verstand. Während seine Frau sich um das Kind bemühte, es versorgte und ihm einen sauberen Kittel von ihrer ältesten Tochter anzog, hielt er sich im Hintergrund. Auch als Engelke mit dem Mädchen das Haus wieder verließ, kam er ihr nicht zu nah. »Das Gewand von mein Tochter lasse ich morgen abholen, Fräulein Engelke«, sagte er zum Abschied, »und alles andere ist natürlich ganss kostenlos. Ssolches –«, er deutete mit einer Kopfbewegung auf das Kind, »bin ich ihm als Christenmensch ssuldig.«

Mit dem kleinen Mädchen auf dem Arm machte Engelke sich auf den Heimweg. Sie würde es, sobald sie angekommen war, in Mettes Obhut übergeben und von ihr einkleiden lassen. Mette würde eins von Engelkes Kleidern passend umändern müssen. Und Teetje konnte man nach einem Paar Schuhe auf die Schusterbrücke schicken. Danach, wenn die arme Kleine fürs erste satt und warm und in Sicherheit war, mußte nach ihren Eltern gefahndet werden. Engelke stellte sich die Suche nicht so schwer vor. Vater und Mutter dieses mißhandelten Kindes mußten schwer in Sorge um das Verschwinden ihres Kindes sein. Möglicherweise hatten sie sich schon auf dem Rathaus gemeldet und dort um Hilfe gebeten. Es mußte einfach so sein.

Aber es war nicht so. Niemand hatte sich im Rathaus nach dem Kind erkundigt oder es gar von Amts wegen suchen lassen. Engelkes eigene Nachforschungen, ihre Befragung der Anwohner auf dem Grimm, ihre Gänge zu den verschiedenen Gemeindekirchen hatten keinerlei Ergebnisse gebracht. Auch das kleine Mädchen selbst konnte keine Hilfe bieten. Seit Engelke es gefunden hatte, war kein einziges Wort aus seinem Mund gekommen; es nannte weder seinen Namen, noch erwähnte es irgend etwas, das auf seine Herkunft hinwies.

Nach drei Tagen völlig erfolgloser Bemühungen schlug Kellinghusen, mit dem Engelke über das vergewaltigte Kind gesprochen hatte, etwas anderes vor. »Ich werde veranlassen, daß die Kleine öffentlich ausgerufen wird«, hatte er gesagt, »wenn sie Verwandte in der Stadt hat, wird sich darauf sicher jemand melden – es sei denn, die Leute sind froh, sie los zu sein.«

»Wer könnte wohl ein so süßes, so liebes kleines Mädchen loswerden wollen«, hatte Engelke ihm geantwortet, »das will mir nicht in den Kopf, Mandus.«

Der Gerichtsherr hatte darauf ein sonderbares Lächeln gezeigt. »Die Menschheit ist ein wunderlicher Haufen«, hatte er gemurmelt, »nicht alle Bestandteile dieser unverdaulichen Mischung sind brauchbar oder auch nur akzeptabel. Aber das müßtet Ihr doch wissen, Engelke. Manche sind sogar schädlich und gefährlich. Diese auszusortieren – das ist unsere Aufgabe.«

Engelke hatte darauf natürlich gefragt, ob bei der Suche nach dem Kindermörder schon Erfolge zu verzeichnen seien. Das hatte Kellinghusen verneint. »Wir stehen immer noch vor einem Rätsel«, war seine Antwort gewesen, »bei der Befragung der Gewürzhändler und Spezereikrämer ist absolut nichts herausgekommen. All diese Leute sind, wenn Ihr mich fragt, an den grauenhaften Morden unbeteiligt. Weihrauch haben sie, wie üblich, an die verschiedenen Kirchen und Klöster der Stadt geliefert und –«, er hatte sich ihr vertraulich entgegengebeugt, »im Vertrauen, Engelke, keiner der Gewürzhändler und Lagerarbeiter roch ausschließlich nach Weihrauch. Die Kleidung, die diese Leute trugen, strömte einen Geruch nach allem aus, was sie zu verkaufen hatten.«

Engelke hatte genickt. »Ich weiß, was Ihr meint«, hatte sie gesagt, »mit dem Weihrauchduft muß es also eine andere Bewandtnis haben.«

»Aber welche?«

Die Antwort auf diese Frage mußte offen bleiben. Mit einem bitteren Gefühl des Zorn und der Machtlosigkeit verließ Engelke das Rathaus. Sie wußte genau: Ein wichtiger Schlüssel zur Lösung des Rätsels war bereits gefunden. Fehlte noch das Schloß, zu dem er gehörte. Und Engelke hatte keine Ahnung, wo sie danach suchen sollte.

Schon am Nachmittag ging der Ausrufer mit der Schelle alle Straßen ab und meldete der Bevölkerung, ein neun- oder zehnjähriges Mädchen suche seine Angehörigen. Aber ein Echo erzeugte der öffentliche Aufruf nicht. Engelkes Nachfrage am folgenden Tag war eine enttäuschende Antwort beschieden. Auch jetzt habe sich niemand nach dem Kind erkundigt, erklärte Kellinghusen; es stamme demnach wohl nicht aus dieser Gegend, zumindest aber nicht aus der Stadt. Und da es selbst das Mysterium seiner Herkunft nicht lüften könne oder wolle, wie es auch den Hergang des an ihm begangenen Verbrechens nicht geschildert oder seinen Vergewaltiger beschrieben oder benannt habe, sei es ein Ding der Unmöglichkeit, den Täter jemals zu finden und zur Verantwortung zu ziehen.

Mit diesem niederschmetternden Ergebnis war Engelke in das Haus van Damme zurückgekehrt. Hier ging das Leben seinen gewohnten Gang; für heute war die Taufe des neugeboren Sprößlings von Anneke und Konrad Veckinghusen angesetzt. Die feierliche Handlung sollte im Mariendom stattfinden, da der junge Veckinghusen und seine Frau ja zu keiner der vier städtischen Gemeinden gehörten, sondern als

Bürger von Riga Ausländer waren. So würde einer der Domherren die kleine Maria Anna in die Heilige Kirche und die Gefolgschaft Christi aufnehmen. Alle im Haus – die Mitglieder der Familie wie auch das Gesinde – waren auf das bevorstehende große und wichtige Ereignis konzentriert, die Taufe des ersten Enkelkindes Goderts van Damme. Niemand außer Engelke und vielleicht der alten Wiebke hatte einen Gedanken für das stumme, geschändete kleine Mädchen übrig, das sich seit nunmehr vier Tagen scheu und verängstigt in eine Ecke der Küche drückte.

Das Kind schien sich vor allem und jedem zu fürchten. Jedenfalls hatte es noch immer nicht gesprochen – selbst da nicht, als Mette ihm das warme Wollkleid überreichte, das sie aus Engelkes Truhe genommen und passend umgeändert hatte. Nicht einmal beim Anziehen der nagelneuen Schuhe, von Engelke auf dem Markt eigens erstanden, hatte das kleine Mädchen Anzeichen von Freude oder überhaupt irgendeine Regung gezeigt.

Auch jetzt hockte es neben dem Herd in der Küche und starrte mit großen, leeren Blicken vor sich auf den Fußboden. Die Worte der alten Wiebke, die sanft auf es einredete, schien es gar nicht wahrzunehmen.

»Es wird sehr feierlich werden«, sagte die Kinderfrau gerade, »die vielen, vielen Kerzen im Dom ... all die festlich gekleideten Leute ... ein einziges Mal hab' ich 'ne Messe in so 'ner großen Kirche miterlebt, Kind ... das war etwas Wundervolles. Die Sonne schien durch die bunten Gläser des runden Fensters über dem Altar ... das Licht Gottes kam in unsere dunkle Welt und erleuchtete unsere Herzen ...«

»Sie wird das alles heute sehen«, mischte Engelke sich in Wiebkes Monolog ein. »Wir sind soweit – alles ist zum Kirchgang bereit. Und ich möchte unsere Kleine –«, sie deutete auf das Kind, das reglos dasaß, »gerne mitnehmen. Ein Aufenthalt im Haus Gottes wird ihr gut tun.«

Das meinte Wiebke auch. Sie nickte zustimmend. Gleichzeitig richtete sie den Blick ihrer hellsichtigen Augen beschwörend auf Engelke. »Dennoch liegt Gefahr in diesem Tun«, sagte sie langsam, während ihre Stimme den Klang verlor, »ich habe sie deutlich gespürt, als du hereinkamst, Kind …«

»Gefahr? Was sollte schon passieren können – im Dom?«

»Dieses Kind war gefährdet … und ist es immer noch«, murmelte Wiebke, »das Böse, das ihm begegnet ist, lauert noch und sucht es zu verschlingen …«

»Ach, Wiebke!« Engelke fegte mit einer Handbewegung die Bedenken der alten Frau beiseite. »Ich bin ja dabei. Der Kleinen kann niemand zu nahe kommen!«

Dennoch gingen ihr Wiebkes warnende Worte im Kopf herum – selbst später noch, als sie, das kleine Mädchen an der Hand, im Kreise der Angehörigen des van Damme'schen Haushalt den Dom betreten hatte.

Hier ließ sie ihren Schützling bei Mette, Karl, deren Kindern und dem restlichen Gesinde zurück. Sie würde als Patin die kleine Maria Anna über der Taufe halten, zusammen mit einem jungen Mann aus der Hamburger Kaufmannschaft, der Konrad Veckinghusen geschäftlich und privat eng verbunden war und ebenfalls Pate stand.

Die Kerzen waren angezündet; sie erhellten die tiefe Dämmerung der Basilika mit ihrem milden Licht. Die kleine Gemeinde wartete. Engelke stand, das Baby auf dem Arm, mit Anneke, Konrad Veckinghusen und dessen jungem Geschäftsfreund beim Taufstein.

Der Priester, ein Domherr, trat mit zwei Ministranten aus der Sakristei. Langsam schritt er auf die kleine Taufgesellschaft zu, gekleidet im festlichen Ornat und mit einem milden Lächeln auf dem scharfkantigen Gesicht.

Engelke sah ihn an und hatte plötzlich das Gefühl, sie habe diesen Mann schon einmal flüchtig gesehen. Zumindest die Augen – farblose, helle Augen – kamen ihr bekannt vor. Aber sie konnte sich nicht entsinnen, bei welcher Gelegenheit das wohl gewesen war. Ihr Onkel pflegte kaum Umgang mit den Domherren. Zu seiner Bekanntschaft zählten fast ausschließlich Kaufleute …

Die Taufzeremonie begann. Die kleine Maria Anna hielt mucksmäuschenstill und schaute den Priester aus großen, verwunderten Augen an, während ihre runde Stirn mit dem heiligen Öl gesalbt und das Taufwasser über ihr Köpfchen gegossen wurde. Die Eltern und Paten gaben ihre Versprechen, das Kind in der Kirche Christi zu erziehen; Maria Anna bekam ihren Namen.

Die Taufe war vollzogen. Anneke, die die geweihte Taufkerze gehalten hatte, standen Tränen des Glücks in den Augen. Engelke, die ihrer Aufgabe als Patin mehr als gerecht geworden war, küßte das Baby auf die Stirn, weil es nicht geschrien hatte. Dann warf sie, nach vollendeter Zeremonie, einen kurzen Blick auf die Taufgesellschaft, eine kleine, dichtgedrängt stehende Gruppe im Schiff der Basilika.

Das namenlose Mädchen stand an Mettes Seite, umringt von Mettes Kindern. Seine Augen waren weit aufgerissen; ob vor Staunen oder Bewunderung, das konnte Engelke nicht erkennen.

Sie lächelte dem Kind zu. Der Priester, der dem Kirchenschiff bis jetzt den Rücken zugekehrt hatte, drehte sich um und hob die Arme, um auch der Gemeinde den Segen zu spenden.

Auf dem spitzen, blassen Gesicht des kleinen Mädchen breitete sich ganz langsam ein Ausdruck aus, den Engelke wohl sah, aber nicht deuten konnte. Das Kind schien noch blasser zu werden, sein Mund öffnete sich wie zu einem stummen Schrei. Plötzlich riß es sich von Mette los, drehte sich um und rannte mit polternden, hallenden Schritten dem Ausgangsportal des Doms zu.

Alle Köpfe drehten sich zu dem mageren kleinen Ding um, das da in panischer Hast aus der Basilika floh. Nur Teetje schaute mit fragendem Blick zu Engelke herüber.

Engelke gab ihm mit den Augen einen Wink, dem Kind zu folgen. Teetje lief los. Engelke wandte sich dem Priester zu.

In dessen Miene war überhaupt keine Regung zu erkennen. Sein Gesicht mit den kantigen Linien wirkte wie aus Holz geschnitzt.

Sonderbar. Irgendein Ausdruck hätte sich darauf zeigen müssen, dachte Engelke. Verwunderung darüber, daß das Kind hinausgelaufen war – oder wenigstens Überraschung. Statt dessen blieb dieses Antlitz völlig unbewegt.

9

Das große Festessen aus Anlaß der Taufe war vorüber; alle Gäste – ausnahmslos Mitglieder der Hamburger Kaufmannschaft und deren Damen und Töchter – hatten das Haus van Damme bereits verlassen und waren, begleitet von ihren Laternenträgern, auf dem Heimweg.

Es war ein schönes, harmonisches Fest gewesen. Selbst das namenlose Mädchen, das Teetje nach der Taufe auf seiner eiligen Flucht aus dem Dom gestellt und wieder in die Reichenstraße gebracht hatte, war zur Ruhe gekommen und hatte in der Küche bei den Dienstboten mitgegessen. Allerdings war Engelkes Trost nötig gewesen, bevor das vor Furcht zitternde kleine Ding seine Aufregung vergaß und sich wieder sicher fühlte.

Jetzt, nachdem Anneke sich mit ihrem Mann in die Stube zurückgezogen hatte und auch Grootvadder Evert und der Rest der Familie bereits der Nachtruhe pflegten, waren nur noch Engelke und Mine die Jungmagd auf den Beinen.

Mine war dazu eingeteilt, in der Küche zu schlafen, damit jemand zur Verfügung stand, falls die junge Frau Veckinghusen während der Nacht Hilfe mit ihrem Neugeborenen brauchte.

Engelkes Findling, der ebenfalls, seit er im Hause war, neben dem Herd seinen Schlafplatz hatte, lag jetzt mit müden, aber weit geöffneten Augen auf dem Strohsack, eingehüllt in eine Wolldecke, und sah Engelke mit diesem Blick an, der so unergründlich und deshalb so beunruhigend war.

Engelke strich dem armen Ding über das Haar. »Willst du mir nicht endlich sagen, wie du heißt und woher du kommst?« startete sie einen weiteren von vielen bisher ergebnislosen Versuchen, das Kind zum Sprechen zu bewegen.

Das Mädchen schwieg. Seine Augen redeten, aber Engelke verstand ihre Sprache nicht. Sie erkannte lediglich tiefe Verzweiflung darin, und neues Grauen.

Engelke schüttelte den Kopf. »Sei lieb zu ihr«, wandte sie sich an Mine, die sich für die Nacht auf der anderen Seite der Feuerstelle einrichtete, »kümmere dich um sie, damit sie sich nicht so allein fühlt.«

»Die bruukt Tiet, die Lütte«, gab Mine sanft zurück, »wenn dat wohr is, wat die Holm'sche ruutfunnen hett, denn is dat nich von hüüt op morgen wedder goot to moken – denn duurt dat Johren und Johren.«

»Kannst recht haben, Mine.« Damit zog auch Engelke sich für die Nacht zurück. Während sie sich in ihrer kleinen Kammer auskleidete, mußte sie an den merkwürdigen Zwischenfall bei der Taufe im Dom denken.

Weshalb war das kleine Mädchen von dort geflüchtet? Es hatte deutlich alle Zeichen eines großen Schreckens gezeigt. Was hatte es so in Angst versetzt?

Eine Zeitlang lag Engelke wach in der Dunkelheit und grübelte. Während der letzten Tage und Wochen hatten sich so viele Rätsel gestellt; das vergewaltigte Kind, das nicht sprach, war nur eins von ihnen. Die ungelüfteten Geheimnisse standen alle nach wie vor im Raum.

Wirre Träume störten Engelkes Schlaf, als er endlich kam. Und es war fast eine Erleichterung, als sie plötzlich durch ungewohnte Geräusche aus diesen Träumen herausgerissen wurde.

Ganz deutlich hörte sie wütende, unterdrückte Stimmen, die aus der Diele heraufdrangen. Schritte trampelten, jemand fluchte. Dazwischen war leises, angstvolles Weinen zu hören.

Engelke sprang aus dem Bett, warf sich ein Schultertuch über, hastete im Hemd auf die Galerie. Unten in der Diele brannte eine Kerze; Karl und Teetje standen bei der offenen Haustür. Es mußte noch mitten in der Nacht sein, denn draußen war es stockdunkel.

Verwirrt und etwas ärgerlich lief Engelke hinunter. »Was geht denn hier vor?« fragte sie den Hausknecht unwirsch, »wieso glotzt ihr zur Tür hinaus – und warum steht sie überhaupt offen?«

»Fröl'n Engelke«, begann Karl unsicher, »da war'n Einbrecher … Mine hat mich gerufen, und da bün ik mit Teetje –«

»Der Schweinehund is uns entwischt«, fiel der Junge wütend in die Worte seines Vaters, »glatt wie'n Aal! Ik hatt 'em ald bi'n Mantel, und da haut der doch noch ab!«

»Ein Einbrecher?« Engelkes Blick fiel auf Mine, die neben der Küchentür stand und schützend die Arme um das kleine Mädchen gelegt hatte. Das arme Ding schluchzte und zitterte und schmiegte sich angstvoll an die Jungmagd. »Wie konnte der hereinkommen?«

Mine hatte schreckgeweitete Augen. »Ich weiß nicht«, antwortete sie mit belegter Stimme, »vielleicht hat er die Hoftür aufgebrochen. Und ... Fröl'n Engelke, dat war kein Dieb – so einer, der Silber raubt. Der wollte die Deern – da bin ich sicher. Hatte die Lütte schon gepackt und wollte sie rauszerren. Und als sie schrie, bin ik waak woorn ...«

Sie hatte diese Worte hastig herausgesprudelt und erschrak jetzt bei der Erinnerung an den Überfall noch einmal nachträglich.

»Du meinst, der Mann ist in die Küche gekommen?« Engelke verstand den Hergang nicht recht. Sie starrte Mine und das Kind zutiefst erschrocken an. »Er war hinter der Kleinen her? Aber ich dachte, du hättest ein Geräusch gehört und Karl zu Hilfe gerufen ...«

Der Hausknecht mischte sich ein. »Als Mine zu unserer Bude kam«, erklärte er, noch immer zornig, »da war der Kerl ja schon aus der Haustür raus!«

»Wir sind ihm nachgerannt«, ergänzte Teetje zähneknirschend, »aber er is uns trotzdem durch die Lappen gegangen! So'n Schiet!«

»Soll das heißen, Mine hat ihn ganz allein in die Flucht geschlagen?« Engelkes Aufregung wuchs von Atemzug zu Atemzug. Sie trat näher an die Jungmagd heran. »Deern – du blutest ja!«

Mine hatte tatsächlich eine Platzwunde an der Stirn. Sie wischte sich fahrig mit der Hand einen dünnen Blutfaden ab. »Dat is nicht so wild«, sagte sie, »er wollte mich ja niederschlagen, aber sein Schlag hat nich recht gesessen. Meiner hat ihn sicher weher getan ...«

»Du hast –«

»Wat schullt ik moken, Fröl'n Engelke? De Unmensch wull jo dat Kind –«

»Mine!« Impulsiv umarmte Engelke die Jungmagd. »Du hast die Kleine verteidigt und den Eindringling gezwungen wegzulaufen?«

Mine nickte. »Und denn bin ik in'n Hof. Aber Karl und Teetje, die konnten ihn nich mehr fangen.«

»Hast du gesehen, wie er aussah?« forschte Engelke, »würdest du ihn wiedererkennen?«

»Nee.« Die Jungmagd blickte bedauernd zu Engelke auf. »Dat woor jo sackduster in'n Huus. Die Kerze, die heff ik man erst nachher anmookt ...«

Engelke spürte, wie ein kalter Zorn in ihr aufstieg. Das Gefühl kam unvermittelt, und es erfüllte sie so plötzlich, daß sie unwillkürlich die Fäuste ballte. Wieder war etwas geschehen, was völlig außerhalb der Ordnung lag, und es gab anscheinend keine Möglichkeit, die Dinge wieder ins rechte Lot zu bringen.

Es war dem Unhold gelungen, ungesehen ins Haus einzudringen und, als ihm sein Vorhaben, das geschändete kleine Mädchen zu entführen, nicht gelungen war, genauso unerkannt wieder zu verschwinden. Er hatte auch keinerlei Spuren hinterlassen, die ihn verraten hätten.

Engelke krallte die Finger in Mines Schulter, ließ aber sofort wieder locker. Die Jungmagd trug weiß Gott keine Schuld daran, daß der nächtliche Eindringling entkommen war. Sie hatte das einzige getan, was in ihrer Lage sinnvoll gewesen war: Mit dem Mut und der Tapferkeit einer Glucke hatte sie das Kind verteidigt, das Engelke ihr anvertraut hatte.

»Dank dir, Deern«, sagte Engelke, »du hast brav gehandelt. Es is man bloß 'ne verdammte Schande, daß wir nun überhaupt nichts mehr tun können!«

»Jo«, knurrte Karl, »'ne verdammte Schande is dat. Do hefft ji verdammt recht, Fröl'n Engelke.«

»Jo und jo, Himmelgottsverdori«, gab auch Teetje seine Meinung dazu, »ik wüll, ik hätt den s-tinkigen Hund an'n Kanthaken kregen, den s-tinkigen Krempstevel ...«

Der Junge sprach Engelke zwar aus dem Herzen. Dennoch fühlte sie sich bemüßigt, ihn zurechtzuweisen. »Teetje – keine Seemannsflüche in diesem Haus!«

»T'schuldigung, Fröl'n Engelke«, murmelte Teetje und fuhr sich verlegen mit den Fingern durch die Haare, »aber 't is trotzdem 'n Riesen-Schiet. Ik swör – ik hätt den olmigen Stinksack kolt mookt, wenn ik den kregen hätt!«

»Teetje!« Engelke widmete dem Jungen einen halbherzig-strafenden Blick. »Wieso stinkig und olmig?« fragte sie in einem plötzlichen Impuls.

»Gesehen hab' ich ihn nich«, sagte Teetje, »aber riechen konnt' ich ihn. De stunk wie de Düvel!«

»Ik ook«, fiel Mine ein, »der roch komisch ...«

»Nach was?« fragte Engelke, während ihr Herz plötzlich heftig zu schlagen begann.

»Nach irgend 'nem Gewürz«, meinte Teetje.

»Nee – nach Weihrauch«, sagte Mine und atmete heftig aus. »So 'n unheiliger Schweinekerl – und er roch nach Weihrauch.«

An Schlaf war für Engelke in dieser Nacht nicht mehr zu denken. Die Mitglieder des Haushalts, die nach der Vertreibung des Einbrechers in der Diele zusammengelaufen waren – Karl und Teetje, Anneke und ihr Mann, die Kontorgehilfen und Ohm Godert – zogen sich zwar bald wieder zurück, nachdem Karl beide Haustüren verbarrikadiert und sich erboten hatte, Wache zu halten. Aber Engelke lag für den Rest der Nacht wach.

Die Kleine war in diesem Haus nicht sicher. Jemand trachtete ihr nach dem Leben. Und es mußte derselbe sein, der die Säuglinge und die beiden blinden Bettlerinnen umgebracht hatte. Diese Erkenntnis hatte Engelke wie ein Schlag getroffen, sobald Mine und Teetje den ungewöhnlichen Geruch des nächtlichen Eindringlings erwähnt hatten.

Etwas mußte unternommen werden, um das vergewaltigte kleine Mädchen zu schützen – aber was? Man konnte doch nicht jede Nacht eine Wache in der Diele aufstellen. Zudem bestand die Möglichkeit, daß der Unhold dem Kind am hellen Tag irgendwo auflauerte oder es in eine Falle lockte. Niemand wußte ja, wie er aussah, und er konnte deshalb auch nicht im voraus erkannt und vielleicht bei einem neuen Versuch ertappt werden, dem Findelkind ein Leid anzutun.

Als der Morgen dämmerte, war Engelke eine Lösung eingefallen. Die Klosterfrauen aus den Konvent der Blagen Süstern unterhielten ein Waisenhaus; sie ließen ihren Schutzbefohlenen eine gute Ausbildung angedeihen, und ihr Haus war längst nicht jedermann zugänglich. Es lag, wie jedes Kloster, hinter dicken Mauern. Wer hineinwollte, mußte sich, ehe er eingelassen wurde, erst einer strengen Musterung unterziehen.

Ja, in diesem stillen, von der Welt abgeschlossenen Haus der Blauen Schwestern konnte das Kind zur Ruhe kommen, seine schrecklichen Erlebnisse vergessen, vielleicht mit der Zeit seine Sprache wiederfinden. Die schlaflose Nacht war doch keine vergeudete Zeit gewesen.

Erleichtert, ja regelrecht heiter nahm Engelke mit ihrer Base Anna, Konrad Veckinghusen und ihrem Ohm Godert das Frühstück ein. Sie sprach nicht mit ihnen über ihr Vorhaben; davon konnte sie ihnen später immer noch berichten. Aber Godert van Damme äußerte sich zu dem Vorfall der vergangenen Nacht.

»Ich werde Mandus Kellinghusen ernsthaft an seine Pflichten erinnern müssen«, sagte er, deutlich übernächtigt und mißgelaunt, »sobald die Umtriebe eines Verbrechers mein Haus und meine Familie in Angst versetzen, frage ich mich doch, was der von uns gewählte Gerichtsherr eigentlich den ganzen Tag treibt!«

»Oh, er tut sein Bestes«, entfuhr es Engelke.

»Piraten abzuurteilen, die von unserer Flotte aufgebracht und gefangengenommen wurden – dazu gehört keine besondere Fähigkeit«, raunzte Godert van Damme, »Kellinghusen soll endlich für Sicherheit in der Stadt sorgen. Dazu ist er schließlich in dieses wichtige Amt berufen worden!«

»Ihr habt recht, Ohm Godert.« Engelke entschied sich dafür, ihren Onkel zu besänftigen. »Aber da ich Mandus Kellinghusen gut kenne, ist er ganz sicher hart bei der Arbeit.«

»Hart bei der Arbeit – wenn ich das schon höre!« Godert

war zu ärgerlich über den entgangenen Schlaf, als daß er so schnell zur Milde hätte zurückfinden können. »Ich meine – wir brauchen Ergebnisse. Die Morde an den Säuglingen sind ja auch noch nicht geklärt, und der Wahnsinnige läuft frei herum!«

»Als wenn es so einfach wäre …«, murmelte Engelke in sich hinein. Laut sagte sie: »Ich traue Kellinghusen viel zu, Ohm Godert. Wenn einer es schafft, einen Mörder zu fangen, der bis jetzt außer seinen Opfern keinerlei Spuren hinterlassen hat – dann er!«

Gewisse Fähigkeiten räumte der Hausherr dem getadelten Gerichtsherrn nun doch ein. »Na ja«, sagte er brummig, »ich sehe ein, daß er es im Moment schwer hat. Aber langsam muß was geschehen. Jeder, der ein kleines Kind in der Familie hat, lebt ja bereits in Angst.«

»Wir werden jedenfalls unsere Süße nicht aus den Augen lassen«, sagte der frischgebackene Vater Konrad Veckinghusen.

Nach dem Frühstück setzte Engelke ihr Vorhaben für diesen Tag in die Tat um. Warm verpackt in ihren pelzgefütterten Mantel – denn heute blies ein scharfer Südwest – wanderte sie, das stumme kleine Mädchen fest an der Hand, zum Konvent der Blagen Süstern.

Das Kloster lag außerhalb der alten Stadtbefestigung. Um dorthin zu gelangen, nahm Engelke nicht den Weg über Fischmarkt, Schopenstehl und Kattrepel, sondern umrundete die Höfe der Domherren und bog bei Sankt Petri auf die Steinstraße ein, eine lange, gepflasterte Straße, die zum östlichen Stadttor führte und an dem der Konvent lag. Diese Strecke war angenehmer zu gehen. Denn der Kattrepel, eine Seilergasse, beherbergte auch einige Hurenhäuser, die keine anständige Frau gern passierte. Von einer früheren Gelegenheit her erinnerte sich Engelke noch genau daran, wie unangenehm ihr die dreisten Blicke der dort hausenden Dirnen gewesen waren.

Engelke war in Gedanken ununterbrochen damit beschäftigt, Licht in die Geschehnisse der letzten Tage zu bringen, während sie mit schnellen Schritten dem Kloster zustrebte. Das Kind ging stumm an ihrer Seite, suchte Schritt zu halten und verriet mit keiner Miene, was in ihm vorging.

Herrgott, dachte Engelke, wenn es doch nur ein einziges Mal den Mund aufmachen wollte! Es könnte uns mit wenigen Worten den Verbrecher beschreiben, hinter dem wir her sind. Und wenn wir wüßten, wie er aussieht, dann wäre es nur noch halb so schwer, seiner habhaft zu werden. Aber die Kleine schweigt und schweigt …

Mine hatte sicher recht mit ihrer Meinung, es könne Jahre dauern, bis das Kind seine furchtbaren Erlebnisse verdaut habe – Jahre, während derer es vielleicht seine Sprache nicht wiederfinden würde. Das Kind – der einzige überlebende Zeuge – war kein Zeuge. Es hatte gesehen, gehört, erlebt. Aber es würde so bald nichts davon wiedergeben können. Nein – das Kind war keine Hilfe. Man würde ohne seine Aussage zurechtkommen müssen.

Sie waren da. Engelke trat unter das Portal des einfachen, klotzig gemauerten Gebäudes und bediente den schweren Klopfring an der Pforte. Ein winziges Fensterchen in der dikken, eisenbeschlagenen Tür klappte nach innen auf. Ein junges Gesicht, eingerahmt von dem weißen Gebände und dem groben Schleier der Blagen Süstern, lugte heraus, lächelte, fragte nach dem Begehr.

»Ich möchte die Ehrwürdige Mutter sprechen«, sagte Engelke und lächelte zurück. »Dieses kleine Mädchen«, sie deutete auf ihren Schützling, »ist der Grund meines Besuchs. Mutter Oberin möchte entscheiden, es hier aufzunehmen.«

Die junge Nonne lächelte wieder, nickte. Ein großer Schlüssel knirschte. Mit leise knarrend öffnete sich die Klosterpforte.

Engelke trat mit dem Kind in einen kahlen, weiß gekalkten Vorraum ein, dessen einzige Ausstattung aus einem schlichten, offenbar schon sehr alten Kruzifix bestand. Der Gekreuzigte blickte mit halbgeschlossenen Augen und strenger, hoheitsvoller Miene auf die Ankömmlinge herab. Engelke hatte den Eindruck, als mißbillige er, daß sie da war.

Sie wandte den Blick ab. Die junge Nonne in der einfachen blauen Kutte sagte: »Ich melde es Mutter Oberin. Ich bin sicher, sie wird gleich herkommen. Wartet hier.« Dann huschte sie mit wehenden Röcken davon.

Engelke und das Kind brauchten nicht lange in dem nackten Vorraum unter dem würdevoll-königlichen Leidensblick des Kruzifixus auszuharren. Im Handumdrehen erschien die Schwester Pförtnerin wieder, und ihr folgte auf dem Fuße die Ehrwürdige Mutter.

Sie mußte um die Sechzig sein – eine rundliche, stille Freundlichkeit ausstrahlende Matrone, die man, wäre sie nicht Äbtissin dieses Klosters gewesen, eher für die Wirtschafterin eines reichen Hauses gehalten hätte.

»Ihr wolltet mich sprechen«, begann die Oberin; dann, mit einem fragenden Blick auf das Kind, fuhr sie fort: »Das ist wohl das kleine Mädchen. Ihr habt vor, es in unser Kloster zu geben – zur Erziehung?«

»Auch«, sagte Engelke, »aber seht Ihr, ehrwürdige Mutter – es geht um mehr. Dieses Kind ist mißbraucht, geschändet und verletzt worden – besonders seine Seele hat Schaden erlitten ...«

Das fleischige Gesicht der alten Nonne verzog sich, zeigte einen Ausdruck echten Mitleids. »Du armes kleines Menschlein«, sagte sie und beugte sich zu dem Kind nieder, »sagst du mir, wie du heißt?«

»Sie spricht nicht«, antwortete Engelke für das Mädchen, »sie hat kein Wort gesagt, seit ich sie in einem leerstehenden Haus auf dem Grimm aufgelesen habe.«

»Ach.« Die Oberin legte Daumen und Zeigefinger ihrer rechten Hand an die Nasenwurzel und zog die Stirn in schmerzliche Falten. »Und könnt Ihr mir ihren Namen nennen?«

»Leider nicht«, antwortete Engelke, »was noch dazu kommt: Niemand kennt die Kleine. Wahrscheinlich stammt sie nicht einmal aus der Stadt.«

»Ach«, wiederholte die alte Nonne. »Nun«, fuhr sie energisch fort, »dann werden wir ihr einen neuen Namen geben. Später, wenn sie ihre Sprache wiedererlangt hat und sich äußern kann –«

Es klopfte an der Pforte. Die Schwester Pförtnerin schaute durch das kleine Klappfenster hinaus und öffnete dann, ohne nachzufragen. Sie verneigte sich tief; in den Vorraum trat ein Priester.

»Es ist unser Beichtvater«, sagte die Oberin entschuldigend, »wir müssen dieses Gespräch für den Augenblick beenden. Aber später wird sich Gelegenheit finden ...«

Der Besucher war ein Domherr – der gleiche, der Annekes Töchterchen getauft hatte. Engelke erkannte ihn auf den ersten Blick, auch wenn heute sein Kopf von der schwarzen Kapuze seines Mantels verhüllt war.

Das Kind an Engelkes Seite erstarrte. Einen Augenblick stand es reglos, dann riß es seine Hand aus Engelkes Fingern. Mit allen Anzeichen der Todesangst drückte es sich an dem Priester vorbei, stürzte zu der noch offenen Pforte und rannte kopflos ins Freie.

Einen Atemzug lang war Engelke wie gelähmt. Sie heftete den Blick auf den Priester, der den von der Kapuze beschatteten Kopf tief gesenkt hielt; dann tat sie ein paar hastige Schritte zur Tür. »Ehrwürdige Mutter«, stieß sie hervor, »verzeiht – aber ich muß der Kleinen nach. Sie ist noch völlig verstört. Wenn ich sie nicht unter Aufsicht behalte, weiß ich nicht, was sie tut. Ich komme später wieder!«

Damit eilte sie hinaus. Was die Oberin ihr nachrief, konnte sie nicht mehr verstehen. Nur den Gesichtsausdruck des Domherrn nahm sie im Vorübergehen in sich auf. Die Augen des hageren Mannes waren unergründlich, seine Miene leidenschaftslos. Aber Engelke spürte, daß er ihr nachsah. Seine ungerührten Blicke verfolgten sie.

Engelke rannte. Das Kind hatte den Weg zurück zur Stadt eingeschlagen. Es war erst eine kurze Strecke weit gekommen, als Engelke es einholte.

»Du«, rief sie, »bleib sofort stehen!« Der Klang ihrer eigenen Stimme erschreckte sie. Es lag soviel Erregung darin, daß sie sich schrill anhörte.

Das Kind gehorchte, wandte sich zu Engelke um. In seinen Augen schimmerte die blanke Furcht.

»Beruhige dich«, forderte Engelke ihren Schützling auf.

Aber der Befehl galt eher ihr selbst, das spürte sie, als die Worte heraus waren. Sie räusperte sich, um die Kehle wieder frei zu bekommen, und nahm die Hand des Kindes. Die schmalen Fingerchen fühlten sich eiskalt an.

Das Kind suchte ihr die Hand zu entziehen.

»Du«, sagte Engelke, »wer immer du bist – du brauchst keine Angst zu haben. Vor mir schon gar nicht.« Sie beugte sich nieder und nahm das Kind in die Arme, wie sie es bei ihrer ersten Begegnung getan hatte.

»Ich möchte dir helfen. Willst du mir das nicht endlich glauben?«

Das Kind nickte an ihrer Schulter. Engelke spürte die zaghafte Bewegung, so schwach sie gewesen war. Das Mädchen hatte sich geäußert – es war nicht mehr völlig stumm geblieben!

»Komm«, sagte Engelke und faßte die Kleine erneut an der Hand, »ich bringe dich an einen Ort, wo kein böser Mensch dich finden wird.«

Das Nicken wiederholte sich – diesmal stärker. Und das Kind ging willig neben Engelke zurück zum Fischmarkt. Sie durchquerten miteinander das Menschengewühl auf der Schusterbrücke, wo jetzt Hochbetrieb herrschte, wanderten Brands Twiete hinunter und hatten nach einem schnellen Fußmarsch in kurzer Zeit den Grimm erreicht. Tidemann, der gute Braumeister Tidemann mußte helfen. Seine Frau, eine liebe, energische und gewissenhafte Person, mußte das Findelkind für eine Weile in ihre Familie aufnehmen – so lange, bis Engelke das Rätsel gelöst hatte, das ihren Schützling umgab.

Eine halbe Stunde später war Engelke bereits wieder auf dem Weg zurück. Tidemanns Frau hatte ohne jede Widerrede das stumme Mädchen ins Haus genommen, ganz so wie Engelke es erwartet hatte. Die Gute hatte nicht einmal Fragen gestellt, sondern einfach das Notwendige getan.

Fragen aller Art stürmten dagegen auf Engelke ein, die weit ausschritt, um so schnell wie möglich zum Dom zu gelangen. Sie hatte ihre erste Fassungslosigkeit überwunden und ordnete jetzt im Gehen, was sich an neuen Hinweisen aus dem Vorfall im Konvent der Blagen Süstern ergeben hatte.

Das Kind kannte ganz offensichtlich den Beichtvater der Nonnen und hatte entsetzliche Angst vor ihm. Aus diesem Grund mußte es auch bei der Taufe der kleinen Maria Anna Veckinghusen aus dem Dom weggelaufen sein. Denn derselbe Beichtvater und Domherr hatte die Taufzeremonie abgehalten.

Diese Erkenntnisse waren allerdings aufwühlend. Was ihnen aber erst wirklichen Schrecken verlieh, war die Tatsache, daß es sowohl an den Tatorten der Säuglingsmorde und des Mordes an den blinden Bettlerinnen als auch bei dem Überfall auf das Kind im Haus van Damme nach Weihrauch gerochen hatte. Dieser Duft herrschte weniger in den Lagern und Läden von Spezereihändlern vor, soviel hatte Engelke auf ihrer Suche in den vergangenen Tagen eindeutig herausgefunden. Aber in Kirchen war die Luft damit geschwängert – und die Gewänder von Priestern mußten regelrecht davon gesättigt sein.

Die Ungeheuerlichkeit der Folgerung, die sich dadurch ergeben hatte, brachte Engelke zum Frösteln, obwohl ihr durch ihr schnelles Marschtempo eigentlich hätte warm werden müssen. Sie wußte genau – Mandus Kellinghusen durfte sie mit dem Verdacht, den sie am heutigen Vormittag geschöpft hatte, nicht kommen. Der Mann, der möglicherweise ein vielfacher Mörder und Kinderschänder war, konnte für den Gerichtsherrn ohne handfeste Beweise nicht als Täter in Betracht kommen. Denn er war erstens ein Mann der Kirche, zweitens Domherr und drittens – wie alle Domherren – aus den besten Kreisen Hamburgs. Er war dreifach unantastbar …

Nein, Kellinghusen von dem zu informieren, was sie erlebt hatte, das würde keinen Fortschritt bringen – wenigstens jetzt noch nicht. Sie mußte sich dem Wespennest allein nähern und hineinstechen. Wieweit ihr Verdacht sich dann bestätigte, würde sich ja zeigen. Jedenfalls brauchte sie Beweise dafür, daß sie auf der richtigen Spur war. Und diese Beweise würde sie ohne Hilfe suchen müssen.

Sie war am Dom angekommen. Da der Mann, an dessen Fersen sie sich zu heften gedachte, im Augenblick wohl noch im Kloster der Blauen Schwestern die Beichte abnahm, konnte es ihren Zwecken nur dienlich sein, einfach in das Gotteshaus einzutreten und irgendeinen dort amtierenden Priester nach dem Namen dessen zu fragen, der Konrad Veckinghusens Töchterchen getauft hatte. Niemand konnte das verdächtig finden.

Die Basilika war leer. Niemand hielt sich in der Dämmerung des mächtigen Kirchenschiffs auf. Enttäuscht wollte Engelke den Dom wieder verlassen, als sie doch jemanden bemerkte. In einer Seitenkapelle kniete eine schwarzgekleidete Gestalt – ein Domherr, in sein Brevier vertieft.

Engelke trat mit vorsichtigen Schritten an ihn heran. Der Domherr stand auf, drehte sich um, sah sie und lächelte ihr milde entgegen.

»Gott zum Gruß, Vater«, sagte Engelke forsch und überspielte mit dieser Keckheit ihre plötzlich aufkommende Nervosität.

»Gott zum Gruß, meine Tochter.« Der Domherr hob überrascht und etwas mißbilligend die Augenbrauen. Er musterte Engelke von oben bis unten. »Ihr seid doch Godert van Dammes Nichte, oder irre ich mich da?«

»Nein – durchaus nicht.« Engelke wählte einen bescheideneren Ton, obwohl es sie drängte, noch deutlicher die Starke herauszukehren. Denn das Herz schlug ihr plötzlich bis zum Hals.

»Was wünscht Ihr?« Die Stimme des Domherrn klang kühl, sein altes, von weißen Haaren umrahmtes Gesicht hatte einen abweisenden Ausdruck angenommen.

Engelke schluckte. Wenn sie jetzt ihre Frage stellte, gab es kein Zurück – das wußte sie. Dann war der erste Schritt auf dem Weg, den sie sich ausgedacht hatte, getan – und es konnte gefährlich werden. Sie würde sich ganz allein mit einem skrupellosen Verbrecher auseinandersetzen, der selbst vor den schändlichsten Bluttaten nicht zurückschreckte.

»Vater –«, sagte sie und spannte die Schultern, »ich hätte gern gewußt, wie der Priester hieß, der gestern meine neugeborene Nichte getauft hat. Ich fand seine Art, die Zeremonie abzuhalten, so … wie soll ich sagen … so –«

»Ach!« Der alte Domherr lächelte wieder. »Deswegen seid Ihr gekommen? Eigens, um Pater Anselmus Dank zu sagen – ihm vielleicht auch eine kleine Spende zu überreichen? Das ist schön, meine Tochter. Leider ist er im Augenblick nicht da. Ihr müßt es später noch einmal versuchen.«

»Oh, das werde ich.« Engelke beherrschte mit aller Gewalt das Zittern in ihrer Stimme. Sie hatte den Schritt getan. Nun mußte sie weitergehen. »Anselmus heißt er? Sagt, Vater – was ist er für ein Mensch? Seine Sanftheit dem Säugling gegenüber ließ darauf schließen, daß er –«

»Meine Tochter«, fiel ihr der alte Domherr ins Wort, »Pater Anselmus zählt zu den frömmsten, würdigsten Priestern in unserem Kapitel.« Sein Lächeln vertiefte sich, sein Blick ruhte fast großväterlich auf Engelke. »Er lebt wahrhaft nach der Lehre Christi. All sein Hab und Gut hat er den Armen gestiftet. Eure kleine Nichte kann stolz darauf sein, daß sie gerade von ihm getauft worden ist.«

»Hmm.« Engelke konnte darauf beim besten Willen nicht antworten, auch wenn dieser liebenswürdige alte Mann anscheinend auf Pater Anselmus große Stücke hielt. »Er wohnt wohl in den Höfen der Domherren?« fragte sie statt dessen.

»Aber ja«, erwiderte ihr Gegenüber, »natürlich. Wo sollte er wohl sonst wohnen. Seine Klause liegt im ältesten Teil – schon daran könnt Ihr erkennen, wie er sich kasteit. Denn in diesem Gebäude gibt es keinerlei Bequemlichkeiten. Ich persönlich –«, er zwinkerte schelmisch, »ich ziehe die neuen Häuser vor. Man lebt darin weit angenehmer, was die Heizmöglichkeiten und die Gemütlichkeit der Räume betrifft. Das Domkapitel hatte sich eigentlich vor langer Zeit entschlossen, das alte Haus zu verlassen und es ausschließlich zur Unterbringung der Knechte und Mägde zu bestimmen. Doch Pater Anselmus besteht als einziger darauf, weiterhin darin zu wohnen. Ihr seht –«

»Ach, wirklich?« unterbrach Engelke. »Außer Pater Anselmus leben nur Domestiken in dem alten Gebäude?«

»Ja, ja«, gab der alte Domherr eifrig zurück, »dennoch –«,

er lächelte verschmitzt, »eines Tages wird auch ihn das Alter zwingen, seine ärmliche Unterkunft aufzugeben und in ein warmes, behagliches Zimmer in den neueren Häusern umzuziehen, wo besser für ihn gesorgt ist.«

»Meint Ihr?«

»Wir vom Domkapitel werden jedenfalls alles daransetzen, ihn zum Umziehen zu bewegen«, sagte der alte Mann. »Und nun, meine Tochter, haben wir genug geplaudert. Pater Anselmus ist, wie bereits bemerkt, nicht da. Ihr müßt ihm Euren Dank später abstatten.«

Engelke nickte. Auch ihr lag nichts daran, noch mehr Zeit im Gespräch mit dem Domherrn zu verbringen. Jede Fortführung der Unterhaltung würde Zeitverschwendung sein.

Artig sagte sie dem alten Mann Lebewohl. Der wußte ihre wohlerzogene Höflichkeit zu schätzen und gab ihr mit einem locker aus dem Handgelenk hingeworfenen Kreuzzeichen seinen Segen auf den Weg.

Draußen auf dem gepflasterten Platz vor dem Dom blieb Engelke einen Augenblick stehen, obwohl der Wind aufgefrischt und leichter Regen eingesetzt hatte.

Sie atmete tief durch. Die Unterhaltung mit dem Domherrn hatte mehr erbracht, als sie sich erhofft hatte. Sie wußte jetzt, wie die nächsten Schritte auf dem gefährlichen Weg, den sie eingeschlagen hatte, aussehen mußten. Sie würde diesen Pater Anselmus beobachten – und das wurde ihr durch die Tatsache, daß er allein im ältesten Gebäude des Domkapitels wohnte, sehr erleichtert. Die Frage, wie sie unauffällig an ihn herankommen sollte, stellte sich überhaupt nicht mehr.

Langsam schlenderte sie an den Höfen der Domherren vorüber. Die Häuser, zu unterschiedlichen Zeiten errichtet, umgaben im Halbkreis den Dom. Die meisten von ihnen waren aus Ziegelstein gebaut. Nur das älteste, ein mehrstöckiges Gebäude, bestand aus Lehmfachwerk.

Hier also wohnte der Mann, auf den sich seit heute morgen ihr Verdacht konzentrierte. In der Tat – wenn er derjenige war, der Säuglinge ermordete und kleine Mädchen mißbrauchte, dann konnte er von hier aus recht ungestört sein

Unwesen treiben. Kein anderer Domherr außer ihm hatte seine Wohnung in dem alten Haus; er konnte kommen und gehen, wann er wollte – unbemerkt von seinen Amtsbrüdern. Sehr praktisch.

Engelke zog die Schultern hoch und schob sich die dicke Kapuze ihres Mantels tiefer in die Stirn. Der Regen ließ nach, aber die winzigen Tröpfchen, die jetzt vom grauen Himmel rieselten, drangen um so schneller in das Wolltuch des Winterumhangs ein und machten ihn schwer und klamm.

Sie ging weiter. Ein abenteuerlicher Plan nahm in ihr Gestalt an. Von heute abend an würde sie persönlich dieses alte Haus im Auge behalten. Sie würde herausfinden, was Pater Anselmus nach Einbruch der Dunkelheit trieb – ob er wie andere anständige Leute brav zu Hause blieb, oder –

Aus der Gasse, die zum Fischmarkt führte, bog ein Priester in die Höfe der Domherren ein. Ein einziger Blick sagte Engelke, daß es der Verdächtige war. Hastig raffte sie ihre Röcke und schlüpfte in den Gang zwischen zwei Gebäuden des Halbrunds. Sie wollte nicht gesehen werden. Ab sofort durfte sie Pater Anselmus nur noch so selten wie möglich unter die Augen kommen. Auf keinen Fall sollte er mißtrauisch werden oder gar bemerken, daß sie ihn beobachtete.

10

Der schmale Gang, der zu beiden Seiten mit kleinen, bescheidenen Buden bebaut war, mündete in den Schopenstehl. Engelke überlegte kurz. Dann wandte sie sich nach links, marschierte entschlossen diese schmale, leicht gekrümmte Straße entlang, ging durch das Kleine Tor, einen Überrest der alten Stadtmauer, die längst innerhalb der jetzigen Stadtgrenze lag, und dann zur Ecke der nächsten Querstraße links.

Es war der berüchtigte Kattrepel, der hier auf den Schopenstehl traf. Auf dem Kattrepel gab es viele Seilerwerkstätten – Reeperbahnen, auf denen das vielfältig im Hafen benötigte Tauwerk hergestellt wurde. Aber was die Straße für Engelke immer wieder so unangenehm machte, waren die hier vom Rat geduldeten, ja, sogar unterstützten Hurenhäuser.

Dennoch tat es not, daß sie heute die Straße betrat. Denn an der Ecke zum Schopenstehl lag im Keller eines uralten, recht baufälligen Hauses ein Altkleiderladen.

Vor Jahren war Engelke schon einmal hier gewesen. So mußte sie nicht suchen, um den Eingang zu finden, dessen morsche Brettertür noch unansehnlicher geworden war. Engelke schob die Kapuze in den Nacken und stieg die bröckeligen Stufen hinunter in das Warenlager.

Wie bei ihrem ersten Besuch umfing sie ein erdrückender, muffiger Geruch, der den Altkleidern entströmte. Das ganze Kellergewölbe war davon durchdrungen; Jacken, Hemden, ehemals teure, jetzt aber zerschlissene Kleider lagen allüberall, zu Stapeln aufgeschichtet, und dünsteten alten Schweiß und Feuchtigkeit aus.

Der Lagerraum schien Engelke noch unordentlicher, als sie ihn in Erinnerung hatte – auch unsauberer, so kam es ihr vor. Als sie »Bedienung« rief, dauerte es eine kleine Weile, bevor sich etwas im Gewölbe rührte.

Das gleiche alte Hutzelmännchen, das Engelke schon damals zu Diensten gewesen war, kam mühsam mit krummen Knien herangewackelt, legte den Kopf schief, stemmte die gichtknotigen Hände auf den Bocktisch, der als Verkaufstresen diente, und sah Engelke prüfend mit wäßrigen Augen an. »Wat kann ik för Ju doon? Bruukt Ji wedder 'n Jack oder 'n Kapuz för Juun Knecht?«

Engelke war verwundert. Der Alte erinnerte sich tatsächlich an sie! Dabei war er in den Jahren, während derer sie ihn nicht gesehen hatte, deutlich noch mehr zusammengeschrumpft, und auch seine Kräfte hatten offensichtlich sehr nachgelassen. Seine Hände zitterten …

»Ganz recht«, antwortete Engelke und legte Freundlichkeit in ihre Stimme. »Habt Ihr eine solide Gugel, möglichst gewachste Wolle – ungefähr in meiner Größe?«

Das vertrocknete Männlein grinste zahnlos und zwinkerte. »Diesmal kann ich Euch genau dat bieten«, sagte es kichernd, »'ne Gugel in Dunkelbraun, kaum benutzt – wie neu. Letztes Mal, do kunnt ik Ju dar jo nich mit deen'n. Aber nu –«

»Zeigt sie mir mal«, unterbrach ihn Engelke, erneut staunend über das gute Gedächtnis des Kleiderhändlers. »Und ich hätte eine warme Hose nötig, dazu –«

»Weet ik all'ns«, setzte der Alte mit einem verrunzelten Lächeln ihren Satz fort, »Ji bruukt wat för bös' Wedder – för'n strammen Keerl.« Er kicherte noch einmal. »Stevel ook?«

»Stiefel auch.« Engelke begann die erstaunliche Merkfähigkeit, vor allem aber der anzügliche Ton des Lumpenkrämers auf die Nerven zu gehen. Sie reckte sich und musterte ihn mit dem herablassenden Blick der Patrizierin.

Den Alten schien das nicht sonderlich zu beeindrucken. Er schlurfte mit krummen Rücken in eine Ecke seines Warenlagers, kramte in den dort liegenden Klamottenstapeln herum und kehrte nach kurzer Zeit mit einem Arm voller Kleidungsstücke an seinen Verkaufstisch zurück. »So«, sagte er und nickte wie zur Bestätigung seiner eigenen Worte, »dat wöör dat.«

Engelke betrachtete skeptisch, was er vor ihr auslegte. Die Gugel war tatsächlich fast neu. Sie roch sogar einigermaßen frisch und hatte nur ein paar kleine Teerflecken. Die Hose – blaugrau gestreift und aus dicker Wolle – war genau das Richtige für feuchtkaltes Wetter. Das Hemd, das der Alte für sie ausgesucht hatte, war zwar an den Ärmeln etwas ausgefranst, aber seinen Halsausschnitt schmückte eine schmale, in Rot gestickte Borte. Und die Stiefel – langschäftig, kaum ausgetreten, braunledern – waren ebenfalls sehr gut zu brauchen.

»Ich nehme die Sachen«, sagte Engelke.

Der Alte nickte, kicherte, nannte einen gerechtfertigten Preis: »Vier Witten.«

Das wunderte Engelke. Sie erinnerte sich an das Feilschen, das bei ihrem ersten Handel notwendig gewesen war. »Vier Witten?«

»Dat is nich to veel«, gab der Alte zurück. »Drunter kann ich Euch diese Ware nich lassen. Soll ja 'ne gute Qualität haben, was man auf'm Leib trägt – oder? Ich wette, Ihr legt da Wert drauf. Und denn kost' das eben auch sein' Preis.«

Engelke schluckte. Was redete der Kerl denn da? »Ihr tut gerade so, als ob ich die Sachen selber tragen wollte«, erwiderte sie mit klirrender Stimme, »aber mein Knecht –«

»Vor Jahren«, unterbrach sie der Altkleiderhändler, »da hat'n junger Schauermann mal'n Schiff gerettet. Der hatte genau Eure Statur. Ich hab' die Klamotten noch, die de damals drogen hett. Un Ji hefft die von mi kööft.«

»Was?« Engelke erschrak.

»Wißt Ihr nich mehr?« Das vertrocknete Männlein legte den Kopf schief und spähte Engelke ins Gesicht. »Der Schauermann, den nachher in der ganzen Stadt keiner mehr finden konnte? Später hat'n Lagerarbeiter vom van Damme'schen Speicher mir die Sachen zurückverkauft. Ich hab' sie irgendwo da hinten. Nur dat Hemd, dat is verkauft.

»Aber –«

»Und dat kam so«, fuhr der Alte fort, ohne den wäßrigen Blick von ihr zu lassen. »'ne Weile später hatt' ich zwei Kunden im Laden, Seeleute von dem besagten Schiff. So'n Riese mit langen Haaren, und denn noch 'n etwas kleinerer Kerl, der den Mund nich' aufkriegte. Die ha'm die Sachen liegen sehen. Wollten wissen, woher ich sie hätte. Ich hab's ihnen erzählt. Der Große, der hat genickt und ganz blanke Augen gekriegt. Denn hat er das Hemd gekauft. Zum Andenken, hat er gesagt.«

Engelke kämpfte mit Gewalt gegen die Fassungslosigkeit an, die sich ihrer bemächtigte. So wie der Alte sie aufmerksam ansah, hatte er sich einiges zusammengereimt und lag natürlich richtig mit seinen Annahmen. Das brachte Engelke aus dem Gleichgewicht. Denn auch aus den Tiefen ihres eigenen Gedächtnisses tauchten jetzt Erinnerungen auf, die sie begraben hatte. Diese vergangenen Geschehnisse liefen von neuem vor ihrem inneren Auge ab. Sie schienen frisch wie eben erst passiert; alte, aber unvergessene Gefühle schmerzten.

Ein paar Augenblicke lang stand sie wie eine Statue. Dann faßte sie sich. »Na und?« fuhr sie das verhutzelte Männlein an, »es kann doch sein, daß mein Knecht –«

»Jo, jo – de Knecht«, schnitt ihr der Alte mit einer wegwerfenden Handbewegung die Rede ab. »Weet't Ji, wat ik mi denk?« Er spähte in ihr Gesicht. »Hä?«

»Es ist mir ganz gleich, was Ihr denkt«, wehrte Engelke ab. »Vier Witten sind'n guter Preis für die Kleidung …« Sie fummelte an ihrer Gürteltasche, fischte das Geld heraus, suchte die kleinen Silberstücke zusammen, reichte sie dem Alten. »Da.«

Der nahm die Münzen in Empfang und nickte dazu. »Recht. Und Ihr braucht Euch keine Sorgen zu machen, daß ich Euch verrate. Euer Geheimnis is bei mir in guten Händen.«

Engelke verlor die Beherrschung. »Was denn für ein Geheimnis?« sagte sie, viel lauter als nötig. »Ihr faselt, guter Mann. Ich verbitte mir das!«

»Was habt Ihr Euch denn so?« erwiderte der Alte unbeeindruckt. »Was Ihr damals getan habt – das war doch großartig! Ich sag immer –«

»Wen interessiert es schon, was Ihr sagt?« Engelke war in

ihrer Aufregung laut und zornig geworden. »Packt mir die Kleider zusammen, damit ich endlich gehen kann!«

»Ich sag immer«, fuhr der Alte ungerührt fort, »Frauen sind in brenzligen Lagen die besseren Männer. Wißt Ihr, ich bewundere Euch, seit damals die beiden Seeleute da waren und ich Bescheid weiß.«

Engelke, der weitere barsche Worte auf der Zunge lagen, versagte die Stimme. Sie schwieg und erwiderte den Blick des Alten. Mit einem Mal ebbte ihre Erregung ab, und sie konnte wieder atmen. In diesen blaßblauen Augen lag keine Falschheit. Was der Kleiderhändler gesagt hatte, meinte er offenbar ernst. »Ihr glaubt also, daß ich selbst ...«, begann Engelke zögernd.

Der Alte schüttelte den Kopf. »Glööven do ik dat nich«, gab er trocken zurück, »ik weet, dat dat so wesen is. Do gifft dat keen Verdoon. De olle Piet, de is noch lange nich tüddelig!«

»Wer weiß es noch?« fragte Engelke, wieder leicht angespannt. Herrgott – wenn sich das herumsprach!

»Keiner«, antwortete der Kleiderhändler, »das bin ich 'ner Dame schuldig, daß ich so was nich durch Land und Sand trag. Auf den ollen Piet is Verlaß, wenn's drauf ankommt. Ehrensache.«

Engelke glaubte ihm. Die Jungfernfahrt der Halfmoond lag Jahre zurück; welche Rolle ihr bei der damaligen Angelegenheit zugekommen war, hätte sich längst herumsprechen müssen, wäre der alte Piet nicht verschwiegen gewesen. »Danke«, sagte sie schlicht und gab damit alles zu.

Der Alte kramte eine Kordel unter dem Tisch hervor und verschnürte mit steifen, gichtknotigen Fingern die gekauften Kleidungsstücke zu einem festen Bündel. Als er fertig war, reichte er es Engelke und heftete noch einmal seinen wissenden Blick auf sie. »Ik wünsch Ju Glück«, sagte er, »un dat dat klappt, wat Ji vörhebbt.«

Engelke kam ein Gedanke. Wenn sie den Lumpenkrämer ins Vertrauen zog ... Sein Lagergewölbe befand sich in bequemer Nähe zu den Höfen der Domherren, und – »Piet«, begann sie, »was würdet Ihr sagen, wenn ich Euch bitten würde –«

Sie brach den Satz ab, ertappte sich dabei, wie sie die Finger nervös um das Kleiderbündel krampfte.

Der gebeugte Rücken des alten Piet streckte sich um ein weniges. Der Altkleiderhändler kniff die Augen zusammen und schenkte ihr ein schmales Lächeln. »Ji künnt all'ns von mi hebben – wenn dat keen Geld kost'.«

Diese entwaffnend offene Antwort nahm Engelke die letzten Bedenken. »Würdet Ihr mir erlauben, heute abend in Eurem Laden die Kleider zu wechseln?« fragte sie, »und kann ich weiter auf Eure Verschwiegenheit rechnen?«

Der alte Piet nickte, ohne sich lange zu bedenken. »Wenn Ji mi vertellt, um wat dat gohn schall«, antwortete er und nickte ein zweites Mal zur Bekräftigung. »Ik kann dat Muul hollen – aber nieschierig bün ik alltiet.«

»Es ist nicht das Schlechteste, allzeit neugierig zu sein«, sagte Engelke, »ich verspreche – Ihr sollt der Erste sein, dem ich ausführlich erzähle, um was es geht. Heute abend – sobald ich mein Vorhaben erledigt habe.«

Damit war der alte Piet zufrieden. »Der Laden wird dicht sein, wenn Ihr kommt«, wies er Engelke noch an, »tweemol lang, tweemol kurz kloppen – denn mook ik op.«

Engelke ließ das Kleiderbündel gleich im Lager des Lumpenkrämers zurück. Ihre Intuition sagte ihr, daß sie soeben einen Verbündeten gewonnen hatte, dem sie unbedingt trauen durfte. Der alte Piet, hinfällig und müde wie er wirken mochte, steckte trotz seiner hohen Jahre noch immer voller Energie und verfügte über einen wachen Geist, gepaart mit der Weisheit und Erfahrung des Alters. Beflügelt durch die Gewißheit, daß sie nun ihr gefährliches Unterfangen nicht völlig ohne Hilfe angehen mußte, ging Engelke durch den inzwischen wieder stärker auffrischenden Wind zurück in die Reichenstraße und machte sich an die anfallenden Arbeiten.

Bis die Sonne tief im Westen stand, hatte Engelke alle Hände voll zu tun. Durch die vielfältigen Aufregungen der letzten Tage, nicht zuletzt aber auch durch die Anwesenheit der beiden jungen Eheleute Veckinghusen, die Geburt und die Taufe ihres Töchterchens im Haus van Damme, war Engelke mit laufenden Arbeiten im Kontor sehr in Verzug geraten.

Die Kontoristen Peder Elmsbüttel und Hein tom Hove hatten zwar so gut sie konnten ihre Aufgaben versehen, aber das kontrollierende Auge Engelkes war immer noch vonnöten – so stellte es sich heraus, als sie, nach nun mehreren Tagen, wieder einmal Listen und Bücher durchsah.

Danach hatte sie ihre eigenen Unterlagen geordnet. Und kurz, bevor es dämmrig wurde, hatte sie Teetje vom Hof zu sich in die Diele gewinkt.

Der Junge, der draußen die Pferde abgerieben hatte, kam mit hochroten Wangen herein. »Puh«, sagte er, »dat pfeift da draußen – 'n Sturm auf See is nix dagegen!«

Engelke ging nicht auf seine Bemerkung ein. »Teetje«, sagte sie mit zum Flüstern gesenkter Stimme, »ich muß noch mal aus dem Haus. Es kann spät werden. Diese Nacht schläfst du in der Diele. Laß mich ein, wenn ich klopfe. Dreimal kurz, zweimal lang, hörst du? Und daß du mir niemand weckst oder so viel Krach machst, daß sie aufwachen!«

Im Verlauf dieser kurzen Rede waren Teetjes Augen immer größer geworden. »So spät kann dat weern?« fragte er, ebenfalls flüsternd. »Wöör dat do nich beter, wenn ik mitkommen dät?«

»Auf keinen Fall.« Engelke war nicht gewillt, sich erweichen zu lassen, so neugierig der Junge auch sein mochte. Er ahnte offenbar, daß sie Spannendes vorhatte.

»Awer 'ne Fru – alleen und unbeschützt im Dunkeln«, wandte Teetje ein, »wer weiß, wat do allens passeeren künnt ...«

»Du müßtest doch am besten wissen, daß ich auf mich aufpassen kann.« Engelke machte eine abschließende Handbewegung. »Außerdem – es wird sicher nicht gefährlich. Ich muß mich lediglich darauf verlassen können, daß du mir aufmachst. Einen Schlüssel kann ich nicht mitnehmen.«

»Wieso?« Teetje maulte. Er war enttäuscht, daß er außen vor gelassen werden sollte.

»Das geht dich nichts an. Wehe, du läßt mich auf der Straße stehen, wenn ich zurückkomme!«

»Nee, nee, Fröl'n Engelke.« Der Junge schickte sich in sein Los. »Ik mook dat schon.«

Dennoch, das bemerkte Engelke, blickte er ihr mürrisch, ja, sogar ein bißchen beleidigt nach, als sie wenig später das Haus verließ.

Beim alten Piet lag ihre Verkleidung schon ausgebreitet zum Anziehen auf dem wackligen Verkaufstisch. Piet, der Engelke auf ihr Klopfsignal fast augenblicklich in sein Gewölbe eingelassen hatte, mußte tatsächlich auf sie gewartet haben. »Ji künnt dat Tüüg hinner de Stellaasch övertrecken«, sagte er und deutete auf ein Lattenregal, in dem Leibwäsche aufgestapelt lag. »Ik goh in mine Kammer, denn hebbt Ji Roh.«

Er verschwand auch schon. Im Schein einer Kerze wechselte Engelke die Kleidung. Ihr dicker, langer Nackenzopf verschwand im Schweif der Gugel; noch ein bißchen Staub im Gesicht verrieben, dann war aus einer Frau aus reichem Haus ein Mann des einfachen Volkes geworden – ein junger Handwerker oder Brauerknecht, ganz nach Belieben.

Wie schon einmal empfand Engelke ihre für eine Frau unziemliche Körpergröße heute als hilfreich. Es hatte schon sein Gutes, fünf Fuß, sieben Zoll zu messen, wenn man einen Mann darstellen wollte. Und Engelke fühlte sich in den praktischen, strumpfengen Hosen, den soliden Stiefeln und der Gugel, die Kopf und Schultern bedeckte, sogar recht wohl. Die dicke Jacke, die sie damals als Geert der Schauermann getragen und die ihr der alte Piet dazugelegt hatte, saß ebenfalls wie für sie gemacht und hielt schön warm.

»Ich gehe jetzt«, sagte sie laut in das Gewölbe hinein, »bis später, Piet.«

»Veel Glück bi wat Ji vörhebbt«, antwortete der Alte aus dem Hinterzimmer. »Ik bin dor, wenn Ji trüch koomt!«

Die Sonne war gesunken. Der scharfe Wind hatte den Himmel von Wolken freigefegt, und es fiel kein Regen mehr. Während die Domherren die letzte Abendandacht abhielten, wartete Engelke in den tiefen Schatten des Ganges zwischen zwei Gebäuden des Domhofes gegenüber dem ältesten

Haus; das schwarz-weiße Fachwerk dieses Hauses schimmerte hell im Licht des fast vollen Mondes, und in einem der oberen Geschosse brannte noch Licht.

Engelke hatte die Kapuze ihrer Gugel tief in die Stirn herabgezogen. Ihr war nicht kalt, aber das lange Stehen wurde doch ungemütlich. Wenn jetzt nicht bald etwas geschah …

Es konnte durchaus sein, daß nichts geschehen würde, daß Pater Anselmus für heute nacht keine Pläne hatte, daß er sich einfach schlafen legte und Engelke ganz umsonst hier auf der Lauer lag. Es konnte sogar sein, daß all ihre Vermutungen falsch waren – daß ihr Verdacht sich in nichts auflöste …

Je länger sie wartete, desto größer wurden ihre Zweifel. Immer wieder mußte sie sich den Ausdruck des Schreckens ins Gedächtnis rufen, den das kleine Mädchen beim Anblick des Priesters gezeigt hatte, und immer wieder zählte sie im Geiste die anderen Beobachtungen auf, um bei der Sache bleiben zu können.

Die Glocke schlug. Nach wie vor herrschte absolute Stille bei den Höfen der Domherren. In dem alten Gebäude war eben das Licht gelöscht worden. Engelke fragte sich, ob es Sinn hatte, noch länger auszuharren, als plötzlich die Tür des Fachwerkhauses aufschwang.

Jemand kam heraus – eine hohe Gestalt, ganz in einen weiten, dunklen Mantel gehüllt und mit einem Hut auf dem Kopf. Die Sendelbinde, die am Hut befestigt war, lag wie ein Schal um Mund und Nase geschlungen und verbarg das Gesicht.

Eine Erinnerung durchzuckte Engelke. Sie hatte diese Erscheinung schon einmal gesehen, und es war auf der Wechslerbrücke gewesen, als sie mit den beiden blinden Bettlerinnen gesprochen hatte, kurz vor deren Ermordung. Der Mann in Schwarz, der ganz in der Nähe gestanden und zugehört hatte …

Derjenige, der da den Mantel um die Schultern hochzog, sich vorsichtig nach allen Seiten umschaute und dann mit schnellen, lautlosen Schritten zielstrebig in die Gasse einbog, die auf den Fischmarkt mündete, konnte unmöglich ein Domestik der Domherren sein. Dafür war er zu gut gekleidet. Blieb nur der Pater Anselmus selbst – um den mußte es sich handeln.

Engelke drückte sich hart an die Wand, denn vom Dom her näherte sich noch jemand. Sie wartete mit klopfendem Herzen, bis dieser Mann, ein Domherr, vorüber war und sie ungesehen ihren Beobachtungsplatz verlassen konnte. Dann folgte sie zügig dem Mann im dunklen Mantel. Sie wollte es nicht riskieren, ihn aus den Augen zu verlieren.

Er überquerte gerade die Milchbrücke, als Engelke auf den menschenleeren Markt hinaustrat. Sie ließ ihm einen gehörigen Vorsprung und schlenderte dann in die Richtung, die er eingeschlagen hatte. Daß ein schlaksiger junger Handwerker die gleiche Straße benutzte wie er – das konnte ihn kaum mißtrauisch machen.

Er ging mit langen Schritten Brands Twiete hinunter, wechselte über die Brücke zur Grimm-Insel über und durchquerte sie, ohne sich nur ein einziges Mal umzusehen. Engelke hielt aus der Entfernung mit ihm Schritt, vorsichtig darauf achtend, daß sie ihm nicht auffiel. Für sie stellte sich die Frage nicht mehr, ob sie den Kirchenmann weiter beobachten sollte. Sie war sicher, daß sie in ihm den Mörder vor sich hatte – das sagten ihr die Intuition und all die Beobachtungen, die sie gemacht hatte. Nun galt es nur noch, Beweise zu finden.

Wie sie es anstellen sollte, wußte sie nicht. Sie würde Pater Anselmus nachspüren, bis sich die Gelegenheit bot, ihn festzunageln. Ein Unhold wie er – ein mörderisches Ungeheuer, das sich an Säuglingen und kleinen Mädchen vergriff – so ein Mensch durfte nicht in Freiheit bleiben. Man mußte ihn zur Strecke bringen – ganz gleich, mit welchen Mitteln.

Engelke ballte die Fäuste, während sie durch kalten Wind und tiefe Dunkelheit der schwarzen Gestalt folgte. Der Gedanke an die unschuldigen Opfer dieses Wahnsinnigen – die Säuglinge, das stumme, verstörte Kind, die beiden blinden Frauen – brachte sie dazu, mit den Zähnen zu knirschen. Wieso hatte dieser Teufel Neugeborene umgebracht? Und was trieb ihn dazu, ein kleines Mädchen von acht oder zehn

Jahren, ein unreifes, unterentwickeltes kleines Ding, das noch längst keine Frau war, unter seinen Willen zu zwingen?

Je länger sie darüber nachdachte, desto größer wurde ihr Ekel, und desto höher schlugen die Flammen ihres Zorns. Pater Anselmus mochte als Domherr und Mitglied einer angesehenen Hamburger Familie zwar schwer anzugreifen sein. Aber Engelke Geerts fehlte der Respekt vor Amt und Würden. Engelke Geerts würde ihr Bestes geben, um dem Mörder die Maske des Ehrenmannes vom scheinheiligen Gesicht zu reißen.

Der Weg führte an Sankt Katharinen vorbei. Mit gesenktem Kopf und hochgezogenen Schultern stapfte der vermummte Pater am Kirchplatz vorüber und nahm die Brücke auf die Cremon-Insel.

Engelke hatte keine Schwierigkeiten mitzuhalten. Aber sie wunderte sich mehr und mehr. Was hatte der Dornherr nach Einbruch der Dunkelheit in diesem Bezirk der tausend Krüge, Kneipen und zwielichtigen Lokale zu suchen? Seine Schritte hallten auf den hölzernen Bohlen der Brücke; es klang unheimlich in Engelkes Ohren, auch wenn auf dem Cremon jedes zweite Haus hell erleuchtet war und man deutlich Gelächter, Musik und Bechergeklirr hören konnte.

Hier trafen sich um diese Zeit Leute, die nichts Besseres zu tun hatten, als ihren Lohn zu versaufen; in gewissen Lokalen dieses Stadtteils fanden sich während der dunklen Stunden aber auch die zusammen, deren Lebenswandel alles andere als ehrenwert war – Gauner, Schurken, Gesindel aller Art, und natürlich die Huren.

Auf genau so ein Lokal, in dem es besonders laut zuging, hielt der Mann in Schwarz zu. Engelke blieb stehen und drückte sich hinter eine Hausecke, bis er in der Kneipe verschwunden war. Erst dann näherte sie sich selbst der Türe.

Ein Schild, ehemals schreiend in den Farben, jetzt aber schon etwas verwittert, deutete auf den Namen des Lokals hin – es mußte sich bei der Kaschemme um das Rote Einhorn handeln, eines der Gasthäuser, deren Besitzer der Walfischwirt war. Allerdings hatte das Tier, das auf der hölzernen Tafel in grober, primitiver Ölmalerei dargestellt war, eher

Ähnlichkeit mit einer Kuh, die statt zweier gekrümmter Hörner ein einzelnes gerades auf der Stirn trug.

Engelke verharrte einen Augenblick vor der Tür. Sie hatte zwar früher schon einmal ein Wirtshaus besucht, und auch allein. Aber diese üble Örtlichkeit zu betreten – das kostete sie doch ein gehöriges Maß an Überwindung. Andererseits – wenn sie Pater Anselmus im Auge behalten und herausfinden wollte, was er hier trieb, dann hatte sie keine andere Wahl, als sich in die Meute der drinnen Zechenden einzureihen.

Noch einen tiefen Atemzug, dann war sie bereit. Entschlossen raffte sie ihren ganzen Mut zusammen, legte die Hand auf die eiserne Klinke und trat in die Kneipe ein.

In der Gaststätte ging es hoch her. Einige roh gezimmerte Brettertische entlang den Wänden waren dicht mit mehr oder minder vertrauenerweckenden Männern besetzt, die Karten oder Knöchel spielten – teils um Bier, teils um Geld. Weitere, meist ziemlich schmuddelige Kerle umlagerten den Tresen, auf dem ein Bierfaß sprudelte. Im Hintergrund, vor einem lustig knatternden Nadelholzfeuer, spielten zwei Musikanten Laute und Flöte, wozu ein schwarzhaariges, nur sehr leicht bekleidetes Mädchen ein Lied mit mehr als derbem Text sang. Weitere halbnackte Frauen lungerten an den Tischen bei den Spielern herum, scharwenzelten, lachten kreischend über Anzüglichkeiten, ließen sich Bier spendieren, sagten die Zahlen der geworfenen Knöchel voraus …

Engelke blieb an der Tür stehen und suchte mit Blicken nach dem Mann in Schwarz. Trotz der schlechten Beleuchtung, die aus zwei an den Deckenbalken schaukelnden Tranfunzeln bestand, fand sie ihn. Er stand am hinteren Ende der Theke, bereits in ein Gespräch vertieft mit zwei schmierigen Gestalten, von denen er sich durch seine feine Kleidung abhob wie ein Goldstück von Kupfermünzen. Denn er hatte seinen dunklen Mantel abgelegt. Darunter trug er eine gelbe, pelzverbrämte, kostbar schimmernde Jacke aus Damast und rotwollene Hosen.

Ein staunenerregender Aufzug für einen Domherrn, dachte Engelke. Zumal Pater Anselmus seinen schwarzen

Filzhut aufbehalten hatte und mit der breiten Sendelbinde den größten Teil seines Gesichts immer noch verhüllt hielt. Aber Engelke erkannte ihn dennoch und bekam nun Gewißheit, daß sie sich nicht getäuscht hatte. Der kalte, stechende Blick dieser Augen war ihr deutlich aus der Taufzeremonie und der Begegnung im Konvent der Blagen Süstern in Erinnerung geblieben.

Sie schob sich durch die Traube der Trinkenden, schaffte es mit Hilfe einiger Püffe und Rippenstöße, sich einen Stehplatz am Tresen in unmittelbarer Nähe seiner beiden Gesprächspartner zu sichern. Mit einem Fingerschnippen, das sie bei Schauerleuten und Handwerkern abgeguckt hatte, forderte sie von dem Wirt, der den Zapfhahn des Bierfasses bediente, einen Becher voll.

»Kannst' auch zahl'n?« raunzte der Krüger.

Engelke klapperte mit den Münzen, die sie in der Hosentasche vorn hinter der Schamkapsel trug, und gab einen unartikulierten Brummlaut von sich.

»Bist wohl nich von hier?« fragte der Wirt beruhigt und stellte ihr das Getränk hin.

Engelke schüttelte den Kopf. »Hm-mm.« Sie spitzte die Ohren, versuchte etwas von dem Gespräch mitzubekommen, das der Pater mit den beiden schmuddeligen Kerlen führte.

»Wo kommst' denn her?« fragte der Krüger neugierig.

»Flensburg«, knurrte Engelke. Auf die Schnelle fiel ihr keine andere Stadt ein als die, aus der Schiffer Olsen, der Hauptmann der Halfmoond stammte.

»'n halber Däne, wat?« Der Wirt grinste. »Ham die da noch mehr so Milchgesichter wie dich?«

Das war die reine Provokation. Auf so etwas mußte passend geantwortet werden – da führte kein Weg dran vorbei. Einige Gäste am Tresen waren schon aufmerksam geworden und schauten Engelke interessiert an. Wenn sie jetzt nicht die richtige Erwiderung hervorbrachte, war sie entlarvt. Man würde sie als Frau erkennen.

Blöde Situation. Engelke verfluchte innerlich den Krüger für seine Neugier und seine freche Art.

Also gut. Sie schloß die Finger fest um ihren Bierbecher, heftete den Blick auf das schäumende Getränk. »Besser'n Milchbart als'n Moors mit Ohr'n«, raspelte sie, während sie ihre Stimmlage so tief wie möglich herunterschraubte, »aber vielleicht taugt ja wenigstens dein Bier was.«

Sie trank, leerte den Becher auf einen Zug, knallte ihn auf den Tresen. Die Umstehenden lachten. Dem Krüger klappte der Mund auf.

»Ganz gut«, brummte Engelke und schnippte mit den Fingern, »noch ein'. Ohne Ansprache. Und denn immer nachfüllen, bis ich abwinke.«

Weiteres Gelächter schallte auf. »Hannes«, rief ein vierschrötiger Kerl vom anderen Ende der Theke zum Wirt herüber, »vor dem mußt' dich in acht nehm'! Der bleibt dir nix schuldig!«

Engelke nickte, nahm das zweite Bier in Angriff, das der Krüger ihr wortlos hinstellte. Sie trank den Becher halb aus, warf dem Wirt einen kurzen Blick zu. »Kann ich mich nu' in Ruhe vollaufen lassen oder nich?«

Gott sei Dank respektierte der Krüger Engelkes eindeutig ausgedrückten Wunsch, in Frieden gelassen zu werden. Er tat es sogar mit einem versöhnlichen Augenzwinkern. »Ik heff'n Broder, de wöör mol in Flensburg – vör Johren. Schöne Stadt ... ehrlich.«

Damit war die Kommunikation mit ihm fürs erste beendet. Engelke rückte näher an Pater Anselmus und seine Kumpane heran, trank ihr Bier, tat gelangweilt und unterzog die beiden Halunken, während sie sich auf das Erhaschen von Konversationfetzen konzentrierte, einer genauen Musterung.

Um Halunken handelte es sich bei den Kerlen zweifellos. Die zwei starrten vor Schmutz; sie sahen aus, als hätten ihre Gesichter und Hände schon seit Ewigkeiten kein Wasser mehr gesehen, geschweige denn Seife. Ihre Kleidung war von undefinierbarer Farbe – dreckbraun oder muttgrün hätte man ihre Lumpen nennen können. Der eine von ihnen sagte gerade: »Die Sache Helmers war ja nu ziemlich verfahren. Wegen ... dat weet Ji jo.«

Pater Anselmus, der angesprochen gewesen war, antwortete: »Zu dumm, daß euch das blöde Ding ausgekommen ist, und auch noch mitten in der Zeremonie. Der Fürst läßt sich nicht spotten – das wißt ihr.«

Die beiden dreckigen Kerle schienen ein wenig zu schrumpfen. »Wissen wir genau«, sagte der andere, der bis jetzt noch nicht gesprochen hatte, »und wir haben 'n Ersatz, Meister.«

»Ja, Meister«, fügte der Erste hinzu, »was ganz Sicheres – nich' gestohlen, sondern gekauft.«

»Für'n kleinen Vorteil«, ergänzte der andere mit einem schmutzigen Grinsen. »Davon braucht der Fürst ja nichts zu erfahren.«

»Was soll das heißen?« Pater Anselmus forderte eine Erklärung. Seine Stimme klang schneidend, so sehr er auch seine Lautstärke dämpfte.

»Es is' von 'ner Hure«, kam die Antwort des einen Gauners, »ganz frisch – natürlich noch nich' von der Gegenseite beschlagnahmt. Heekster kann's bestätigen.«

»Natürlich nich'«, echote der andere. »Die ... Dame ...«, er kicherte hämisch, »die wollte, daß sie dafür in der Zeremonie bedacht wird.«

»Der Fürst soll ihr Reichtum schicken«, sagte der andere, »aber –«

»Der Fürst wird jeden strafen, der seine Gebote übertritt«, fuhr Pater Anselmus seinen beiden dreckbedeckten Gesprächspartnern über den Mund. »Er gewährt immer nur einen Wunsch gegen eine Gabe – und das nur, wenn ihm die Gabe gefällt.«

»Ja, ja«, erwiderte der eine Halunke eifrig, »es soll ja auch in erster Linie für Helmers sein. Und der Hure können wir sagen, es geht alles klar mit ihrem Wunsch – damit sie liefert.«

»Aber es is' natürlich das Opfer für Helmers.«

»Schließlich hat Helmers die dreißig Schilling bezahlt.«

»Und die Hure kann nich' zahlen.«

Der Pater wiegte den vermummten Kopf hin und her. »Unserem Fürsten ist es gleich, ob einer zahlen kann oder nicht«, sagte er langsam, »für Ihn zählt nur das eine. Wer ihm das darbringt, dem dient Er – eine Weile. Danach ...«

Wieder schienen die beiden Gossenratten sich unwillkürlich zu ducken. »Meister«, wisperte der eine so leise, daß Engelke ihn auf ihrem Lauschposten kaum verstehen konnte, »aber wer Ihm dient, den verschont Er doch auch ... ? So habt Ihr es uns gesagt ...«

»Und so ist es«, gab Pater Anselmus zurück. Seine Stimme klang plötzlich wie ein scharfes Zischen. »Aber die Zeremonie – die kann nur ich durchführen. Und ich fordere dreißig Schilling. Für jedes einzelne Mal, daß ich die Gegenseite verraten muß.«

»Meister«, flüsterte der andere Halunke bewundernd, »Ihr seid sehr mutig, Meister ...«

»Die Frau müßte gleich hier sein«, sagte sein Kumpan, »da können wir alles regeln. Was Kleines is vielleicht sogar für Helmers besser als 'ne Ältere, – nicht, Meister?«

Pater Anselmus wiegte von neuem seinen Kopf. »Mag sein«, gab er zurück, »obwohl mir persönlich das andere lieber ist.«

Die Tür ging auf. Engelke spürte es an dem eiskalten Luftzug, der ihr in den Rücken fuhr. Sie drehte den Kopf um. Eine Frau schob sich in die Gaststube, aufreizend die Hüften bewegend und dreiste Blicke um sich werfend. Eine Hure – ganz offensichtlich. Eine von der billigen Sorte und für die Jahreszeit mehr als unzureichend gekleidet. Katrien.

Katrien war nicht mehr schwanger – das zeigte der erste Blick. Das dünne, knallrote Kleid, das sie trug, enthüllte mehr als es verbarg, ihre wieder schlanke Gestalt. Die ehemalige Magd wirkte blaß und übernächtigt – ein Eindruck, den sie mit reichlich roter Schminke auf Wangen und Lippen zu verwischen gesucht hatte. Doch auch ihre Bewegungen, so künstlich-aufreizend sie waren, deuteten auf Erschöpfung hin.

Katrien hielt direkt auf den Pater und seine beiden schmierigen Kumpane zu. Engelke zog die Schultern hoch und senkte den Kopf tief über ihren Bierbecher. Daß Katrien sie erkannte, wäre das übelste gewesen, was ihr jetzt hätte widerfahren können. Andererseits brauchte sie Bestätigung dessen, was sie vermutete, nämlich, daß Katrien die Frau war, von denen die Halunken gesprochen hatten. Und dazu mußte sie bleiben, um den Rest des Gesprächs mitzuhören.

Katrien schob sich an den Tresen heran, klemmte sich zwischen die beiden schmutzigen Gesellen und den Pater. »Hier bin ich ja wohl richtig«, sagte sie mit einer Stimme, die etwas zu schrill klang, »oder?«

Die zwei Gossenratten nickten. »Das is sie«, sagte der eine Kerl, an den Domherrn gewandt.

»Die bietet uns Ersatz – freiwillig«, fügte der andere hündisch-vorsichtig hinzu.

»Ist das wahr?« fragte Pater Anselmus.

Katrien bestätigte. »De Krüger hett mi seggt, das kost' dörtig Schilling. Un dor heff ik seggt, künn ik nich mit wat anners betohlen. Un Fuuk hett mi seggt –«

»Dat geiht kloor, heff ik seggt«, führte der eine Gauner den Satz zu Ende.

»Wenn Euch das recht is, Meister«, sagte der andere.

Pater Anselmus wiegte seinen Kopf; ob zustimmend oder ablehnend – das konnte Engelke nicht erkennen. Aber sie spürte, daß ihr kalt geworden war. Und ihre linke Hand hatte sich um die Kante des Tresens gespannt – so hart, daß die Knöchel weiß hervortraten.

»He, Kröger!« Katrien reckte dem Wirt den Kopf zu. »Laß mir mal 'n Bier rüberrollen. Bezahlen –« Sie tippte Engelke mit lang ausgestrecktem Finger und neckischem Kichern auf die Schulter, »bezahlen tut mir das der nette Junge hier. Nich, Süßer?«

Engelke erstarrte noch mehr. Katriens Finger fuhr über den groben Stoff ihrer Gugel, landete unter ihrem Kinn.

»Heee …«, sagte Katrien, »du hast ja noch gar keinen Bart! Bist wohl Mamas Liebling … ?«

Die Kerle am Tresen lachten erneut. Für Engelke spitzte sich die Situation wieder zu. Sie warf einen Blick auf die Gesichter der Umstehenden, und ihr Herz begann wild zu hämmern.

Mit einem heftigen Schlag befreite sie sich von Katriens

tastender Hand, stürzte den Rest ihres Biers hinunter, fummelte ein paar Münzen aus der Schamkapseltasche, feuerte sie auf den Tresen und stürmte mit einem wütenden Grunzlaut aus der Gaststube. Hinter ihr brandete schallendes Gelächter auf. »Der hat bestimmt noch nie mit 'ner Frau«, hörte sie den Krüger schreien, »und jetzt will er seine Unschuld verteidigen ...« Der Rest ging in einer neuen Lachsalve unter.

11

Engelke hatte sich zu Bett begeben. Nun lag sie in der Dunkelheit ihrer Kammer und fand keine Ruhe. Die aufregenden Ergebnisse, die der Abend gebracht hatte, gingen ihr wie Mühlräder im Kopf herum, und sie wurde die innere Kälte nicht los, die sich ihrer bemächtigt hatte.

Sie war, nachdem sie das Wirtshaus zum Roten Einhorn in wilder Flucht verlassen hatte, auf dem schnellsten Weg im Dauerlauf zum Kellergewölbe des alten Piet zurückgerannt, hatte sich dort der Männerkleider entledigt und ihre eigenen Sachen wieder angezogen. Auf die Fragen des alten Mannes, der getreulich auf sie gewartet hatte, war sie nicht eingegangen. Sie hatte ihn auf später vertröstet und war, höchst erregt und dennoch frierend bis ans Herz, nach Hause zurückgekehrt.

Teetje hatte ihr wie verabredet die Tür geöffnet. Auch er hatte Fragen über Fragen gestellt, hatte unbedingt wissen wollen, was bei Engelkes Ausflug herausgekommen und um was es überhaupt gegangen war.

Sie hatte ihn genau wie den alten Piet mit ein paar ausweichenden Worten abgespeist und war einfach in ihre Kammer verschwunden. Der Junge würde warten müssen, bis seine Neugier gestillt werden konnte. Einstweilen war Engelke viel zu aufgewühlt, um über das, was sie an Erkenntnissen gewonnen hatte, zu reden.

Und jetzt, im Bett liegend, aber dennoch von Kopf bis Fuß angespannt, mühte sie sich, Ordnung in das Chaos ihrer Gedanken zu bringen. Es war viel gewesen, was sie auf ihrem Gang erfahren hatte – viel mehr, als sie erwartet hatte. Aber sie fand sich in dem Wust aus Informationen nicht zurecht.

Pater Anselmus trieb sich des Nachts, gekleidet wie ein reicher Kaufmann, in Hafenkneipen herum. Diese Tatsache an sich war schon mehr als ungewöhnlich. Er unterhielt darüber hinaus noch enge Kontakte mit Gesindel. Die Kerle, denen er sich zugesellte, hatten ihn Meister genannt.

In welchem Verhältnis standen die Ganoven zu Pater Anselmus, und was war das für ein Fürst, dem die drei dienten?

Ein Fürst, der gegen ›Gaben‹ seine Gunst verlieh … und der seinen Dienern diente – wenigstens eine Weile.

Engelke spürte in der Wärme ihres Bettes, wie sich ihr die Haare sträubten. Sie zog die Bettdecke höher, als ob sie sich damit gegen das unheimliche Gefühl schützen könne, das in ihr hochkroch. Der Graf von Schauenburg, der sein städtisches Besitztum größtenteils an den Konvent der Blagen Süstern abgetreten hatte und sich so gut wie nie mehr in Hamburg aufhielt, konnte mit dem ›Fürsten‹ kaum gemeint sein.

In dem Gespräch zwischen den beiden Halunken und dem Domherrn war auch von einem Ersatz die Rede gewesen – Ersatz, den Katrien liefern sollte. Und eine Zeremonie war erwähnt worden, die Pater Anselmus abhielt und für die er dreißig Schilling nahm, weil er die ›Gegenseite‹ verraten mußte …

Das Frösteln, das tief aus Engelkes Innerem kam, wurde immer stärker. Dreißig Schilling waren eine hübsche Summe. Dafür mußte ein Handwerker lange arbeiten. Nicht viele konnten soviel Geld erübrigen und sich damit die ›Zeremonie‹ leisten. Aber für Helmers war das sicher kein Problem gewesen. Helmers hatte die dreißig Schilling bezahlt – für eine Zeremonie, die nicht hatte stattfinden können, weil »das dumme Ding ausgekommen« war.

Engelke klapperten plötzlich die Zähne. Sie wußte, sie würde diese Nacht keinen Schlaf finden – auch nicht für einen Augenblick. Wenn das stimmte, was sie sich zusammengereimt hatte, dann würde sie sich sehr genau und gründlich überlegen müssen, wie sie von jetzt an weiterhandeln wollte. Denn handeln mußte sie. Weitere Menschenleben standen auf dem Spiel. Dem »Bösen«, von dem Wiebke gesprochen hatte, war Einhalt zu gebieten – unter allen Umständen. Und so, wie die Sache sich darstellte, würde sie sich bis auf weiteres allein bemühen müssen.

Es dauerte eine ganze Weile, bis Engelke des Gefühls der

Schwäche, das sie fast überwältigt hatte, Herr geworden war und einen konkreten Plan ins Auge fassen konnte – einen Plan gegen den Fürsten der Finsternis und seine Diener.

Beim Frühstück am nächsten Morgen war sie, müde aber dennoch voll nervöser Energie, nicht in der Lage, auf das muntere Geplauder ihrer Base Anneke und ihres angeheirateten Vetters Konrad einzugehen. Zum erstenmal in ihrem Leben mußte sie sich zusammenreißen, um ihre innere Anspannung nicht durchblicken zu lassen, und es kostete sie große Mühe, Gelassenheit zu schauspielern.

Sobald es ohne Unhöflichkeiten möglich war, stand sie vom Tisch auf und verließ unter dem Vorwand dringender Geschäfte das Haus. Sie fror noch immer, trotz des warmen, rostbraunen Wollkleids, das sie heute unter dem dicken Mantel trug; aber jetzt kam das ungemütliche Gefühl der Kälte eher daher, daß sie völlig übernächtigt war. Denn ihre Fassung und Beherrschung hatte sie inzwischen wiedergewonnen. Sie wußte, was sie zu tun hatte.

Erst einmal würde sie Niklas Helmers aufsuchen. Gründe dafür gab es reichlich – die Summe von vierhundert Mark zum Beispiel, die er dem Haus van Damme immer noch schuldig war. Dieses ausstehende Geld sollte ihr jedoch nur als Vorwand dienen. In erster Linie hatte Engelke vor, aus Helmers mehr über die »Zeremonie«, den »Fürsten« und Pater Anselmus herauszubekommen.

Sie schritt kräftig aus, bewegte sich im Eiltempo durch die frostig-frische Oktoberluft, um sich warm zu machen. Als sie das Haus am Fischmarkt erreicht hatte, keuchte sie zwar vom schnellen Gehen, aber sie fühlte sich schon viel besser.

Liesbeth Helmers öffnete selbst. »Ja?«

»Guten Morgen«, sagte Engelke und prallte fast ein bißchen zurück. Liesbeth, die immer ein dralles, rosig-gesundes Aussehen gehabt hatte, wirkte jetzt blaß und regelrecht eingefallen. Um ihre hellblauen Augen lagen Schatten.

»Ach, Engelke …« Die junge Frau sprach leise und bedrückt. »Ihr kommt sicher wegen –«

»Genaugenommen nein«, nahm Engelke ihr schnell das

Wort aus dem Mund. Sie wußte, wie sehr Liesbeth unter der Situation litt, die ihr leichtsinniger, verschwenderischer Mann heraufbeschworen hatte. »Erinnert Ihr Euch? Ich hatte doch neulich versprochen, mich bei Gelegenheit um eine Lösung Eures Problems zu bemühen. Und heute nehme ich mir einmal etwas Zeit. Ist Niklas daheim?«

»Ja, schon«, Liesbeth schien den Tränen nahe, »aber ich glaub' nicht, daß er mit Euch –«

»Laßt mich erst mal rein«, unterbrach Engelke sie und legte der jungen Frau begütigend die Hand auf den Arm. »Drinnen könnt Ihr mir dann vielleicht ganz kurz erzählen, was sich in den letzten Tagen getan hat.«

Liesbeth Helmers bat Engelke mit einer stummen, hilflos wirkenden Geste in die Diele. Sie vergaß sogar, der Höflichkeit Genüge zu tun und ihrem Besuch einen Stuhl anzubieten, so elend fühlte sie sich offenbar.

»Gut, daß gerade Eure Dienstboten nicht hier sind«, half Engelke ihr über die Peinlichkeit hinweg. »Wollen wir uns ans Fenster setzen und uns in aller Ruhe unterhalten?«

Liesbeth nickte stumm, verlegen und dankbar. Sie nahmen auf einer schmalen hölzernen Bank Platz, die an der Längswand der Diele neben dem Eingang zum Kontor stand.

»Nun?« fragte Engelke.

Liesbeth schwieg. Sie wischte sich hastig über die Augen.

»Wie geht es Eurem Mann? Hat das Mittel, das Holm für ihn bereitet hatte, gegen seinen schlechten Schlaf geholfen?«

Liesbeth wich Engelkes Blick aus, schüttelte den Kopf, schluchzte plötzlich. »Überhaupt nicht«, stieß sie hervor, »Seine Alpträume sind von Nacht zu Nacht schlimmer geworden – und neuerdings hat er auch bei hellem Tageslicht Angst. Ach, Engelke –«, sie hob den Kopf und sah ihren Besuch verzweifelt an, »ich weiß nicht mehr ein noch aus! Niklas säuft sich noch um den Verstand – auch jetzt ist er wieder sinnlos betrunken!«

Tränen kullerten aus ihren Augen. Sie schien am Ende ihrer Kraft. »Wo ist er?« wollte Engelke wissen, »in der Schlafkammer?«

»Ja«, bestätigte Liesbeth tonlos, »und er würde kaum mit Euch reden können, weil er –«

»Wir wollen's trotzdem versuchen«, sagte Engelke energisch, »notfalls hilft kaltes Wasser, um ihn nüchtern zu machen. So geht es nicht weiter, Liesbeth. Merkt der Kerl denn nicht, was er Euch antut?«

Die Tränen der jungen Frau rollten schneller. »Aber er ist krank, Engelke«, wehrte sie mit zitternder Stimme ab, »er hat seinen Kopf nicht beieinander, versteht Ihr?«

»Um so schlimmer«, gab Engelke zurück, ohne sich beirren zu lassen. »Ein Kranker braucht den Arzt und nicht die Branntweinflasche. Da muß sofort Abhilfe geschaffen werden. Geht Ihr voran?«

Liesbeth gehorchte der indirekten Aufforderung. Sie sah wohl, als sie in Engelkes entschlossenes Gesicht blickte, daß ihr nichts anderes übrig blieb. Langsam, noch immer zögernd und widerstrebend, führte sie ihre Besucherin die Stiege hinauf ins obere Geschoß.

Vor einer der Türen auf der schmalen Galerie blieb sie stehen. »Niklas ist da drin«, sagte sie in einem Ton, der Angst verriet, »wahrscheinlich schläft er jetzt, weil ich ihn nicht hören kann. Aber wenn ich ihn wecke ...«

»Was dann?« wollte Engelke wissen.

»Er – er wirft mit Gegenständen nach mir«, flüsterte Liesbeth, »oder er schreit und tobt.« Sie schluchzte von neuem. »Schon seit Tagen ist er so. Ich fürchte mich vor ihm ...!«

»Das ist ja allerhand!« In Engelke stieg Zorn auf. Erst hatte der Bruder Leichtfuß das Vermögen seiner Frau verjubelt, und jetzt ließ er sie dafür büßen, daß nichts mehr da war. Unerhört! »Na – ich fürchte mich nicht«, sagte sie und packte die Türklinke. »Bleibt draußen, Liesbeth. Ich will sehen, ob ich nicht ein bißchen Verstand in seinen hohlen Schädel zurückbringen kann. Das wäre doch gelacht!« Damit trat sie einfach in die Schlafkammer ein und ließ die junge Frau auf der Galerie stehen.

Die eheliche Schlafkammer war in einem unbeschreiblichen Zustand der Unordnung. Überall lagen Kleidungsstükke auf dem Fußboden verstreut; dazwischen entdeckte Engelke Teller mit angetrockneten Speiseresten, Brotbrocken, abgegessene Knochen. Das Bett war zerwühlt, die Laken voller Flecken; rechts hingen die rotsamtenen Vorhänge des Baldachins in Fetzen herunter, als habe sie jemand mutwillig oder im Zorn abgerissen. Es roch streng nach Schnaps und Erbrochenem. Die Luft im Zimmer war zum Zerschneiden.

Niklas Helmers schlief nicht. Er hockte mitten in diesem ekelerregenden Durcheinander neben dem Bett, vor sich eine dickbäuchige Tonflasche, und starrte mit leerem Blick an die Wand.

Von dem ehemaligen Märchenprinzen war nicht viel übriggeblieben. Seine kastanienbraunen Locken hingen ihm jetzt in fettigen, schlaffen Strähnen über die Schultern; sein weißes Leinenhemd stand an der Brust weit offen und war überall mit Speiseflecken und Üblerem besudelt. Er hatte eine ungesunde, käsige Gesichtsfarbe, und als sein Blick zu Engelke hinüberirrte, waren seine Augen blutunterlaufen.

Engelke erschrak zum zweiten Mal an diesem Morgen. Sie atmete flach wegen des Gestanks im Raum und mußte sich zwingen, auf den Herrn dieses Hauses zuzugehen.

»Morgen, Helmers«, sagte sie, »das ist ja eine schöne Bescherung, die Ihr hier angerichtet habt. Kommt – ich muß mit Euch –«

Sie kam nicht dazu, ihren Satz zu beenden. Während sie sprach, hatte sich der ungewaschene, zottige Kerl, der vor nicht allzu langer Zeit noch der strahlende Mittelpunkt jedes Balles gewesen war, vom Fußboden aufgerappelt und kam schwankend auf sie zu. Aus seinem schlaffen, halb offenstehenden Mund drang ein unartikuliertes Gurgeln. Engelke konnte nur zwei Worte ausmachen: »Weiche … Asmodi …!«

Sie wich nicht zurück. Helmers mußte tatsächlich sinnlos betrunken sein. »Was soll das?« sagte sie grob, »reißt Euch zusammen! Wie steht Ihr denn vor mir da – und vor Eurer Frau!«

Helmers blieb stehen, ruderte mit den Armen in der Luft herum, suchte Halt am Bettpfosten. »Ich – ich …«, stammelte er, »ich will nicht verdammt sein … ich … doch nicht …«

»Verdammt?« Engelke suchte den Blick des Betrunkenen.

»Wie kommt Ihr darauf? Was ist das für ein dummes Gefasel?« Sie trat einen Schritt näher an ihn heran. »Ich meine, Ihr solltet ein Bad nehmen, Euren Kopf in kaltes Wasser tunken und schleunigst dafür sorgen, daß Ihr wieder nüchtern werdet. Das hier –«, sie deutete mit einer weit ausholenden Handbewegung auf den Unrat im Zimmer, »das ist doch keine Art!«

Helmers glotzte sie mit blöden, fiebrig geröteten Augen an. Er schien kein Wort zu verstehen. »Weiche …«, würgte er hervor, »weiche, Satanas … ich … ich gehöre d-dir nicht …!«

»Hört zu, Helmers«, redete Engelke unwirsch auf ihn ein, »das geht nun entschieden zu weit. Ich verbitte mir, von Euch als Satan bezeichnet zu werden. Wenn Ihr beichten wollt und einen Priester braucht, kann ich Euch gerne einen rufen lassen. Wie wäre es«, fügte sie in einem plötzlichen Impuls hinzu, »mit Pater Anselmus vom Dom?«

Der Name war kaum heraus, als Niklas Helmers sich vom Bettpfosten abstieß und auf Engelke lostorkelte. Noch ein taumelnder Schritt, und er hatte Engelke erreicht. »Ha …«, keuchte er, und sein branntweinstinkender Atem streifte sie, während er sie an den Schultern zu packen suchte, »gerade der Pfaffe soll mir helfen? Du … du bist auch … eine von denen … die mich … mich gezwungen haben! Ich … ich bring dich um! Wenn ich schon zur … zur Hölle fahre, dann … dann nehm' ich dich mit!«

Er griff nach ihrem Hals. Für einen, der fast eine ganze Flasche Branntwein geleert hatte, besaß er noch erstaunlich viel Kraft. Engelke blieb keine Wahl. Sie mußte sich wehren.

Sie holte weit aus. Mit kräftigem Schwung klatschte ihre Hand auf seine linke Wange – so hart, daß ihm der Kopf auf die Seite flog. Engelke ließ ihm keine Zeit, sich von dem Schreck zu erholen. Sie faßte den Schwankenden am Handgelenk und drehte ihn mit einem Ruck den Arm auf den Rükken, während sie ihn zum Bett schob.

Da hing die Schnur, die die Vorhänge des Baldachins gehalten hatte. Engelke zog sie vollends herunter, riß sie ab und band Niklas Helmers, der sich plötzlich wie betäubt hängen ließ, die Hände auf den Rücken. Dann stieß sie ihn auf das Bett, so daß er bäuchlings darauf zu liegen kam.

All dies hatte nur Augenblicke gedauert, und es war automatisch abgelaufen. Als Engelke den heruntergekommenen Märchenprinzen so erbärmlich vor sich auf den beschmutzten Laken liegen sah, brauchte sie selbst einen Moment, um zur Besinnung zu kommen. Dann atmete sie tief durch und drehte sich zu Liesbeth um, die schreckensstarr vor der Tür auf der Galerie stand. »Am besten ruft Ihr Eure Magd«, sagte sie etwas atemlos, »damit dieser Raum gesäubert wird. Eurem Mann nehmt endlich den Branntwein weg. Und sorgt auch dafür, daß er kein Bier und keinen Wein bekommt. Vielleicht solltet Ihr ihn sicher einschließen, bis er wieder nüchtern ist.«

Liesbeth zitterte am ganzen Leibe. »Es tut mir leid, Engelke«, flüsterte sie in größter Verlegenheit und Aufregung, »es tut mir so furchtbar leid!«

Ihr stand die Schamröte im Gesicht. Sie schämte sich so sehr, daß ihre Tränen wieder zu rollen begannen. Engelke litt mit ihr. Sie trat auf die Galerie und nahm das arme, ehemals reiche Mädchen in den Arm. »Nicht weinen, Liesbeth«, sagte sie sanft, »zusammen kriegen wir schon alles wieder ins Lot.«

»Was soll ich nur tun?« wisperte die junge Frau.

»Jedenfalls müßt Ihr Euch um Niklas kümmern«, erklärte Engelke geduldig, »es steht nicht gut um ihn – das wißt Ihr ja selbst. Haltet Ihn vom Trinken ab, notfalls mit Gewalt – hört Ihr? Und macht Euch keine Sorgen. Alles andere wird sich finden.«

Liesbeth schluchzte laut auf.

»Mut!« Engelke umarmte sie noch einmal und gab ihr einen schwesterlichen Kuß auf die Wange. »Ich schicke Euch meinen Kontoristen. Der soll sich die Bücher ansehen. Keine Angst – er ist äußerst verschwiegen. Und morgen, wenn Euer Mann seinen Rausch ausgeschlafen hat, wird Holm vorbeikommen und ihn zur Ader lassen. Ich sag' ihm Bescheid.«

Etwas getröstet hatte Liesbeth Helmers Engelke an die Haustür gebracht und verabschiedet. Engelke wußte zuerst nicht, was sie jetzt unternehmen sollte. Dem stockbetrunkenen Niklas Helmers hatte sie natürlich nicht die Fragen stellen können, mit denen sie gekommen war, und so waren sie noch immer offen. Aber der Zustand, in dem sie Helmers angetroffen hatte, war dennoch vielsagend gewesen.

Kein Zweifel – dem leichtsinnigen Goldfasan war Pater Anselmus gut bekannt. Und diese Tatsache schien ihm Todesangst zu bereiten – ja, mehr als Todesangst. Niklas Helmers fürchtete, verdammt zu sein. Deshalb trank er bis zur Besinnungslosigkeit.

Dies alles hatte sich aus dem Gelalle ergeben, das Engelke von ihm zu hören bekommen hatte. Aber welchen konkreten Grund hatte Helmers, sich so entsetzlich zu fürchten – obwohl er doch nur indirekt an dem Treiben des unheiligen Domherrn beteiligt war?

Engelke fielen, während sie noch unschlüssig den Weg zum Schopenstehl einschlug, die dreißig Schilling wieder ein, die eine ›Zeremonie‹ bei Pater Anselmus kostete. Was bis jetzt nur dunkle Vermutung gewesen war, verfestigte sich mehr und mehr zu einem deutlichen Bild. Für dreißig Silberlinge hatte Judas den Herrn verraten. Die ›Gegenseite‹ ...?

Engelke ging schneller. Ihr Ziel war der Kleiderladen des alten Piet. Der Lumpenhändler würde eingeweiht und befragt werden müssen. Möglicherweise konnte er Hinweise geben, oder er kannte Einzelheiten, die für Engelke wertvoll waren.

Es sah aus, als habe der alte Mann schon ungeduldig gewartet, als Engelke sein Gewölbe betrat. »Dag ook«, sagte er, »ik heff al' dacht –«

»Piet«, unterbrach ihn Engelke mit einem Blick auf die beiden schlecht gewandeten Frauen, die im hinteren Teil des Lagers Kleiderstapel durchstöberten, »erledigt erst Eure Geschäfte. Wenn wir unter uns sind, können wir offen reden.«

Das ausgemergelte Männchen nickte und schlurfte zu seinen Kundinnen. Engelke lehnte sich gegen ein wackliges Regal voller Unterwäsche und wartete.

Erstaunlich schnell und fast ohne Feilschen brachte Piet

bei den Weibern seinen Handel unter Dach und Fach. Sehr bald zogen sie mit ein paar billig erstandenen Wintermänteln ab. Der Kleiderhändler kehrte, nachdem er die Frauen eilig hinauskomplimentiert hatte, mit einem schiefen Grinsen zu Engelke zurück. »Das mieseste Geschäft meines Lebens«, sagte er und rieb sich paradoxerweise die Hände, »aber nu bin ich wahnsinnig neugierig.«

»Kann ich weiterhin Eurer Verschwiegenheit sicher sein?« vergewisserte sich Engelke, obwohl sie wußte, daß ihre Frage überflüssig war.

»Na klar«, erwiderte der alte Piet unwillig, »warum sollte ich wohl –«

»Ich war gestern abend einem Mörder auf der Fährte«, kam Engelke ohne weitere Umschweife zur Sache, »und dabei habe ich herausgefunden, daß Pater Anselmus vom Domkapitel alles andere als ein Diener Gottes ist.«

»Moment«, sagte der alte Piet, »'n Mörder? Ich komm' nicht mit!«

»Ein Mörder und Kinderschänder«, versuchte Engelke zu erklären, »und dazu, nach allem, was ich mir bis jetzt nur zusammenreimen kann, möglicherweise noch ein –«

»Moment!« Piet stampfte mit dem Fuß auf den Lehmfußboden. »Dat geiht mi all'ns veel to gau! Wat denn för'n Mörder?«

»Pater Anselmus. Derjenige, der im Lauf dieses Jahres schon mehrere Säuglinge umgebracht hat, und auf dessen Konto höchstwahrscheinlich auch die Morde an den beiden Bettlerinnen bei der Wechslerbrücke gehen.« Engelke begriff erst jetzt, daß es dieser Vorbemerkungen bedurfte, damit der alte Lumpenkrämer ihr überhaupt folgen konnte.

»Und dem seid Ihr auf den Fersen gewesen?« Die wäßrigen Augen des Kleiderhändlers musterten Engelke zweifelnd. »Soweit ich weiß, hat der aber nirgendwo Spuren hinterlassen.«

»Doch, er hat«, widersprach Engelke. Sie faßte in wenigen knappen Worten zusammen, was sie wußte. »Und jetzt habe ich eine Frage an Euch«, schloß sie ihren knappen Bericht ab, »in Eurem Gewölbe gehen doch meist Kunden mit dünnem

Geldbeutel ein und aus. Habt Ihr schon einmal die Namen Fuuk oder Heekster gehört?«

Der Lumpenkrämer, der bis jetzt in ungläubigem Staunen zugehört hatte, schluckte und räusperte sich. »Fuuk ... Heekster ...«, murmelte er, während er sich zu konzentrieren suchte, »das sind wohl Spitznamen ...?«

»Ja, sicher.« Fuuk – damit bezeichnete man ein altes, schartiges Messer. Und ›Heekster‹ bedeutete ›Elster‹. »Die beiden Kerle, die sich so nannten, waren Gauner von der schmierigsten Sorte. Sie starrten vor Dreck.«

»Hm – hm.« Piet schüttelte den Kopf. »Ich muß zugeben, daß sich gelegentlich Leute in meinen Laden einfinden, die wie Spitzbuben aussehen«, überlegte er laut, »aber die zwei, die Ihr mir beschrieben habt, waren noch nich' hier drin. Und auch die Namen sagen mir nix. Glaubt es mir«, fügte er hinzu, »de olle Piet hat' 'n immer noch gutes Gedächtnis. Fuuk und Heekster – so Ausdrücke wär'n hängengeblieben, wenn ich die schon mal gehört hätte.«

»Schade«, sagte Engelke. Also konnte der Kleiderhändler ihr auch nicht weiterhelfen. Blieb aber noch die andere Möglichkeit. Und bevor sie die nutzte ...

»Piet«, fuhr sie fort, »da Ihr mir über die beiden Deckskerle nichts sagen könnt, muß ich andere Wege beschreiten, um an sie heranzukommen. Darf ich auch in den kommenden Tagen auf Eure Hilfe hoffen – ich meine, daß Ihr Augen und Ohren offenhaltet und mich gelegentlich hier im Gewölbe die Kleider wechseln laßt ... ?«

»Fröl'n Engelke Geerts«, sagte der alte Piet, indem er Engelke mit einem halb beleidigten, halb begeisterten Blick bedachte, »wie oft mutt ik Ju dat noch seggen, dat ik vull un ganz –«

»Danke«, unterbrach Engelke und schenkte dem Lumpenkrämer ein strahlendes Lächeln, »Ihr habt ja keine Ahnung, wie sehr ich zu schätzen weiß, daß ich bei Euch einen Rückhalt habe!« Impulsiv ergriff sie die knotigen Hände des Alten und drückte sie kräftig. »Jetzt muß ich weiter. Hab noch sehr viel zu tun. Möglich, daß ich schon heute abend wieder herkomme.«

»Jederzeit«, sagte der alte Piet. Als Engelke die bröckeligen Stufen hinaufstieg, die aus dem Keller auf die Straße führten, spürte sie, daß der Altkleiderhändler ihr mit fast väterlich-stolzen Blicken nachschaute. Das brachte sie noch einmal zum Lächeln.

Die Glocke läutete zehn. Der Himmel, der in der Frühe völlig wolkenbedeckt gewesen war, klarte langsam auf. Hier und da brach die Sonne durch und ließ die Pfützen auf der Straße schillernd glänzen.

Engelke zog es magisch zu den Domherrenhöfen. Da sie ohnehin zum Neß wollte, um Kellinghusen einen kurzen Besuch abzustatten, konnte sie genausogut den kleinen Umweg machen und an dem alten Gebäude vorübergehen, das dem mörderischen Domherrn Anselmus als Unterkunft diente.

Der Platz vor dem Mariendom lag verlassen, abgesehen von einer Schar Krüppel, die sich neben dem Portal mit ihren Krücken und Rollwägelchen breitgemacht hatten und das Ende des Hochamts erwarteten. Heute war der Tag, an dem Brot und andere Spenden verteilt wurden. Da wollte keiner fehlen, der in Sankt Petri das Recht zu betteln erworben hatte. Die Domherren waren großzügig, auch wenn sie nur einmal in der Woche Gaben ausschütteten.

Engelke überquerte den Platz und warf im Gehen einen Blick auf das Alte Haus. Auch hier war alles still, aber in dem Moment, als sie es passierte, trat eine Magd mit einem Kehrichteimer aus der Tür.

Die grobknochige Fünfzigjährige kippte den kleinen Haufen Küchenabfälle, den der Eimer enthielt, mit Schwung in die Gosse dicht beim Haus. Sofort kamen aus dem Gäßchen von nebenan zwei Schweine herbei und machten sich gierig über den Abfall her.

Engelke war stehengeblieben. »Na, bei Euch kommt aber nicht viel zusammen«, sagte sie und deutete auf die Rübenschalen, Kohlstrünke, Knochen und verdorbenen Breireste, die die Schweine schon so gut wie vertilgt hatten.

»Bei uns gibt das ja auch nich' so viele Mäuler zu stopfen«, sagte die Magd und strich ihre graue, aber fleckenlos saubere, steifleinene Schürze glatt. »Ich hab' man bloß Pater Anselmus und mich zu bekochen.«

»Ach?« Engelke heuchelte Überraschung.

»Jo, jo!« Die Magd lächelte. Sie schien es auf ein Schwätzchen abgesehen zu haben. Offensichtlich war sie nicht übermäßig mit Arbeit eingedeckt. »Er ißt wie'n S-patz, und ich – ich bin auch keine von den Unmäßigen.«

Das stimmte. Die Frau war nicht fett, nur recht kräftig gebaut. »Der Pater ist wohl sehr fromm?« erkundigte sich Engelke mit gespielter Neugier.

»O ja – das is er. Betet und kasteit sich ... oft 'n ganzen Tag.« Die Magd schüttelte besorgt den Kopf und schnalzte dazu mit der Zunge. »Ich sag dann immer, Pater Anselmus, sag ich, nu macht doch mal halblang. Ihr müßt was essen. Und denn sagt der gar nix und treibt es noch doller – auch mit dem Kasteien.«

»Er kasteit sich?«

»Na ja – er hat 'ne Geißel. Mit der schlägt er sich. Dreimal in der Woche. Für die Sünden der Welt, sagt er.«

»Ach.« Engelke überlegte einen Augenblick. Wenn sie geschickt fragte, konnte ihr die Haushälterin vielleicht ein paar Einblicke in die Gewohnheiten des Domherrn bieten. »Geht er denn niemals aus – in's Badehaus vielleicht, oder in den Krug?«

»Pater Anselmus?« Die Magd lachte leise. »Nee – der doch nich'! Der hat nix als die Heilige Kirche im Kopp – und seine Pflichten. Und die Sünden der Welt.«

»Wirklich?« Engelke dachte sich ihr Teil. Sie wußte es schließlich besser. »Was tut er denn, wenn er nicht gerade betet oder büßt oder seine Pflichten wahrnimmt? Geht er wenigstens spazieren?«

»Schön wär's«, seufzte die Haushälterin und machte ein sorgenvolles Gesicht. »Es wär' schon gut, wenn er manchmal 'n büschen heiterer wäre. Aber lachen tut er nie. Immer is' er ernst. Ich hab' ihm schon so oft gesagt, Pater Anselmus, sag' ich, Ihr müßt mal raus aus Eurer Studierstube. Unter Menschen. Dahin, wo es lustig is. Aber er macht dann meist 'n finsteres Gesicht und schickt mich raus. Ich hätte ja keine

Ahnung, wie viele Gebete nötig wären, um die Welt zu retten, sagt er. Erst jetzt wieder – mit den Piraten und so.« Sie runzelte die Stirn. »Da is er nämlich der Beichtvater«, fügte sie hinzu, »muß sie zur Hinrichtung begleiten. Als ob er nich' schon genug am Hals hätte!«

Allerdings, dachte Engelke. Mich hat er am Hals, der unheilige Heilige! Und ich werde ihn dingfest machen. Dann kann er sich selbst zum Galgen begleiten! »Tja«, sagte sie, »den Guten wird immer das größte Kreuz aufgeladen. Hat Pater Anselmus nicht Verwandtschaft in der Stadt? 'ne Schwester oder 'n Onkel könnte doch vielleicht erreichen, daß er sich mehr schont ...«

»Nich', daß ich wüßte«, erwiderte die Magd. »Er is' glaub' ich, ganz allein. Früher hatte er wohl mal 'ne Schwester. Aber seit der letzten Pestilenz nich' mehr.«

Zu dumm, dachte Engelke. »Tragisch«, sagte sie. »Wo ist er denn jetzt?«

»Na, im Hochamt. Er liest die Messe heute selber.«

»So.« Engelke dachte noch einmal kurz nach. »Sagt, sorgt Ihr eigentlich für seine Belange? Auch für seine Kleidung?«

»Ja, sicher. Aber da gibt es nich' viel zu sorgen. Die paar Tuniken, Kaseln und Überhemden ...«

»Wollt Ihr mir etwa weismachen, er besäße nicht einmal Jacken, Hosen, Hemden ...?«

»Wieso weismachen?« Die Magd plusterte sich auf. »Er is' 'n Kirchenmann mit Leib und Seele. Was braucht er da anderes als seine geistlichen Gewänder?«

»Und einen Hut«, sagte Engelke. »Einen Hut hat er aber.«

»Wie kommt Ihr denn da drauf?«

»Ich hab' Pater Anselmus neulich in der Stadt gesehen«, antwortete Engelke und beobachte genau das Mienenspiel der Haushälterin. »Da trug er einen schwarzen Filzhut mit breiter Krempe und Sendelbinde.«

»Nee.« Die Magd schüttelte entschieden den Kopf. »Das kann nich' sein. So 'n Hut hat Pater Anselmus nich'. Er hat überhaupt keinen Hut. Und außerdem geht er doch nie in die Stadt – außer zu den Blagen Süstern. Weil er nämlich da der Beichtvater is.«

»Er hat wirklich keinen solchen Hut?«

»Ganz bestimmt nich'.«

»Dann muß derjenige, den ich damit gesehen habe, wohl ein anderer gewesen sein.« Engelke entschloß sich, das Gespräch abzubrechen. Pater Anselmus' Magd hatte entweder tatsächlich keine Ahnung, oder sie deckte die heimlichen Aktivitäten ihres Dienstherrn – auch wenn Engelke das beim Anblick der gutmütigen, freundlich-besorgten Frau recht unwahrscheinlich vorkam.

»Ihr müßt Euch verguckt haben«, bekräftigte die Haushälterin noch einmal, »so was gibt das immer mal wieder. Vor 'n paar Tagen, da war ich –«

»Glaub' ich auch«, unterbrach Engelke und hinderte die gute Frau daran, eine längere Episode zum Besten zu geben. »Na – ich will Euch jetzt nicht weiter von Eurer Arbeit abhalten. Hab selbst noch 'ne Menge zu erledigen. Schönen Tag wünsch' ich – und hoffentlich schafft Ihr's doch mal, Pater Anselmus etwas ... milder ... zu stimmen!«

»Schön wär's«, wiederholte die Magd, »aber ohne Gottes Hilfe wird's nich' gehen – nich' bei Pater Anselmus.«

Engelke lächelte. Es war ein böses Lächeln. Gott ist mit den Gerechten, dachte sie, während sie der Magd zunickte und weiterging. Hilfst du dir selbst, dann hilft dir der Allmächtige ebenfalls.

»Schönen Tag auch für Euch«, rief die Haushälterin ihr nach.

Kellinghusen hielt sich, nachdem gerade die Vormittagssitzung des Rats zu Ende gegangen war, in seiner Amtsstube auf. Er saß, wie immer fast begraben unter Stapeln von Akten und losen Blättern, an seinem Schreibtisch, das unförmige Brillengestell auf der Nase, und studierte ein dicht beschriebenes Papier.

Er hob kaum den Kopf, als Engelke eintrat. »Morgen«, erwiderte er geistesabwesend ihren Gruß, »schön, daß Ihr kommt, Engelke, aber ...«

»Wollt Ihr, daß ich wieder verschwinde?« fragte Engelke, »wenn ich zur Unzeit hier bin, Mandus, dann ...«

»Nein, nein!« Er blickte auf, bemerkte, daß er sie nicht recht erkennen konnte, und nahm die Brille ab. »Ich habe nie so viel zu tun, daß ich nicht trotzdem Zeit für Euch hätte, Engelke«, ergänzte er und klappte sein Sehgerät sorgfältig zusammen.

»Hier sieht es tatsächlich sehr nach Arbeit aus«, meinte Engelke mit einem Blick auf die Aktenberge. »Sagt mir ehrlich, wenn ich störe.«

»Ach, das«, Kellinghusen war ihrem Blick gefolgt und machte eine abwiegelnde Handbewegung in Richtung der Stapel, »das sind lediglich die Vernehmungsprotokolle der Seeräuber. Wir haben jetzt fast alle zusammen; nur die von Godeke selbst, dem alten grauen Wolf – die fehlen noch. Oder vielmehr – sie sind nicht vollständig. Aber das kriegen wir schon hin – noch ehe die Woche zu Ende geht.«

»Nicht vollständig? Was heißt das?«

Mandus Kellinghusen zog eine Augenbraue hoch, was ihm ein arrogantes Aussehen verlieh. »Wir haben zig Beweise für seine Untaten«, sagte er mit einem zornigen Ton in der Stimme, »aber der Hund leugnet sie hartnäckig. Uns fehlt sein Geständnis.«

»Und nun?«

»Bleibt nur Meister Rosenfeld. Wenn's sein muß, bis zum vierten Grad.«

Die Bedeutung dessen, was der Gerichtsherr da sagte, kannte Engelke genau, und noch immer stellte sich dabei eine gewisse Beklommenheit bei ihr ein. Godeke Micheel würde, da er nicht gestehen wollte, der Tortur unterzogen werden …

Nun wurden fast alle, die in diese Lage gekommen waren, schon beim ersten Grad weich – der Demonstration der Folterinstrumente. Kaum ein Mensch zögerte zu gestehen, wenn ihm vorgeführt wurde, wie Daumenschrauben, Spanische Stiefel oder Streckbank funktionierten. Man mußte schon sehr hartgesotten sein, um es darauf ankommen zu lassen, diese Geräte am eigenen Leib zu spüren.

Godeke Micheel besaß offenbar diese Härte. Aber Engelke gab Kellinghusen recht, wenn der meinte, den alten Seewolf brechen zu können. Ihr war kein einziger Fall bekannt, bei dem ein Angeklagter die Tortur durch alle Grade überstanden hatte, ohne seine Schuld zuzugeben.

»Nun ja«, sagte Engelke, »wenn's sein muß ... Schließlich ist er ohne Zweifel jahrelang der Anführer der Likedeeler gewesen, und ich gehe davon aus, daß seine Spießgesellen ihn schwer belastet haben. Beweise für seine Schuld gibt es genug.«

Kellinghusen nickte. »So ist es«, sagte er, »und nachdem wir nun elend lange geduldig waren, habe ich keine Bedenken mehr, ihn in die Tortur zu schicken. Er kann ja selbst jetzt die letzten Konsequenzen noch umgehen, wenn er uns sein Geständnis lieferte.«

»Hmm.« Engelke nickte nachdenklich. »Eigentlich –«, setzte sie an.

Kellinghusen unterbrach sie. »Eine gute Mitteilung kann ich Euch aber machen«, sagte er und lächelte sie an. »Es ist mir gelungen, die Sache mit Jakobus Lüneburg durchzukriegen. Der Rat hat zugestimmt.«

»Wie?« fragte Engelke, abrupt von ihrem Gedankengang abgebracht, »welche Sache ...?«

»Schon vergessen?« Kellinghusen lächelte noch breiter. »Jakobus Lüneburg wird bei Godeke Micheels Enthauptung als Erster in der Reihe der Delinquenten stehen. Er hat also eine gute Chance, freizukommen.«

»Freizukommen ...?«

»Aber Engelke! Ihr selbst habt doch neulich den Vorschlag gemacht, das Gottesurteil zu wiederholen, das bei Störtebeker nicht funktioniert hat!« Der Gerichtsherr wunderte sich deutlich über ihre Begriffsstutzigkeit. »Und ich habe Eure Idee dem Rat vorgetragen. Sie ist für gut befunden worden.«

»Meine Idee?« Engelke hatte im Augenblick Mühe, sich zu erinnern.

»Die Sache mit dem rollenden Kopf.«

»Ach so!« Ja, nun wußte sie wieder, wovon er sprach. »Und Ihr habt durchgesetzt, daß das Gottesurteil diesmal so durchgeführt wird?«

»Nicht durchgesetzt«, korrigierte er, »ich habe den Rat überzeugen können. Diejenigen, an denen Godeke Micheels Kopf vorüberrollt, kommen frei.«

»Das ist gut«, sagte Engelke.

»Freut Ihr Euch denn gar nicht?« Auf Kellinghusens Gesicht zeigte sich leise Enttäuschung. »Ich hatte gedacht, ich könnte Euch damit –«

»Doch, doch«, fiel Engelke ihm ins Wort, »ich freue mich sogar sehr darüber. Vielleicht klappt es ja sogar. Aber eigentlich bin ich wegen etwas ganz anderem hier. Mandus, ich wüßte gern –«

»Alles über die ungeklärten Mordfälle an den Säuglingen, den Bettlerinnen, und so weiter und so weiter!« Kellinghusen seufzte tief auf. »Herrgott, Engelke – ich wüßte auch gern mehr darüber! Nur gibt es keine neuen Spuren – wir sind in unseren Ermittlungen nicht einen noch so winzigen Schritt weitergekommen. Und das macht mich wahnsinnig. Ich kann keine Nacht mehr schlafen.«

»Davon glaube ich Euch jedes Wort, Mandus«, gab Engelke zurück, »Ihr seid nicht der einzige, dem es so geht – darauf könnt Ihr Gift nehmen, Aber –«

Sie unterbrach sich und überlegte einen Augenblick. Sollte sie ihm ihren Verdacht mitteilen und ihm von den Spuren erzählen, die sie verfolgte? Sollte sie ihm geradeheraus sagen, daß sie einen Domherrn für den Täter hielt?

Nein. Sie schüttelte in Ablehnung dieser Möglichkeit den Kopf. Mandus Kellinghusen würde ihr nichts von dem abnehmen, was sie an Verdachtsmomenten gegen Pater Anselmus zu bieten hatte. In jedem Fall würde ihm ihr gesammeltes Material für eine ernsthafte Untersuchung zu mager sein. Vielleicht würde er sie sogar auslachen oder ihr gar verbieten, einen so unantastbaren Mann wie den Domherrn weiter zu beobachten.

»Ich wollte Euch eigentlich nur fragen, was Pater Anselmus vom Domkapitel für ein Mensch ist«, bog sie das Gespräch in eine andere Richtung, »er hat mein Patenkind getauft, und er wirkte so … so …«

Sie wußte nicht mehr weiter. Kellinghusen rettete sie. Er

lachte. »Das kann ich mir gut vorstellen, daß der Mann Euch irritiert hat«, sagte er. »Es gibt in der ganzen Stadt keinen Priester, der so verzweifelt gegen den Satan ankämpft wie er!«

»Wie meint Ihr das, Mandus?«

»Er hat schon als kleiner Junge den Kampf mit ihm aufgenommen«, kicherte Kellinghusen. »Wir anderen – seine Altersgenossen – hatten immer alle Mühe, uns das Lachen zu verkneifen, wenn er uns in seinen flammenden Predigten einen Blick in den Höllenschlund tun ließ.«

»Daran finde ich nichts Komisches«, sagte Engelke verwundert.

»Ihr hättet ihn erleben sollen«, sagte Kellinghusen, während er sich zum Ernst zwang. »Jürgen – so hieß er damals noch – hatte sich nämlich vorgenommen, im Alleingang die Welt zu retten. Und das mit einer Verbissenheit, die einem Terrier alle Ehre gemacht hätte. Heute«, er wischte sich zwei Tränen der Heiterkeit aus den Augenwinkeln, »heute spekuliert er wahrscheinlich eher darauf, irgendwann einmal heilig oder wenigstens selig gesprochen zu werden.«

»Ernst und streng wirkte er jedenfalls.«

»Wenn Ihr mich nach Jürgen Hooge fragt«, erwiderte Kellinghusen, »dann kann ich darauf nur eine einzige Antwort geben: Er hat 'nen Dachsparren locker. Man kann ihn überhaupt nicht ernst nehmen. Für ihn gibt es keinen Himmel – nur Hölle und Fegefeuer. Und die ganze Welt ist voller leibhaftiger Teufel, die hinter jeder Ecke lauern.«

12

Diese Beschreibung, die Kellinghusen ihr von Pater Anselmus geliefert hatte, stand im krassen Gegensatz zu dem, was sie selbst von dem Domherrn dachte. Das hatte Engelke in ihrer Entscheidung bestätigt, den Gerichtsherrn bis auf weiteres über ihren Verdacht im Unklaren zu lassen. Auf dem Heimweg in die Reichenstraße war sie froh, ihm nichts gesagt zu haben. Offenbar war Kellinghusen in seiner Kinderzeit, als Pater Anselmus noch Jürgen Hooge geheißen hatte, dessen Spielkamerad gewesen. Schon darum hätte er ihre wilden Vermutungen nicht ernstgenommen, vor allem aber, weil er Pater Anselmus nicht ernst nahm.

Das war ärgerlich. Dumm außerdem, daß sie wieder keine brauchbaren Informationen über den mörderischen Domherrn bekommen hatte. Für die Haushälterin war Pater Anselmus ein asketischer Heiliger, den man vor seiner eigenen Sittenstrenge schützen mußte; für Mandus Kellinghusen war er eine komische Figur – jemand, der die Verbindung zur Wirklichkeit verloren hatte, und den man entweder belächeln oder bedauern konnte.

All dies war natürlich Unsinn. Sowohl die Magd als auch der Gerichtsherr hatten sich ein völlig falsches Bild von diesem »Heiligen« gemacht. Aber einstweilen sah sich Engelke nicht in der Lage, dieses Bild zurechtzurücken. Dazu bedurfte es weiterer Anstrengung, weiterer Spurensuche. Beweise mußten gefunden werden, die man nicht mit einem Scherz oder einem ungläubigen Kopfschütteln vom Tisch fegen konnte.

Nach dem Mittagessen, das sie beim Gesinde in der Küche einnahm – denn Anneke und ihr Mann waren bei Freunden eingeladen und Ohm Godert hatte geschäftlich in der Stadt zu tun –, zog sie Teetje beiseite. »Jetzt ist Zeit«, sagte sie mit gedämpfter Stimme, in der Erwartung, daß der Junge ohne Einleitung verstand, wovon sie sprach, »aber in erster Linie brauche ich deine Hilfe.«

Teetje nickte. Sein schmales, noch halb kindliches Gesicht drückte Ernst aus, doch vor allem gespannte, neugierige Erwartung.

»Ich habe einen ganz bestimmten Menschen in Verdacht, die Morde und die Vergewaltigung unseres kleinen Findlings begangen zu haben«, fuhr Engelke nüchtern fort. »Nun müssen wir für Beweise sorgen. Und dabei –«

»Ik mook all'ns, wat Ji seggt, Fröl'n Engelke«, fiel ihr der Junge eifrig ins Wort. »Was soll ich'n tun – und hinter wem sind wir überhaupt her?«

Engelke mußte lächeln. Da zeigte sich deutlich der kleine Dreckspatz Teetje von früher, der Klabautermann der Halfmoond, der seine Nase allzu gern in Dinge steckte, die aufregend und gefährlich waren. Dennoch – wenn er ihr helfen sollte, mußte sie ihm reinen Wein einschenken. Auch wenn sie damit vielleicht ein Risiko einging.

»Derjenige, den ich für den Mörder und Kinderschänder halte, ist ein Domherr«, sagte sie, während sie ihre Stimme noch mehr senkte. »Wir beobachten Pater Anselmus.«

»Pater Anselmus? Kenn ich nich.«

»Der Priester, der Annemie getauft hat.«

»Ach, der.« Teetje fuhr sich erst mit dem Ärmel über die Nase, dann mit allen Fingern durch sein strohig-blondes Haar. Er sah Engelke verwundert an. »'n Domherr ...«, murmelte er nachdenklich, »ik weet nich ... Aber wenn Ihr das sagt, Fröl'n Engelke ...«

»Kannst du dich noch an den Geruch erinnern, den der Einbrecher neulich in der Küche ausgeströmt hat?«

»Hmm«, nickte Teetje. Seine Miene spiegelte angestrengtes Nachdenken wider. Er kaute auf der Unterlippe. »Dann noch die Taufe«, murmelte er und nickte noch einmal, »als die lütte Deern rausgerannt is ...«

»Ganz recht.«

»Und dann noch –«

»Du hast es erfaßt. Das meine ich auch.« Engelke legte dem Jungen die Hand auf die Schulter. »Aber wir müssen dem Mordbuben irgendwie eine Falle stellen, damit er uns Beweise liefert. Beweise, die auch vor Gericht standhalten.«

Teetje war überzeugt. Er hörte aufmerksam zu, als Engelke ihm von ihrem nächtlichen Besuch im Roten Einhorn erzählte. »Nun will ich«, schloß sie ihren knappen Bericht, »daß du dorthin gehst und für mich auskundschaftest, wo Fuuk und Heekster sich herumtreiben. Sieh unbedingt zu, daß du sie findest – hörst du? Und wenn du sie aufgespürt hast, dann verabrede dich mit ihnen – im Namen von Geert aus Flensburg. Sag ihnen, sie müssen sich noch heute mit mir treffen. Es ginge um dreißig Schilling.«

»Geert aus Flensburg?« Teetje grinste verschwörerisch. »Nich wieder Geert der Schauermann?«

Engelke, die zu weiteren Erklärungen hatte ansetzen wollen, verstummte. Sie brauchte ein paar Atemzüge, um das jähe Gefühl der Traurigkeit niederzuringen, das sich unvermittelt meldete. »Nein«, sagte sie dann, »Geert der Schauermann ist gestorben. Vor mehr als drei Jahren. Und er wird ganz sicher nie mehr auferstehen.«

Teetje war gleich nach der kleinen Unterredung abgezogen, um seinen Auftrag auszuführen. Engelke hatte sich in das Kontor ihres Onkels begeben und erledigte, ohne recht mit dem Kopf dabei zu sein, allerlei Schreibarbeiten. Jetzt, wo sie sich einen festen Plan zurechtgelegt hatte, überfiel sie die Ungeduld. Denn sie spürte, sie mußte sich eilen, damit das Ungeheuer an weiteren blutigen Taten gehindert werden konnte.

Bereits nach zwei Stunden war Teetje wieder da. Er klopfte an die Tür zum Kontor, streckte seinen strubbeligen Kopf herein und machte Engelke durch übertriebenes Augenzwinkern darauf aufmerksam, daß er eine Nachricht für sie hatte.

Engelke stand so hastig auf, daß sie beinahe den Stuhl umstieß. In der Diele, am Fenster zum Hof, fragte sie Teetje aus.

»Die beiden Schweinehunde waren nicht leicht zu finden«, berichtete der Junge, noch ganz erhitzt vom schnellen

Laufen, »ich mußte bis zu den Wandrahm', wo die Segelmacher ihre Leinwände aufspannen. Aber da waren sie dann. Hockten in 'ner selbstgebauten Bretterbude, mit noch vier anderen Drecksäcken, und soffen. Am hellichten Tag.«

»Was hast du erreicht?« fragte Engelke ungeduldig.

»Geiht all'ns kloor, Fröl'n Engelke«, gab der Junge Auskunft, »gegen acht trefft Ihr Euch mit den Ganoven – im Roten Einhorn.«

»Wird der Pater auch dabei sein?«

»Davon haben die zwei Mistkerle nichts gesagt.«

»Gut«, sagte Engelke aufatmend. »Das wäre nämlich auch nicht gegangen. Die Gefahr, daß Pater Anselmus mich erkennt, wäre zu groß gewesen.«

Teetje nickte. Er verstand. »Fröl'n Engelke«, fragte er nach einer kurzen Pause, »Wöör dat nich an'n besten, wenn ik düt Mol mitkomen deit ...?«

»Warum nicht«, antwortete Engelke, ohne lange nachzudenken und versetzte Teetje damit in vibrierende Begeisterung. Es konnte kaum schaden, wenn der Junge bei ihrem Treffen mit den beiden Komplizen des mordenden Domherrn anwesend war. Teetje hatte scharfe Sinne; vielleicht bemerkte er, was ihr entging, da er ja an der Unterredung nicht direkt teilnehmen würde. Außerdem war es sicherer, ihn offiziell mitzunehmen, damit er ihr nicht heimlich nachschlich. Das nämlich war Teetje zuzutrauen – nun, da er eingeweiht war.

»Kein Wort zu irgendeinem Menschen in diesem Haus oder anderswo«, befahl Engelke ihm eindringlich zum Abschluß ihres Gesprächs, »und heute abend, wenn ich mit den Kerlen rede, hältst du dich mucksmäuschenstill – ist das klar?«

»Klar«, gab Teetje zurück. Plötzlich wirkte er sehr erwachsen.

Als die Glocken sieben schlugen und die Dunkelheit bereits alle Aktivitäten des Tages gedämpft hatte, verließen Engelke und Teetje nacheinander unauffällig das Haus. Nur der alten Wiebke hatten sie nichts vormachen können; die hatte Engelke mit ihren hellsichtigen Augen wissend angeschaut und durch ein kurzes Wort verraten, daß sie im Bilde war: »Ich werde euch die Tür aufmachen.«

Engelke hatte sich gefühlt wie ein Kind, das bei etwas Unerlaubtem ertappt worden ist. Aber sie wußte, daß es keinen Sinn hatte, die alte Kinderfrau anzulügen. Wiebke erkannte jede Lüge, schon bevor sie ausgesprochen war. »Wiebke, ich –«, setzte Engelke zu einer beschönigenden Erklärung an. Dann wußte sie nicht mehr weiter.

»Glück auf den Weg«, murmelte die Greisin, während sie ihre knochige Hand hob und zärtlich die Wange ihrer Ziehtochter berührte. »Gott schütze dich. Und … er wird dir bald etwas geben, was du dir heiß ersehnst, Kind!«

Bei den letzten Worten überzog ein strahlendes Lächeln ihr Gesicht. Tausend Fältchen ließen ihr Antlitz uralt und gleichzeitig seltsam jung wirken. »Ja«, fügte sie leise hinzu, »das Warten ist vorüber … die Zeit ist da.«

Was Wiebke damit gemeint hatte, schien Engelke, auf dem Weg zum alten Piet, diesmal ganz klar. Sie würde es schaffen, den Unhold zu stellen. Und sie würde Glück haben, bei den neuen Unternehmungen, die sie plante. Warum nur klopfte ihr Herz so laut und schmerzhaft, während sie sich Wiebkes Worte noch einmal durch den Kopf gehen ließ?

Das verstand sie ganz und gar nicht. Hastig zog sie sich im Kleidergewölbe um und ging nur recht einsilbig auf die Versuche des Lumpenkrämers ein, mit ihr ein Gespräch anzufangen. Genauso hastig verließ sie sein Warenlager wieder, um Teetje einzuholen, der schon zum Roten Einhorn vorausgelaufen war.

Als sie vor dem Lokal anlangte, war ihr Kopf wieder klar. Sie zog die Gugel tiefer in die Stirn, rieb sich vor der Tür noch ein wenig Schmutz ins Gesicht und unter die Fingernägel und betrat die Gaststube.

Hier herrschte der gleiche Betrieb, den sie schon kannte. Sie entdeckte Teetje und die beiden dreckstarrenden Halunken in der Ecke bei der Feuerstelle. Pater Anselmus war nirgendwo zu sehen.

Die Knie bei jedem Schritt hochziehend stieg sie über die Streu aus Binsen, mit denen der Fußboden der Spelunke belegt war, und näherte sich den Gaunern. Sie schienen eifrig in ein Gespräch mit Teetje vertieft; »... is viel Verantwortung mit verbunden«, sagte Fuuk gerade, als sie bei ihnen angelangt war, »da kannst' ein' auf lassen!«

»Jo«, fiel der andere ein, der sich Heekster nannten, »es is gefährlich. Aber es lohnt. Und der Meister schützt uns ja auch.«

»Vor dem Fürsten«, ergänzte Fuuk.

»Und da kommt Geert aus Flensburg«, sagte Teetje mit einer knappen Kopfbewegung in Engelkes Richtung. »Nu gebt ihm Auskunft, wie wir das ausgemacht hatten.«

Die beiden schmierigen Kerle wandten Engelke die Köpfe zu. Sie musterten mit zurückhaltenden Blicken ihre Erscheinung. »Mal sehen«, knurrte Fuuk. Heekster nickte dazu.

»Ik heff höört«, begann Engelke und schraubte ihre Stimmlage so tief wie möglich, »bi Ju, do künn ik 'n Wunner koopen. För dörtig Lüb'sche Schilling.«

Die Kerle gaben keine Antwort.

»Dat is veel Geld«, fuhr Engelke fort, »aver all'ns tosamen is mi dat gelungen –«

»Wir handeln nicht mit jedem«, unterbrach Funk, »wer dat Muul nich hollen kann, der –«

»Hmm«, bestätigte Heekster. »Laß erst mal sehen, ob du auch wirklich zahlen kannst.«

Engelke zog den kleinen, billigen Leinenbeutel hervor, der die dreißig Schilling in kleinerer Münze enthielt. »Da«, sagte sie, »zähl nach. Hat all'ns seine Richtigkeit.« Sie streckte Heekster die Börse hin. »Ob dat rechtmäßig erworben is, tut ja wohl nix zur Sache«, fügte sie mit einem schlitzohrigen Augenzwinkern hinzu, »oder?«

Die beiden Gauner tauten zusehends auf. »Nee«, grinste Fuuk, während Heekster die Münzen mit vielgeübten Bewegungen zählend durch die Finger gleiten ließ, »dat is dem Meister egal, wo dat Geld herkommt. Hauptsache, es sind genau dreißig Schilling.«

Er schob das Sammelsurium an silbernen und kupfernen

Geldstücken zurück in den Beutel und wollte ihn einstecken. Aber Engelke schnappte danach und entriß ihn schnell seinen Händen. »He, he – suutje«, fuhr sie Heekster an, »zuerst will ich wissen, wie dat för sich geiht ... und denn heff ik jo noch gor nich seggt, wat ik för min Geld verlang!«

Heekster stand der Mund offen. Fuuk lachte leise. »Denn gib dat von dir«, meinte er, »damit wi dat unsen Meister berichten könn'. Du kannst dir wünschen, wat du willst. Und wenn der Fürst mit dem Opfer zufrieden is –«

»– denn krichst du dat auch«, beendete Heekster den Satz.

»Der Fürst?« fragte Engelke, »'n Opfer«?

»Da brauchst du dich nich' drum zu kümmern«, beruhigte Fuuk, »dat sucht der Meister selber aus, und wir besorgen's. Der Fürst –«, er senkte plötzlich die Stimme zu einem Flüstern, »der nimmt nich' alles. Für den geht nur das Beste ...«

»Wat för'n Fürst«, fragte Engelke nach, »und wat för'n Opfer? Ik heff mi dacht, de dörtig Schilling wör'n dat Opfer ...«

Fuuk kicherte von neuem. Dann wurde er schlagartig ernst. »Nee«, murmelte er, plötzlich in tiefer Ehrfurcht, »das Geld kriegt der Meister – weil er ja den da oben –«, er machte eine Kopfbewegung zur Decke, »jedesmal verraten muß.«

»Wie Judas«, sagte Heekster mit einem schiefen Grinsen. »Aber das Opfer für den Fürsten –«

»Wat för'n Fürst?« Engelke ließ nicht locker. »Eh' ik dat nich weiß –«

»Asmodi«, flüsterte Fuuk, »das Opfer is für Asmodi ... den allmächtigen Heern, de in de Düsternis wohnt ...«

Seine Stimme war kaum noch hörbar. Engelke tauschte einen Blick mit Teetje aus, der bis jetzt ohne einen Laut oder eine Bewegung an der Wand gelehnt und aufmerksam beobachtet hatte. Dann stellte sie eine weitere Frage: »De Düwel?«

»Der Fürst«, wisperte Fuuk entsetzt, »dat andere Wort hört er nich gern. Sag das nie wieder – sonst erfüllt er dir deinen Wunsch bestimmt nich!«

Engelke nickte, verbarg ihre Betroffenheit hinter einer forsch-neugierigen Grimasse. »Denn erwähn' ich den nich' mehr«, erwiderte sie, »aber er is es doch – oder?«

Fuuk nickte. Heekster räusperte sich nervös.

»Und wie geht dat mit dem Wunsch vor sich?« bohrte Engelke weiter. »Ik will, dat min Vadder mi dat Huus vererbt. Min öllern Broder schall nix kriegen.«

»Wir sagen's dem Meister«, erklärte Heekster in unterdrücktem Flüstern, »und denn gibt der alles an den Fürsten weiter – in 'ner Zeremonie ...«

»Ah.« Engelke ballte vor Anspannung die Fäuste. Endlich hatte sie das Gespräch auf den Punkt gelenkt, den sie näher beleuchten wollte. »Und wat is dat för 'ne Zere ... mo ... ?«

»Dabei wird das Opfer dargebracht«, sagte Fuuk, flüsternd wie sein Spießgeselle. »Der Fürst muß es annehmen ... danach erfüllt er dann den Wunsch.«

»Seid ihr zwei auch mit dabei?«

»Nich' direkt.« Heekster schüttelte sich. »Wir bleiben bloß in der Nähe.«

»Der Meister verhandelt lieber allein mit dem Fürsten«, fügte Fuuk hinzu. »Für solche, die nich' eingeweiht sind, kann's gefährlich werden.«

»Och«, meinte Engelke und spannte die Schultern, »da hätt' ich schon Mut genug.« Sie zwinkerte den beiden Halunken zu. »Würd' den ... den Asmodi gern mal sehn', wenn er erscheint. Wo hält euer Meister denn überhaupt die ... die Sache ab? Hier in der Stadt?«

Diesmal kam keine Antwort. Die Gauner wechselten schweigend Blicke miteinander und äußerten sich mit keinen Laut.

»Ich meine – es muß doch'n Ort geben, wo er –«, begann Engelke erneut.

»Der is geheim«, unterbrach Fuuk mit verschlossenem Gesicht. »Es is uns verboten, drüber zu reden.«

»Ach so.« Engelke hatte nicht vor, so schnell aufzugeben. Wußte sie erst, wo der mörderische Domherr seine unheiligen Teufelsmessen abhielt, konnte sie sich weitere Schritte überlegen, um ihn unschädlich zu machen. »Aber ich würd' kein Sterbenswörtchen verraten, wenn ihr's mir sagen tätet. Bestimmt nich. Und wo ich doch selber mit meinem Wunsch dran beteiligt bin, do heff ik mi dacht –«

»Der Ort ist geheim«, wiederholte Fuuk. Seine Stimme zitterte auf einmal. »Wer den Fürsten und seine heilige Stätte verrät, der kriegt seine Rache zu spüren.«

Sein Spießgeselle schwieg mit aufgerissenen Augen, die tiefe Furcht verrieten. Teetje drückte sich mit dem Rücken gegen die Wand. Engelke überkam ein unheimliches Gefühl. Ihr wurde plötzlich bewußt, wovon hier die ganze Zeit gesprochen worden war. Der Gedanke, daß sie dabei war, sich mit den Mächten der Finsternis einzulassen, machte sie schaudern. Dennoch – um Pater Anselmus, dem Satanspriester das Handwerk zu legen, mußte sie auf ihrem gefährlichen Weg weitergehen. Vor allem war es notwendig, den Ort der verbrecherischen Zeremonien zu erfahren. Dann bestand die Möglichkeit, den teuflischen Domherrn auf frischer Tat zu ertappen ...

Engelke zog die Schultern hoch und räusperte sich krampfhaft. »Dat is ja all'ns gut und schön«, sagte sie, »aber wöör dat nich to maken, dat ik bi de ... de Zeremo ... bi'n Asmodi sine Beschwörung tokieken künn?

»Zugucken?« Fuuk und Heekster wechselten die Farbe. Beiden stand jetzt das Grauen im Gesicht geschrieben. »Noch keiner hat dabei zugucken wollen, Wir müßten erst den Meister fragen ...«

Engelke nickte und unterdrückte ein Schaudern. »Wann würd' meine Beschwörung denn sein«, fragte sie, leicht vom Thema ablenkend, »morgen?«

Fuuk hatte sich wieder gefangen. Er grinste schmierig. »Dat geht der Reihe nach«, sagte er, »vor dir sind noch zwei andere dran.«

Heekster nickte. »Ja«, bestätigte er, »zuerst 'n wichtiger Mann – 'n Kaufherr.«

»Der wartet schon länger«, ergänzte Fuuk, jetzt geschäftsmäßig nüchtern, »anfangs gab das Schwierigkeiten mit seinem Opfer. Aber nu is das Problem gelöst, und die Sache kann ihren Lauf nehmen.«

»Wie lange wird's dauern, bis ich drankomme?« fragte Engelke.

»Kommt ganz drauf an, wie schnell wir'n Opfer finden«, gab Fuuk zurück.

»Hmm«, ergänzte Heekster, »obwohl wir noch nie Schwierigkeiten hatten, eins aufzutreiben. So was geht ruckzuck. Und in der Nacht drauf ...«

»Heute is jedenfalls erst mal der Kaufherr dran«, schloß Fuuk seinem Spießgesellen den Mund, »kann sein, daß der andere Kunde vom Meister gleich danach bedacht wird. Zug um Zug – verstehst du? Wir besorgen dann so schnell wie möglich, was für deine Zeremonie gebraucht wird, und –«

»Und ihr redet mal mit dem Meister«, forderte Engelke, während sie dem Schurken den Geldbeutel hinhielt. »Macht es dringend. Und ich will unbedingt dabei sein, wenn's irgend geht, verstanden? Wir sprechen uns morgen – hier im Roten Einhorn.«

Zögerndes Kopfnicken war die Antwort. »Gut«, sagte Fuuk schließlich, »uns und dem Meister kann es ja egal sein, wenn du deinen Kopf riskieren willst.«

»Ich verlaß mich auf euch«, erwiderte Engelke.

Erneutes Nicken. »Soweit wäre dann alles abgemacht«, sagte Heekster, nahm Fuuk den Beutel mit den dreißig Schilling ab und ließ ihn in seiner Ärmeltasche verschwinden. »Morgen mittag also – hier, gegen Schlag zwei. Sei pünktlich, Flensburger. Abends haben wir nich' viel Zeit!«

Fuuk lachte meckernd. Er hob seinen Bierbecher und trank ihn mit einem Zug aus. »Wie Heekster schon sagte«, meinte er, sich den Schaum vom Mund abwischend, »die Arbeit ruft. Wir haben uns hier viel zu lange aufgehalten. Nu müssen wir weg – sonst wird der Meister ungeduldig. Alsdann!«

Damit packte er seinen Komplizen am Arm, schob sich mit ihm durch das Gedränge zum Ausgang und stieß die Tür auf. Einen Augenblick später hatte die Dunkelheit die beiden Halunken verschluckt. Engelke blieb mit Teetje in dem überfüllten Lokal zurück.

»Verdammt!« sagte Teetje.

Engelke schwieg.

»Soll ich den Kerlen folgen? Ich meine, vielleicht krieg ich ja dann raus, wo der Platz is, und –«

»Auf keinen Fall«, sagte Engelke mit Nachdruck.

»Aber ich könnte –«

»Auf keinen Fall.« Engelke fixierte den Jungen mit einem strengen Blick. »Vergiß nicht – wir haben es mit skrupellosen Verbrechern zu tun. Die werden kaum zögern, dich umzubringen, wenn sie sich von dir in ihrer Sicherheit bedroht fühlen!«

Teetje senkte den Kopf. Er beugte sich Engelkes Wünschen. »Aber was können wir denn jetzt tun?« fragte er mißmutig.

»Du wirst dich an meiner Stelle morgen mit den beiden Schurken treffen«, wies Engelke ihn an. »Du wirst in Vertretung des ehrenwerten Geert aus Flensburg mit ihnen verhandeln und ein neues Treffen für den Abend ausmachen. Ich rede mit dem Gerichtsherrn, und später –«

»Ach so!«

Teetje hatte begriffen. Engelke brauchte ihren Plan nicht weiter zu erklären. »Ja«, sagte sie, »für die Leute, die Herr Kellinghusen den Kerlen auf die Spur setzt, wird es ein leichtes sein, sie zu erwischen – ich hoffe auf frischer Tat.«

Der Junge nickte zufrieden. »Vielleicht könnte ich ja dann mit der Suchmannschaft –«, setzte er an.

Engelke unterdrückte ein weiteres strafendes Wort. Sie schüttelte nur milde den Kopf. Den Krug Bier, den ihr der Wirt jetzt endlich vom Tresen herüberreichte, wies sie mit einer ärgerlichen Handbewegung zurück. »Nu nich' mehr«, knurrte sie in gespieltem Ärger, »nu kannst' dat Gesöff für dich behalten! Dat gifft ook noch andere Krüger, die 'n Mann nicht erst halb verdursten lassen!«

Teetje an der Seite stiefelte sie mit vorgeschobenem Kinn und mit betont langen Schritten aus dem Lokal, ohne sich um die zornige Bemerkung des Wirts: »Dat is hier 'n Krug und keine Pilgerherberge! 'n Drecksack, wer sich bloß wärmen kommt und nix verzehrt!« auch nur einen Deut zu scheren.

Die halbe Nacht blieb Engelke wach und arbeitete in Gedanken an einem Plan zur Ergreifung des mordenden Domherrn und seiner Komplizen. Es war ihr gelungen, sich nach der Rückkehr in das Haus van Damme mit Wiebkes Hilfe unbemerkt in ihre Kammer zuruckzuziehen. Und da lag sie nun in der Wärme ihres Federbettes und fröstelte trotzdem von innen heraus.

Das Gespräch beim Abendbrot war, so hatte Wiebke ihr in wenigen Worten berichtet, immer nur um ein einziges Thema gekreist: um das vierjährige Kind, das am Nachmittag aus der Straße bei den Brodschrangen verschwunden war und das die verzweifelten Eltern ohne Erfolg überall gesucht hatten.

Engelke war zutiefst entsetzt gewesen; es war ihr neu, daß schon wieder ein Kind vermißt wurde. Nach allem, was sie in Erfahrung gebracht hatte, bestand die Möglichkeit, daß das arme kleine Ding Fuuk und Heekster in die Hände gefallen war. Hatten die beiden Halunken nicht von zwei Kunden gesprochen, die sich für dreißig Schilling eine Zeremonie gekauft hatten – einer davon ein reicher Kaufherr?

Bei diesem, so nahm Engelke an, handelte es sich um den schönsten Bankrotteur von Hamburg – um Niklas Helmers. Für den sollte wohl die nächste Zeremonie abgehalten werden …

Zum wiederholten Mal setzte Engelke sich in der Dunkelheit steil im Bett auf. Ein weiteres junges Menschenleben war in Gefahr, durch Mörderhand ausgelöscht zu werden. »Es muß mir etwas einfallen«, flüsterte Engelke in die Stille ihrer Kammer hinein, »es muß einfach! Und wenn ich mich persönlich mit dem Satan anlege!«

Auch am Morgen hatte Engelke keine anderen Gedanken. Für die Bewohner des Hauses in der Reichenstraße dagegen war es ein ganz gewöhnlicher Vormittag gewesen, an dem jeder, vom Gesinde bis zum Altherrn, seiner gewohnten Tätigkeit nachgegangen war. Godert van Damme hatte einer Sitzung des Rats beigewohnt. Anneke und Konrad Veckinghusen überwachten das Verladen ihrer Reisetruhen in den schweren Wagen, mit dem sie nach dem Mittagessen die Stadt wieder verlassen und über Lübeck nach Riga zurückreisen würden. Die Tanten Meta und Gesine hatten, wie immer zankend, überall im Weg herumgestanden, während Evert der Ältere im Sessel in der Diele saß, lächelnd sein Urenkelkind schaukelte, das in der Wiege zu seinen Füßen schlummerte und sich von all dem Durcheinander überhaupt nicht beeinträchtigen ließ.

Engelke, geistesabwesend und zerstreut, erledigte mit Hilfe von Peder Elmsbüttel und Hein tom Hove geschäftliche Korrespondenz und wartete angespannt darauf, daß die Zeit verging und sie endlich Teetje zum Roten Einhorn schikken konnte. Selbst hinzugehen – das war ihr unmöglich. Sich am hellichten Tag in Männerkleidung in der Stadt zu zeigen wie damals, als sie Geert den Schauermann gespielt hatte, das brachte sie heute nicht mehr fertig. Denn dabei erkannt zu werden – dieses Risiko war ihr inzwischen zu hoch. Schließlich war sie Geschäftsfrau und auf ihren makellosen Ruf angewiesen.

Das Mittagessen verlief ganz im Zeichen der bevorstehenden Abreise des jungen Paares. Die Verabschiedung zog sich aus Engelkes Sicht endlos lange hin; so lieb sie ihr Bäschen Anneke auch hatte und so traurig sie es fand, daß der Besuch der Veckinghusens jetzt zu Ende gehen mußte – sie atmete auf, als endlich Lebewohl gesagt, das letzte Versprechen, bald von sich hören zu lassen, und die letzte Umarmung ausgetauscht waren und der Reisewagen unter Winken und guten Wünschen davonrollte. Anneke hatte ihrem Vater und Großvater versprechen müssen, mit dem Kind den Winter auf dem Veckinghusen'schen Anwesen in Lübeck zu verbringen, um der strengen Kälte von Riga zu entgehen. Engelke tröstete sich damit, daß es also für sie bestimmt bald Gelegenheit geben würde, die junge Familie dort zu besuchen und Anneke für den etwas lieblosen Abschied zu entschädigen, den sie ihr heute bereitet hatte.

Teetje machte sich, unauffällig losgeschickt, auf den Weg ins Rote Einhorn. Engelke wartete zitternd vor Ungeduld auf seine Rückkehr. Es dauerte. Erst zwei Stunden später, als die Glocken vier schlugen, tauchte er auf. Engelke fragte ihn im Hof aus.

»Ich hab' die Schweinehunde schon wieder suchen müssen«, schnaufte Teetje, atemlos vom Rennen. »Sie sagen, es geht auf keinen Fall, daß einer bei der Zeremonie zusieht. Der Meister verhandelt immer allein mit dem – dem Fürsten, weil es außer ihm keine Eingeweihten gibt. Und deshalb –«

»Schon gut«, murmelte Engelke. »Hast du das Treffen mit den beiden Kerlen abgesprochen?«

Zur Antwort kam ein zögerndes Nicken. »Hmm«, murmelte der Junge, »aber es hat mich Mühe gekostet. Sie wollten partout nich'. Hätten zuviel zu tun. Am Ende waren sie dann doch bereit, zu kommen.«

»Wann?«

»Im Lauf des Abends«, gab Teetje mit bedauerndem Schulterzucken zurück. »Es könnte später werden, sagte der eine, der sich Heekster nennt. Wir haben uns schließlich geeinigt, daß vielleicht nur einer von den beiden erscheint – weil der andere dem Meister zur Hand gehen muß ...«

»Und wann will Heekster denn nun im Roten Einhorn sein?« Engelke bemühte sich, Zorn und Ungeduld in Schach zu halten und ihren Ärger nicht an Teetje auszulassen.

»Gegen Schlag neun ungefähr«, erwiderte Teetje, »könnte aber auch zehn werden.« Er sah Engelke ins Gesicht. »Besser war's nich hinzukriegen«, fügte er hinzu, »ehrlich, Fröl'n Engelke – ich hab' alles versucht ...«

»Schon gut«, wiederholte Engelke und zwang sich zur Ruhe. »Ich mache dir keinen Vorwurf – im Gegenteil. Du hast dein Bestes getan. Jetzt müssen wir zusehen, daß wir war draus machen.«

Teetje ging an die Arbeit, die seine Mutter Mette ihm für den Spätnachmittag aufgetragen hatte – er mistete den Pferdestall aus. Engelke fand sich nach dem Gespräch mit dem Jungen nicht in der Lage, noch länger im Kontor über den Büchern zu sitzen. Es drängte sie, irgend etwas zu unternehmen, das sie in ihrer Sache weiterbrachte.

Auf Wiebkes fragenden Blick, als sie sich ihren dicken Mantel überwarf, antwortete sie mit einem Achselzucken. »Ich geh mal zum Rathaus«, gab sie der alten Kinderfrau als Erklärung, »hab ein Wort mit Kellinghusen zu reden. Und mit dem Notarius – wegen des Hauskaufs auf dem Grimm.«

Die Greisin lächelte kurz, wurde sofort wieder ernst. »Hütet Euch vor der Finsternis«, murmelte sie.

»Keine Sorge«, erwiderte Engelke zerfahren, »ich bin wieder zurück, bevor es richtig dunkel ist.«

Sie stapfte die Reichenstraße hinauf zum Neß. Der kalte Wind, der heute schon den ganzen Tag geweht hatte, blähte ihren Mantel wie ein Segel, und sie ging schnell, um nicht zu frieren. Der Wachmann am Rathausportal schüttelte auf ihre Bitte um Einlaß den Kopf. »Der Rat is noch in Sitzung«, erklärte er bedauernd, »es geht um die Hinrichtung in den nächsten Tagen.«

»Wie lange noch – voraussichtlich?«

»Kann ich nich' sagen. Sowat zieht sich ja immer.«

Engelke ballte die Faust, wie schon viele Male an diesem Tag. Kellinghusen war nicht zu sprechen. Er konnte unmöglich aus einer so wichtigen Sitzung herausgerufen werden – und das gerade jetzt, wo die Zeit so drängte! »Hört«, sagte sie mit zusammengebissenen Zähnen zu dem Wachmann, »könnt Ihr Herrn Kellinghusen eine Nachricht –« Sie unterbrach sich. »Nein, laßt ... ich komme später noch mal wieder.«

Damit drehte sie dem verdutzten Stadtwächter den Rükken zu und ging ohne ein weiteres Wort davon. Da sie schon einmal in der Nachbarschaft war, würde sie die Brüder Palholt auf dem Berg besuchen und den Kaufvertrag über das Hausgrundstück neben ihrer Brauerei endgültig aushandeln. Danach war hoffentlich die Ratssitzung zu Ende und Kellinghusen stand endlich zur Verfügung. Es konnte doch nicht sein, daß ausgerechnet der heutige Tag nur Leerlauf brachte!

Von Jochen Palholts Söhnen war nur der älteste, Magnus, zu Hause. Er saß in seiner Schreibstube, als Engelke hereingeführt wurde, und sortierte Rechnungen, wobei er hin und wieder in ein Stück Brot biß, das zwischen den ungeordneten Papieren lag.

»Ach, Fräulein Geerts«, sagte Magnus Palholt. »Was bringt Euch her?«

»Ich denke, das dürfte wohl keine Frage sein«, gab Engelke kurz angebunden zurück, »eigentlich hätte ich erwartet, daß ihr mir Nachricht schickt – wegen des Hauses auf dem Grimm. Wir waren uns ja einig. Nur der Preis müßte noch festgelegt werden. Und deshalb bin ich hier. Damit es vorangeht.«

Magnus Palholt legte den Kopf schief und sah Engelke etwas unsicher an. »Das Haus auf dem Grimm«, sagte er zögernd, »ja, also ... das ist so ...«

»Was«, fiel Engelke ihm in die Rede, »habt Ihr es Euch etwa anders überlegt? Wollt Ihr nicht mehr verkaufen?«

»Doch, doch«, sagte Magnus Palholt, »nur ...«

»Nur, was?«

»Es ist bereits verkauft.«

»Verkauft?« Engelke mußte nach Luft schnappen. »Sagtet Ihr – verkauft?«

»Tut mir wirklich leid.« Der junge Palholt wich ihrem entgeisterten Blick aus. Nervös blätterte er in seinen Rechnungen herum.

»Und an wen, zum Kuckuck, ist es verkauft – und warum, in drei Teufels Namen, bin ich nicht vorher darüber informiert worden, daß es außer mir noch einen Interessenten gibt? Ihr seid ein Idiot, Palholt! Glaubt mir – ich hätte Euch ganz sicher den besseren Preis gezahlt!« Engelke stampfte mit ihrem holzbeschuhten Fuß auf, daß er nur so auf die Dielen knallte. »Unerhört, mich dermaßen auszubooten!«

»Es tut mir wirklich sehr, sehr leid«, entschuldigte sich Magnus Palholt ein zweites Mal, »aber Ihr müßt verstehen –«

»Nein, das verstehe ich ganz und gar nicht«, donnerte Engelke zornig, »das ist schlechtes Geschäftgebahren! Ein anständiger Kaufmann tut so was nicht! Wir waren handelseinig, und –«

»Fräulein Geerts.« Diesmal unterbrach sie der junge Palholt. »Ich kann Euren – Euren Mißmut verstehen. Aber wenn Ihr erfahrt, an wen ich das Grundstück verkauft habe, werdet Ihr einsehen, daß der Mann gewissen Vorrang hatte.«

»Wessen Angebot habt Ihr also meinem vorgezogen?« Engelkes Enttäuschung war kurz davor, in blanke Wut umzuschlagen.

»Das Grundstück ist an den Eigner der Erzengel gegangen«, sagte Palholt, jetzt wieder etwas selbstsicherer, »einen auswärtigen Schiffer, der sich freiwillig mit Material und Mannschaft unserer Flotte angeschlossen hat. Ockena war einer der Erfolgreichsten beim Aufbringen der Piraten. Und da er sich in Hamburg ansässig machen wollte –«

»– habt Ihr ihm mein Grundstück verkauft!« Engelke kochte. »Das ist die Höhe, Palholt!«

»Ich hatte kaum die Wahl«, gab der junge Mann zurück. »Einen so verdienten Mann wie Ockena, der vom Rat dermaßen hoch geehrt worden ist, konnte ich doch nicht abschlägig bescheiden! Außerdem hat er mir einen Preis geboten, den Ihr – mit allen Respekt – wohl kaum hättet aufbringen können. Das kam noch dazu.«

»Wieviel?«

»Hundertzwanzig Mark Silber.«

Engelke schnappte noch einmal nach Luft. Das war allerdings ein Heidengeld. Palholt wäre vernagelt gewesen, wenn er bei diesem Angebot nicht eingeschlagen hätte ... »Na gut«, sagte sie und unterdrückte ihren noch immer flammenden Ärger, »werd' ich mich also damit abfinden müssen, einen Herrn Ockena zum Nachbarn zu kriegen – direkt neben meinem Brauhaus. Ach, verdammt, Palholt –« Sie maß den jungen Mann mit einem letzten, zornigen Blick, »es wäre so praktisch für mich gewesen, das Haus zu beziehen, das Ihr jetzt an diesen Ockena verscherbelt habt!«

13

Es war noch viel zu früh, zum Rathaus zurückzukehren. Die Unterredung mit Magnus Palholt hatte gerade ein paar unerfreuliche Augenblicke gedauert. Engelke ging an den Fleischschrangen entlang, einer Reihe von Metzgerläden am Rand des freien Platzes, der sich auf die Bäckerstraße öffnete.

Sie wußte selbst nicht, warum sie diese Richtung eingeschlagen hatte; es spielte auch keine Rolle, solange sie durch schnelles Gehen ihrem Ärger und ihrer Enttäuschung Luft machen konnte.

An diesem Tag wollte einfach nichts auf Anhieb klappen. Und daß das Grundstück neben ihrer Brauerei nun einen anderen Besitzer bekommen sollte als sie selbst – das war eine Katastrophe.

Tidemann. Sie würde mit Tidemann sprechen. Der war so herzerfrischend handfest, und seine Frau backte so wunderbare Pfannkuchen. Sie konnte sich erkundigen, wie es dem Findelkind ging ... Doch zuvor würde Engelke noch den Wirt im Walfisch aufsuchen und sich persönlich überzeugen, ob die Bierlieferungen zu seiner Zufriedenheit gewesen waren. Seine Antwort – vielmehr sein Lob – würde ihre Stimmung wieder etwas heben, was sie nach dem niederschmetternden Gespräch mit Palholt dringend nötig hatte.

Es dämmerte, als sie bei der Hohen Brücke angelangt war. Auf der Alster herrschte immer noch reger Bootsverkehr, aber die Brücke war menschenleer – bis auf eine einsame Gestalt am jenseitigen Ende.

Eine Frau stand dort am Geländer. Sie schwankte leicht hin und her, als bewege sie sich im scharfen Wind, der vom Hafen hereinwehte. Für die Jahreszeit war sie recht ungenügend bekleidet. Ihr dünnes rotes Kleid flatterte, aber sie schien nicht zu frieren. Sie schaute mit starrem Blick auf das Wasser hinunter.

Engelke erkannte Katrien erst, als sie nur noch ein paar

Schritte von ihr entfernt war. Das Gesicht der ehemaligen Küchenmagd war so weiß wie frischgebrannter Kalk; ihre Augen, glanzlos und verschleiert, lagen tief in den Höhlen und waren von blauen Schatten umgeben. Als sie sich mit einer unsicheren, kreiselnden Bewegung zu Engelke umdrehte, streifte eine Bierfahne Engelkes Gesicht.

»Katrien«, sagte Engelke, erschrocken über das elende Aussehen des Mädchens, »was machst du hier auf der Brükke, bei dieser Kälte?«

Die Straßendirne antwortete mit einem verächtlichen Schnaufen. Sie zog die Nase hoch und spuckte vor Engelke aus.

»Katrien«, setzte Engelke noch einmal an, »willst du dir nicht doch überlegen –«

»Überlegen?« Katrien lachte schrill auf. Sie mußte schwer betrunken sein. »Wat gifft dat noch zu überlegen, he?«

»Ich möchte dir gerne helfen«, drängte Engelke und legte dem Mädchen die Hand auf die Schulter. »Komm mit mir. Wärm' dich auf, und denk mal über mein Angebot nach!«

»Ik hölp mi al selber.«

»Und dein Kind? Was wird aus dem?«

Bei diesen Worten begann Katrien plötzlich zu schlottern. Ihre Zähne klapperten laut. »Wat schall mit dem werden«, lallte sie, »dat hett de Düvel holt – so, wie he mich holen schall ...«

»Wo ist das Kleine?« Engelke bemerkte, daß ihre Stimme scharf geklungen hatte. »Hast du es in Pflege gegeben?«

Ein neues, schrilles, nervenzerfetzendes Lachen kam zur Antwort. »Ich war nu doch nich' gut für den Handel«, kreischte Katrien, »is' dat nich' 'n Witz?«

»Was für ein Handel?« Engelke sträubten sich die Haare. Sie wußte plötzlich, wovon die ehemalige Hausmagd sprach. »Katrien, wo ist dein Kind?«

Katrien verstummte. Sie schwankte, bewegte sich unsicher rückwärts, drehte sich um, starrte mit glasigen Augen über das Brückengeländer aufs Wasser hinunter. »Bi'n Düvel«, murmelte sie lallend, »un dor goh ik nu ook hin ... ik heff dat verdeent ...«

Engelke ballte die Fäuste. »Hör auf, dummes Zeug zu reden«, herrschte sie das Mädchen an, »sag mir sofort, wo du das Kind gelassen hast, oder –«

»Oder – wat?« Katrien wandte ihrer ehemaligen Herrin das bleiche Gesicht zu. »Min' Lütten, den könt Ji doch nich mehr retten. Un ik – ik bün ook verlor'n. Genau wie de annern … op'n Heilig-Geist-Feld …«

Sie krallte die Finger um den Handlauf des Geländers, reckte sich, drehte sich wieder dem Wasser zu. Engelke trat hastig einen Schritt vor, streckte die Arme nach dem Mädchen aus. »Hör zu«, begann sie.

Mit einer erstaunlich wendigen und kraftvollen Bewegung schwang Katrien sich über die Brüstung, ließ das Geländer los, stürzte …

Engelke schaffte es nicht mehr, sie zu halten. Einen Herzschlag zu spät erreichte sie die Brüstung.

Mit einem Klatschen tauchte Katrien in das Wasser ein. Sie ging gleich unter. Ihr dünnes rotes Kleid blähte sich und breitete sich in den Fluten aus wie ein Blutfleck. Engelke stand wie erstarrt. Aber ihr stummer Schrecken dauerte nur einen Atemzug. Dann schrie sie um Hilfe, gestikulierte, winkte ein paar Männern, die mit ihrem Ruderboot gerade die Brücke passierten.

Erst geraume Zeit später gelang es den Leuten, Katrien aus dem eiskalten Wasser zu bergen. Sie war tot – das erkannte Engelke, die vom Ufer aus die Aktion beobachtet hatte, sofort. Aber Katrien sah nicht friedlich aus wie andere Tote; ihre Augen – glasig, weit geöffnet – schienen voller Entsetzen ins Leere zu starren, auf etwas, das grauenvoll sein mußte.

»Bringt sie nach Sankt Katharinen«, befahl Engelke den Bootsleuten, »Sie hat zu meinem Haushalt gehört. Der Pfarrer soll keine Fragen stellen und sie christlich beerdigen.«

»'ne Selbstmörderin?« Einer der Männer schüttelte den Kopf. »Und ne Hure noch dazu«, murmelte der andere, »ich kenn' sie.«

»Es war ein Unfall«, sagte Engelke. »Katrien war betrunken.« Sie wandte sich von der Toten ab. »Sagt dem Pfarrer, Engelke Geerts schickt euch. Dann wird er schon wissen, was er zu tun hat.«

Für ein paar Münzen machten sich die Männer an ihre traurige Aufgabe, die Leiche der Ertrunkenen im Boot abzutransportieren. Engelke blieb stehen und sah ihnen nach, unschlüssig, was sie selbst jetzt tun sollte.

Tidemann und den Walfischwirt zu besuchen, wie sie es vorgehabt hatte, dazu konnte sie sich nicht mehr aufraffen. Katriens Tod, bei dem sie gerade Zeuge gewesen war, machte es ihr für den Augenblick unmöglich, sich auf Alltägliches wie das Geschäft zu konzentrieren.

Langsam stieg sie vom Alsterufer wieder zur Hohen Brücke hinauf. Immer noch sah sie die entsetzten Augen der zur Hure verkommenen Magd vor sich. Arme, dumme Katrien. Völlig verdorben konnte sie ja wohl doch nicht gewesen sein; nur Trotz und Leichtsinn, Geldgier und Selbstüberschätzung hatten sie am Ende das Leben gekostet. Oder waren bei Katriens Tragödie noch andere Dinge im Spiel gewesen?

Engelke fühlte sich schuldig. Sie hatte gewußt, wo Katrien sich herumtrieb. Warum hatte sie die ehemalige Küchenmagd nicht mit Gewalt nach Hause geholt? Und warum hatte sie gerade eben nicht früh genug erfaßt, daß Katrien von der Brücke springen wollte? Warum war sie nicht schneller gewesen, hatte nicht rasch genug zugepackt … ?

Auf einmal kam Engelke sich unendlich verlassen vor – allein mit sich selbst und ihren Schuldgefühlen. Und niemand war da, dem sie sich hätte mitteilen können, obwohl sie gerade jetzt dringend jemanden gebraucht hätte.

Sie nahm den Weg zurück in die Stadt. Vielleicht war die Ratssitzung endlich zu Ende, und Kellinghusen konnte ein paar Worte mit ihr reden. Engelke betete, während sie hastig vorausschritt, daß es so sein möge. Denn ihr Herz klopfte zum Zerspringen – nicht vom schnellen Gehen, sondern vor innerer Erregung. Sie mußte loswerden, was sie so aufwühlte. Mandus Kellinghusen sollte alles, wirklich alles erfahren, einschließlich dessen, was sie über den mordenden Domherrn herausgefunden hatte, und einschließlich ihrer Vermutungen. Es ging nicht an, daß sie sich weiterhin allein mit solchen Lasten abschleppte. Sie brauchte jemanden, der ihr tragen half.

»Noch immer nich'«, hatte der Amtsdiener auf Engelkes Frage geantwortet. »Dann richtet Herrn Kellinghusen aus«, hatte sie ihn gebeten, »er möchte sich gleich nach der Sitzung ins Haus van Damme begeben. Es sei dringend und wichtig.«

Der Amtsdiener hatte zustimmend genickt und Engelke mit verwundertem Blick nachgeschaut. Er mochte sich fragen, was denn wohl so dringend und wichtig sei. Seine eigene Vermutung war an seinem schiefen kleinen Lächeln zu erkennen.

Engelke hatte all dies nicht wahrgenommen. Den Kopf tief unter ihrer Kapuze versteckt, stapfte sie nach Hause in die Reichenstraße. Ihr war elend zumute. Sie würde sich in ihre Kammer zurückziehen, versuchen, ein wenig zur Ruhe zu kommen, und abwarten, bis der Gerichtsherr erschien. Es konnte jetzt wirklich nicht mehr lange dauern. Dunkelheit senkte sich über die Stadt, und irgendwann mußte auch die längste Ratssitzung enden.

Aber Engelke kam nicht zur Ruhe, nicht einmal in der Stille ihres kleinen Schlafzimmers. Sie saß auf dem Bett, starrte in die Flamme der Unschlittkerze, die in ihrem zinnernen Halter auf der Kleidertruhe brannte, und grübelte. Etwas – ein paar Worte, die Katrien gesagt und die sie sich schon jetzt nicht mehr ins Bewußtsein rufen konnte – beschäftigte sie quälend. Außerdem wurde sie ein Gefühl nicht los – das drängende Gefühl, daß sie handeln müßte. Noch heute.

Endlich, nach zwei oder drei ungeduldig abgesessenen Stunden, hielt sie es nicht mehr aus. Sie fühlte sich getrieben, irgend etwas zu unternehmen – gleich, was es war, solange es sie in der Sache der ermordeten Kinder weiterbrachte.

Sie ging hinunter in die Diele, wo sich zu dieser Stunde niemand mehr aufhielt, und warf sich den Mantel noch einmal über. Wiebke, die aus der Küche auftauchte und sie fast beiläufig nach dem Wohin fragte, bekam keine Antwort.

Die alte Frau schien auch keine erwartet zu haben. »Gott schützt dich, Kind«, sagte sie leise, »dennoch – begib dich nicht unnötig in Gefahr.«

Diese warnenden Worte brauchte Engelke nicht. Sie wußte, daß es gefährlich war, allein durch die Dunkelheit zu gehen. Aber sie wußte auch, daß sie sich eilen mußte. Das drängende Gefühl wuchs von Atemzug zu Atemzug. Keine Zeit, auf Mandus Kellinghusen zu warten. Sie würde selbst vor dem Krug Zum Roten Einhorn auf Heekster oder Fuuk warten und dem Verbrecher heimlich folgen. Er würde sie zum Schauplatz der Bluttaten führen. Und dann ...

Was dann geschehen mußte, daran verschwendete Engelke keinen Gedanken. Es würde sich aus der Situation ergeben. Einsilbig ging sie auf die Fragen des alten Piet ein, während sie im Kellergewölbe die Kleider wechselte, und noch immer suchte sie zornig und verzweifelt die Worte wieder zusammenzubringen, die Katrien kurz vor ihrem Ende geäußert hatte.

»Wohl hinter Fuuk un Heekster her?« fragte der alte Mann. »Über die hab' ich nix erfahren können.«

»Hmm.«

»Nu is ja schon wieder 'n Kind weg«, sagte Piet, »ich hab's von 'ner Magd, die heute 'nen Mantel gekauft hat.«

»Hmm.« Engelke stieg in die engen Hosen, schnürte den Bund zu, richtete sich auf. »Sagt, Piet – wieso sollten die Toten auf dem Pestfriedhof verloren sein?«

»Och«, der Kleiderhändler zuckte die Achseln, »weiß ich nich'. Das sagt man wohl so – weil die meisten von denen ja nich' ausgesegnet sind. Der Rat hat zwar damals die Kapelle gestiftet, aber –«

Engelke, die sich die Gugel über den Kopf gezogen hatte, erstarrte mitten in der Bewegung. Es war weniger die Erklärung des Lumpenkrämers als ihre eigene spontane Frage, die sie so in Aufregung brachte. Ik bün verlor'n, genau wie de annern op'n Heilig-Geist-Feld – das hatte Katrien gesagt. Nach diesen Worten hatte sie gesucht!

»– aber da is, glaub' ich, noch nie 'ne Seelenmesse gelesen

worden«, beendete der alte Piet seinen Satz »manche sagen sogar, die hat nach der Weihe keiner mehr benutzt.«

»Ich muß weg«, sagte Engelke. Ihre Stimme klang atemlos. Mit wenigen langen Schritten sprang sie die Kellertreppe zur Straße hinauf. Dem verdutzten Kleiderhändler bot sie nur eine ungeduldige Handbewegung.

Sie hatte den ganzen Weg bis zum Burstah im Laufschritt zurückgelegt, angetrieben von dem Gefühl, daß jeder Augenblick kostbar sei. Nichts als dieses Gefühl beherrschte sie. Ein kleines Kind schwebte in Lebensgefahr – da blieb keine Zeit für Angst. Nicht einmal zu nüchternen Überlegungen, wie sie vorgehen sollte, war Engelke noch fähig.

Eins schien ihr ganz sicher: Gestern war Katriens Neugeborenes geopfert worden – für Niklas Helmers. ›Min' Lütten könt Ji nich mehr retten‹, das waren Katriens Worte gewesen, kurz vor ihrem Freitod. Und diese Nacht sollte ein weiterer Mord geschehen. Engelke selbst war die Auftraggeberin. Für ihre dreißig Schilling würde der Satanspriester diese Nacht ein weiteres unschuldiges Kind bestialisch umbringen, wenn nicht ein Wunder geschah.

Der Gedanke war so grauenhaft, daß Engelke der Schweiß ausbrach. Vielleicht war die Tat schon vollbracht, und sie kam zu spät, um den Lauf der Dinge noch zu ändern. Engelke rannte schneller, rempelte einen Nachtwächter an, der mit seinem Feuerhorn die Straße entlangstapfte, brummte eine Entschuldigung.

Noch eine kleine Strecke, dann ragte schwarz und breit das Milderaden-Tor vor ihr auf. Erst jetzt fiel ihr ein, daß es wie alle anderen Tore selbstverständlich schon seit Einbruch der Dunkelheit geschlossen war. Sie konnte nicht aus der Stadt. Der Pestfriedhof lag auf freiem Feld vor den Mauern. Alle Anstrengung war vergebens!

Keuchend blieb sie stehen, zwang sich zum Denken. Es mußte eine Möglichkeit geben, die Stadt auch im Dunkeln zu verlassen – Fuuk und Heekster taten das ja wohl öfters. Vielleicht, daß die Torwache …

Nach kurzem Zaudern trat Engelke an das Fensterchen

der Wachstube heran, hinter dem Kerzenlicht brannte, und lugte hinein. Da saß der Posten, stierte vor sich hin, schien zu dösen.

Engelke pochte an die trüben kleinen Glasscheiben. Der Torwächter blickte auf.

»He«, sagte Engelke mit gedämpfter Stimme, »ich muß raus. Loot mi ut'n Door!«

Der Posten stand von seinem Schemel auf, kam ans Fenster, öffnete es. »Wer is'n da?« knurrte er mißtrauisch, »Büst du dat, Fuuk?«

Engelke schluckte. Ihre Vermutung war richtig gewesen. Der Posten wußte Bescheid, steckte offenbar mit den Verbrechern unter einer Decke. »Nee«, gab sie leise zurück, »Fuuk kommt später nach. Ik bün … 'n neuer Mann.« »So.« Der Torwächter spitzte die Lippen, als wolle er pfeifen. »Gediegen, dat mi dor keiner wat von seggt hett.« Er kniff die Augen zusammen, suchte Engelke in der Dunkelheit besser zu erkennen. »Losung …?«

»Ach so – die Losung …«, stotterte Engelke ratlos. Sie hatten sich gut abgesichert, die Mordbuben. »Das Losungswort … das is …«

»Na?«

»Asmodi …«, flüsterte Engelke auf's Geratewohl. Gleichzeitig überlegte sie sich blitzschnell eine andere Möglichkeit, aus der Stadt zu gelangen, falls der Posten sich weigerte, sie hinauszulassen. Der Mühlengraben war nicht tief. Aber sie würde schwimmen müssen …

»Asmodeus«, korrigierte der Posten, »ich will's mal gelten lassen, weil du neu bist.« Er zog das Fenster wieder zu.

Es hatte geklappt. Zufällig war Engelke auf das richtige Losungswort gekommen. Einen Atemzug später trat der Wächter aus der Tür, ein Bund Schlüssel in der Hand. Ganz selbstverständlich schloß er die kleine, mit massiven Eisenbändern beschlagene Nebenpforte in der Mauer auf, eine Schlupftür, die nicht für Passanten, sondern nur für die Wachmannschaft bestimmt war. »Und sag deinem Meister«, brummte er, während er Engelke durchließ, »er soll mich nächstens einweihen, wenn er 'n Neuen anstellt. Und das Zahlen soll er auch nich' vergessen!«

Engelke brachte nur ein Nicken zustande. Sie huschte hinaus in die Nacht, während der Wachtposten das Schlupftürchen wieder zusperrte.

Das Hindernis des Milderaden-Tores, das so unüberwindlich geschienen hatte, lag hinter Engelke. Es war leicht gewesen, durchzukommen. Daß das Glück ihr dabei zur Seite gestanden hatte, war nicht wichtig. Sie hatte Zeit gewonnen – das allein zählte. Und nun hielt sie, so schnell das in der tiefen Dunkelheit unter einem wolkenbedeckten Himmel möglich war, auf die Kapelle des Pestfriedhofs zu.

Das kleine, klotzige Ziegelbauwerk hob sich mit seinem zierlichen Dachtürmchen nur schwach vor der schwarzen Wand des jenseitigen Eichholzes ab. Was Engelke den Weg wies, war der schwach flimmernde Lichtschein, der aus den schmalen, schießschartenähnlichen Fenstern der Kapelle fiel.

Ja – es war jemand da drinnen. Jemand, der sich in der verrufenen Einsamkeit dieses Ortes ganz sicher fühlte. Jemand, der darauf zählte, daß er hier bei seinem schändlichen Tun nicht von unberufenen Augen gesehen wurde. Und dieser Jemand konnte tatsächlich sicher sein. Kein anständiger Mensch betrat freiwillig diesen Boden, in dem zur Zeit des Großen Sterbens so viele Tausende namenloser Toter hastig verscharrt worden waren. Der Pestfriedhof wurde gemieden – bei Tag und noch weit mehr in der Nacht.

Kein Laut durchdrang die finstere Stille, nicht einmal eine Eule ließ ihren Ruf hören. Aber Engelke, die sich der Kapelle näherte, empfand keine Furcht; sie verspürte nur eine große, fast überwältigende Traurigkeit, die von diesem trostlosen Ort auszugehen schien. Das Gefühl wirkte lähmend, Engelke fiel es plötzlich schwer, weiterzugehen. Es kostete sie Überwindung, an eins der Kapellenfenster heranzutreten. Denn zu dem belastenden Gefühl der Melancholie und völligen Einsamkeit gesellte sich jetzt unvermittelt doch noch der starke Eindruck des Bedrohlichen.

Es kam Engelke vor, als schrumpfe sie, würde kleiner und kleiner vor der Aufgabe, auf die sie sich eingelassen hatte.

Ohne sich den Beistand eines vertrauenswürdigen Priesters zu sichern, war sie hierher gekommen – in den Bannkreis des Fürsten der Finsternis. Sie hatte sich vermessen, dem Teufelspriester und seinen Helfern ganz allein gegenüberzutreten – ohne die Hilfe der Heiligen Kirche ... Und nun überfiel sie die Furcht. Vor allem aber wurde sie sich ihrer Ohnmacht bewußt. Gegen die Macht des Satans würde sie nichts ausrichten können.

Mit großer Anstrengung spähte sie durch das schmale Fenster in den Innenraum der Kapelle. Zuerst erkannte sie dort nichts als den runden Lichtkreis einer einzelnen Kerze, die auf dem Fußboden brannte. Aber während ihre Augen sich auf die spärliche Helligkeit einstellten, begann sie mehr und mehr Einzelheiten auszumachen. Und Geräusche drangen an ihr Ohr – Männerstimmen, die gedämpft miteinander sprachen.

Zwei Schatten kauerten auf dem Kapellenboden, nicht weit von der mageren Lichtquelle entfernt. Breite Schatten, schwarz in der kaum erhellten Dunkelheit. Ihre Silhouetten zeigten Engelke, daß es Männer waren – in Kapuzenmäntel eingehüllt, ähnlich wie Mönche. Ihre Gesichter lagen im Schatten.

Noch schwiegen die beiden Gestalten. Dann hörte Engelke: »Verdammt – wo bleibt der Kerl?«

»Er wollte so schnell wie möglich nachkommen, Meister«, kam unterwürfig die Antwort. »Ich weiß auch nicht, was ihn aufhält ...«

Das war Fuuks Stimme gewesen. Die andere gehörte dem Domherrn. Engelke hatte sie sofort wiedererkannt. Und nun setzte Fuuk mit einem hündischen Unterton hinzu: »Herr – auf mich könnt Ihr Euch doch immer verlassen. Nur Heekster, der is' –«

»Halt dein Maul«, zischte der andere Schatten. »Ich kann und will nicht länger warten. Die Zeremonie soll jetzt stattfinden – nicht erst, wenn Heekster sich bequemt! Ich gebe ihm noch eine Vaterunser-Länge. Dann beginnen wir – auch ohne ihn!«

»Ja, Meister!« Der Gescholtene kroch in sich zusammen.

»Steh auf«, hörte Engelke die harte, seltsam angespannte Stimme des Domherrn, »du weißt, was zu tun ist. Bereite alles vor. Das wirst du ja wohl auch ohne Heekster können!«

»Ja, Meister.« Fuuk erhob sich vom Fußboden und verschwand aus Engelkes Gesichtskreis, während sein Herr in der Nähe der brennenden Kerze sitzen blieb. Einige Augenblicke vergingen. Auf einmal wurde es heller im Raum der Kapelle. Fuuk mußte weitere Kerzen angezündet haben; so schien es Engelke, die angestrengt die Szene beobachtete.

Der Satanspriester stand auf. »Jetzt hat er genug Zeit gehabt, um herzukommen«, sagte er ärgerlich und reckte seine lange, hagere Gestalt. »Wir werden auf seine Mitwirkung verzichten. Aber was er noch nicht weiß: Unseren Fürsten läßt man nicht ungestraft warten. Dir ist das doch klar, Fuuk?«

»O ja, Meister!« Der zweite Schurke kam wieder ins Bild. Seine Stimme hatte gezittert, als schüttle er sich vor Furcht. »Ich – ich würde das niemals wagen«, fügte er angstvoll hinzu.

Der kapuzenverhüllte Domherr stieß ein trockenes Lachen aus. »Ich weiß«, sagte er sanft, dann, grob und im Befehlston: »Was ist? Wir sind noch immer nicht bereit!«

Fuuk duckte sich unterwürfig. Aus den Schatten schleifte er ein in Leinwand eingepacktes Bündel herbei, schlug den Stoff auseinander, nahm etliche Gegenstände heraus. Engelke erkannte eine metallene Schale, einen schönen, mit Edelsteinen verzierten Kelch, ein silbernes Kruzifix und einen Dolch.

Der Helfer des Teufelspriesters legte Schale, Becher und Dolch in den Lichtkreis der Kerze in der Mitte des Raumes. Die Klinge der Waffe blinkte hell; sie schien gut poliert und sehr scharf. Das Kruzifix sollte außerhalb ihres Gesichtsfeldes aufgestellt werden, schloß Engelke. Denn der Verbrecher trug es zur Seite.

»Das Wichtigste hast du vergessen, Schwachkopf«, zischte der Satanspriester mit angespannt bebender Stimme. »Mach zu – ich will keine weitere Verzögerung!«

»Sofort, Meister«, brabbelte Fuuk und wieselte noch einmal davon. Er kam mit einem hölzernen Kasten zurück, den er neben Schale, Kelch und Messer aufstellte und mit einem schwarzen Wolltuch bedeckte. Dann verschwand er wieder.

Engelke heftete den Blick auf den Domherrn. Sie konnte das Gesicht des Mörders jetzt, da die Kapelle heller erleuchtet war, besser erkennen. Fahle Augen funkelten unter der Kapuze seines Mantels, machten seine faltigen, zerfurchten Züge zu einem erschreckenden Anblick. Seine mageren Hände, die er vor der Brust ineinander verkrallt hielt, wirkten wie die Klauen eines Raubvogels.

Übermächtig spürte Engelke die lähmende Furcht, die sie ergriffen hatte. Mit aufgerissenen Augen sah sie, wie der Komplize des Satanspriesters ein weiteres, diesmal ziemlich großes, schwarz verhülltes Bündel aus den Schatten herbeischleppte. Dieses Paket bewegte sich, wand sich in den Armen des Verbrechers hin und her und stieß dabei erstickte, gurgelnde Laute aus.

Fuuk plazierte das Bündel auf der Kiste und schlug das schwarze Tuch auseinander. Ein nacktes Kind kam zum Vorschein, ein drei- oder vierjähriges kleines Mädchen. Sein Mund war von einer Leinenbinde bedeckt, die es am Schreien hinderte. Aber seine hellblauen, in blankem Entsetzen weit geöffneten Augen sprachen um so deutlicher. Während ihm Arme und Beine weit gespreizt und an die vier Ecken der Kiste angebunden wurden, wehrte es sich verzweifelt mit seinen schwachen Kräften ...

Engelkes Magen krampfte sich zusammen. Übelkeit preßte scharfe Säure in ihre Kehle. Der Unhold da drinnen, dessen Gesicht sie immer noch deutlich sehen konnte, schien den Anblick des gefesselten Kindes unendlich zu genießen. Ein teuflisches Lächeln verzerrte seine harten Züge. »O ja«, sagte er und bleckte die Zähne, »diese Jungfrau wird dem Fürsten gefallen – besser als das Blut von Säuglingen. Obwohl auch das seinen Reiz hat.« Er trat näher an das hilflose kleine Wesen heran, beugte sich vor, nickte. »Nun wollen wir mit der Zeremonie fortfahren«, hörte Engelke seinen Befehl an den Komplizen, »tritt in den anderen Kreis – darin bist du sicher, wenn ich unsern Herrn anrufe.«

Engelke stellte fest, daß ihre Zähne klapperten. Eine Schwarze Messe sollte stattfinden – eine unheilige, gotteslästerliche Handlung, in dessen Verlauf dem Fürsten der Finsternis ein kleines Mädchen zum Opfer dargebracht werden sollte. Und sie, Engelke, war allein am Schauplatz dieser Blasphemie. Sie würde nicht einschreiten können. Es gab keinen Priester, der dem Satan die Macht der heiligen Kirche entgegensetzte – nicht einmal ein paar kräftige Kerle, die stark genug waren, um die Schurken da drinnen zu überwältigen.

Eine ferne Glocke schlug neun. Was für ein fataler Unsinn war es doch gewesen, ganz ohne Unterstützung diesen unseligen Ort aufzusuchen – welche Vermessenheit, sich ohne Beistand in den Dunstkreis des Teufels und seiner Helfer zu begeben! Engelke überrollte eine neue Welle der Übelkeit, die sie fast zum Husten brachte. Durch ihre Gedankenlosigkeit, ihr leichtsinnig-unüberlegtes Handeln würde ein unschuldiges Kind sein Leben verlieren, und –

Der Unhold im kerzenerleuchteten Raum der Kapelle begann zu singen. Engelke nahm die monoton vorgetragenen Formeln – die sich nicht nach Latein anhörten – kaum wahr. Sie sah nur die in namenloser Angst hin- und herrollenden Augen des kleinen Mädchens, dessen obszön ausgestreckter, hilfloser Körper sich kalkweiß von dem schwarzen Tuch des provisorischen Altars abhob, und sie fühlte sich beim Anblick des Kindes nicht weniger machtlos als das Opfer der unheimlichen Zeremonie.

Noch während ihr diese Tatsache schmerzhaft bewußt wurde, hörte das Singen auf. Der Satanspriester sprach jetzt, und plötzlich verstand Engelke die Worte wieder »Oh Asmodeus«, leierte der Unhold, »erscheine, erscheine! Nimm gnädig diese Jungfrau als Opfergabe von mir an, o Herr der Finsternis! Komm und hole dir ihre Seele, sobald dein Diener sie für dich vorbereitet hat! O Asmodeus – erscheine, erscheine!«

Dichter Rauch erhob sich im Kapellenraum, wallte umher, verhüllte für Augenblicke den provisorischen Altar. Schreckensstarr beobachtete Engelke die Szene. In den umherziehenden weißgrauen Schwaden mußte nun der Teufel erscheinen, den sein Jünger beschworen hatte. Der Gedanke, nichts tun zu können, war so schmerzhaft, daß er Engelke fast den Atem nahm. Gleichzeitig arbeitete ihr Verstand fieberhaft, wehrte sich gegen die erzwungene Tatenlosigkeit, suchte nach Wegen aus dieser gräßlichen Zwangslage.

Neue Geräusche drangen aus der Kapelle an Engelkes Ohr. Kein Teufel erschien, aber der Unhold stieß grunzende Laute aus. Er hatte sich aufgerichtet; Engelke sah, daß seine Hände unter der schwarzen Kutte wild beschäftigt waren.

Er war dabei, sich zu entblößen! Jetzt schlug er den Mantel zurück. Sein Unterleib war nackt. Sein Gesicht, zu dem Engelkes Blick angewidert hinaufglitt, hatte sich mit hektischer Röte überzogen. »Er ist da«, schnaufte er, »der Herr der Finsternis erwartet sein Opfer. Schnell, Fuuk – dreh dich um, damit du sein schreckliches Angesicht nicht siehst! Ich ... Ha ... Es wird Zeit ... ich muß mich ... eilen ...!«

Seine letzten Worte waren keuchend ausgestoßen worden. Mit glühenden, gierig starrenden Augen näherte er sich dem Kind auf dem schwarz behängten Altar, ging in die Knie –

Engelke hatte plötzlich Asmodeus vergessen. Sie sah nur noch einen Teufel in Menschengestalt, dem die Geilheit im Gesicht geschrieben stand und der sich über ein kleines Mädchen von vier Jahren hermachen wollte. Eine Wut, wie sie sie nie gekannt hatte, schoß in ihr hoch und löschte alle anderen Gefühle – Angst vor den Mächten der Hölle und Furcht vor den beiden Verbrechern – völlig aus. Sie ließ den Fenstersims los, rannte mit ein paar langen Sprüngen um die Ecke der Kapelle und warf sich gegen das Eingangsportal.

Die Bohlentür war nicht verschlossen. Sie sprang auf; Engelke stürmte in den Raum.

Der Satanspriester hatte sich, umschwelt von Weihrauchwolken, die zwei silbernen Rauchfässern entquollen, vor dem wehrlosen Kind auf die Knie niedergelassen. Er war eben im Begriff, in sein Opfer einzudringen, hatte das kleine Mädchen bereits um den Leib gefaßt. Blind und taub vor Gier merkte er nicht, daß jemand eingetreten war.

Engelke stürzte sich auf ihn. Sie packte ihn mit beiden Händen an den Schultern und riß ihn so hart zurück, daß er taumelte. »Elendes, dreckiges Schwein«, schrie sie außer sich vor Ekel, »du rührst die Kleine nicht an …! Erst mußt du mich umbringen!«

Der Teufelsdiener fuhr zu Engelke herum, starrte sie an. Sein kantiges, fleckig gerötetes Gesicht war zu einem Ausdruck der maßlosen Überraschung verzerrt, sein Mund stand offen. An den Mundwinkeln klebten schaumige Speichelflocken. Er stieß ein heißes, rauhes Keuchen aus, ruderte mit den Armen gleichgewichtssuchend in der Luft herum. Aber er fing sich schnell. Mit einem Satz war er auf den Beinen, warf sich Engelke mit ausgestreckten Klauenhänden entgegen. Von seinen Lippen kam ein Wutschrei.

Beim Anblick seiner Fratze sammelten sich in Engelke alle Kräfte ihres Zorns. Sie ballte die Fäuste, holte aus, schlug zu, so hart sie es vermochte. Der Satanspriester rannte direkt in ihre mächtigen Hiebe hinein. Engelkes Linke traf ihn am Unterkiefer, so daß seine Zähne laut hörbar aufeinander prallten; ihre Rechte krachte gegen seine Schläfe. Sein Kopf flog erst ins Genick, dann zur Seite. Benommen ging er vor Engelke zu Boden, sackte zusammen, regte sich für den Augenblick nicht mehr.

Engelke sog Luft in ihre Lungen. Der Weihrauch machte ihr das Atmen schwer. Hastig trat sie an die schwarz behängte Kiste heran, die als Teufelsaltar gedient hatte, und bückte sich nach dem scharfgeschliffenen Dolch, der zusammen mit dem Kelch und der Messingschale daneben auf dem Steinfußboden glänzte.

Sie ergriff das Messer. Mit einem Schnitt durchtrennte sie die Fessel, die das linke Händchen des Kindes an der Ecke der Kiste festhielt. Als sie den linken Fuß der Kleinen befreien wollte, spürte sie plötzlich Finger, die sich schmerzhaft durch den groben Stoff der Gugel in ihre Schulter krallten. »Nich' mit uns«, krächzte Fuuks Stimme, »unser Fürst läßt sich nich' ungestraft zum Narren machen!«

Der Andere! In ihrer Erregung hatte Engelke völlig außer acht gelassen, daß sich außer dem Hauptverbrecher noch sein Komplize im Kapellenraum aufhielt. Und Fuuk konnte sie nicht mehr mit einem unerwarteten Auftritt überraschen!

Sie packte das Messer fester, schoß vom Boden hoch, befreite sich mit einem wilden Ruck aus dem Griff des Halunken, während sie mit ein paar Rückwärtsschritten mehr Abstand zu gewinnen suchte.

Aber Fuuk war ein Kerl aus der Gosse. In ihm hatte Engelke einen Gegner vor sich, der schon tausend Raufereien und Kneipenschlägereien erfolgreich bestanden hatte und alle Tricks und Finten kannte. Mit einem wohlgezielten Fußtritt entwaffnete er Engelke. Das Messer flog in hohem Bogen gegen einen Pfeiler und fiel mit einem metallischen Klingen auf den Steinfußboden. Noch ehe Engelke ihr schmerzendes Handgelenk umklammern konnte, hatte Fuuk sie niedergerissen. Seine Hände schlossen sich wie Schraubstöcke um ihre Kehle und drückten ihr die Luft ab, während er sich über sie wälzte. Das Gewicht des schweren Männerkörpers, der auf ihr lastete, machte Engelke nahezu bewegungsunfähig.

Sie rang wild nach Atem. Sie spannte alle Muskeln, raffte alle Kräfte zusammen, beschwor ihre heiße Wut und mühte sich, ihren Widersacher abzuschütteln, solange sie noch dazu fähig war. Sie warf die Beine hoch, trat, krümmte den Rücken, strengte alle Mittel der Gegenwehr an, um den Kerl loszuwerden, der sie würgte und am Boden festhielt.

Es war vergebens. Fuuks mörderische Finger an ihrer Kehle blieben eisern geschlossen. Der Schurke war stärker, als sie ihn eingeschätzt hatte. Sie sah, wie sein häßliches, grinsendes Gesicht sich über ihr langsam mit tanzenden, flimmernden Funken umgab, kleinen Blitzen, die grell in ihre Augen stachen und ihren Kopf fast zum Platzen brachten.

Es war aus. Sie hatte alles verdorben. Sie war allzu leichtsinnig gewesen – und jetzt bekam sie die Quittung dafür.

14

Fuuk würde sie umbringen. Ihre Kräfte reichten jetzt nicht mehr aus, um ihn abzuschütteln. Ihr Blickfeld war bereits zu einem kleinen Kreis zusammengeschrumpft, in dem nur noch Fuuks widerliches, mordlustiges Grinsen zu erkennen war. Ihre Lungen brannten, gierten nach Luft – es tat weh, auf diese Art zu sterben … es war schändlich … es war elend … würdelos …

Auf einmal strömte Engelkes Atem wieder. Die über ihr schwebende Fratze des Verbrechers veränderte sich, Fuuk riß den Mund auf, zeigte in einer überrascht-schmerzlichen Grimasse seine schlechten Zähne, kippte seitwärts von Engelkes Leib herunter, blieb still neben ihr liegen.

Jemand zerrte ihn weg. Engelke wurde von kräftigen Armen aufgerichtet und gestützt. Dicht an ihrem Ohr sagte eine aufgeregte Männerstimme: »Gott Lob und Dank – sie lebt noch!« Und eine helle Jungenstimme, heiser vor Erleichterung, krähte: »Heff ik Ji dat nich seggt? Dat bruukt mehr als twee Mann, um Fröl'n Engelke platt to moken!«

Teetje. So eine dumme Behauptung konnte nur von Teetje kommen. Engelke sog die Luft tief in ihre schmerzenden Lungen, befreite sich mit einer matten Bewegung von den Armen, die sie hielten, hustete, mußte lachen. Gleichzeitig begannen Tränen aus ihren Augen zu rollen und tropften auf eine große, gutgeformte Männerhand.

Sie gehörte zu einem schwarzbetuchten Arm, der sich von neuem um sie legte. »Könnt Ihr aufstehen«, fragte die sonore Stimme, die so aufgeregt zitterte, »oder seid Ihr verwundet? Gott im Himmel … ich hoffe wirklich -«

»Es geht schon«, sagte Engelke. Sie befreite sich ein zweites Mal und suchte auf die Füße zu kommen. Das war mühsam. Ihr Kopf dröhnte. Aber sie konnte ihre Umgebung jetzt wieder wahrnehmen. Zwei Männer der Stadtwache waren damit beschäftigt, dem Satanspriester und seinem Komplizen die Hände auf den Rücken zu fesseln. Teetje hatte das kleine Kind befreit und hüllte es gerade mit den geübten Bewegungen eines Halbwüchsigen, der jüngere Geschwister hat, liebevoll in das schwarzwollene Altartuch. Überall brannten Kerzen, die einfach mit Wachs auf den Boden geklebt waren. Das Weihrauchfaß schwelte noch; stark und betäubend duftende Schwaden durchzogen nach wie vor den nackten, unverputzten Raum der Kapelle. Auf den Steinfliesen waren mit Farbe zwei nicht ganz gleichmäßige Kreise gezogen. Sehr rohe, sehr unsauber ausgeführte Pinselarbeit. Der eine umschloß den Platz, auf dem die Altar-Kiste stand. Der andere befand sich in einer Ecke des Raumes neben dem Pfeiler. Keine magischen Zeichen waren zu erkennen – nichts, was auf eine Teufelsbeschwörung hätte hinweisen können. Der Satanspriester hatte sich für seinen Höllenfürsten Asmodeus nicht viel Mühe gegeben. Nur das Opfer schien ihm wichtig gewesen zu sein.

Jetzt, wo Engelke aufrecht stand und ihr Blut wieder zirkulierte, wich langsam ihre Benommenheit. Sie wandte sich demjenigen zu, der ihr aufgeholfen hatte und noch immer dicht neben ihr stand. Mandus Kellinghusen hatte die Augen nicht von ihr gelassen und betrachtete sie mit besorgten Blikken …

»Wirklich – es geht mir gut«, sagte Engelke und tastete nach ihrem schmerzenden Genick.

Die Kapuze der Gugel hing im Nacken. Sie mußte ihr bei dem Handgemenge vom Kopf gerutscht sein. Und ihre Haare – sie waren offen. Sie flossen in langen Wellen über ihre Schultern.

Das war tatsächlich Kellinghusen, der da vor ihr stand. Und er hatte sie in ihrer Verkleidung gesehen – eine junge Frau aus bestem Hause in Männerhosen! Entsetzlich. Wie war der Gerichtsherr überhaupt hierher gekommen? Niemand hatte doch von ihrer Unternehmung gewußt!

Was hatte Teetje vorhin gerufen? Das braucht mehr als zwei Mann, um Fröl'n Engelke plattzumachen …

Teetje war dran schuld, daß jetzt alle ihre Heimlichkeiten

ans Tageslicht kamen. Er mußte Kellinghusen eingeweiht haben, und zwar gründlich. Wahrscheinlich hatte er es in der besten Absicht getan, aber …

»Wir sind soweit«, sagte einer der Stadtverwalter.

Kellinghusen lenkte den Blick von Engelke zu seinen Gefangenen hinüber, dem halbnackten Teufelsdiener und seinem Spießgesellen. »Jürgen Hooge«, sprach er den Domherrn an, »wer hätte gedacht, daß ich einen frommen Mann wie dich einmal wegen Mordes und Zauberei verhaften müßte?«

Der Satanspriester glotzte verständnislos und gab keinen Laut von sich. Fuuk winselte.

»Schafft sie weg«, befahl der Gerichtsherr den Wachen, »ich komme später nach. Und ich habe euer Wort – das ist ja klar. Oder?«

Die Männer nickten. Ohne weitere Umstände stießen sie die Verbrecher zur Kapellentür hinaus und zogen mit ihnen ab. Kellinghusen sah Engelke an. »Sie können schweigen«, sagte er ernsthaft, »genausogut wie ich. Sorgt Euch also nicht.«

»Herrgott, Mandus«, flüsterte Engelke. Er hatte wieder einmal ihre Gedanken gelesen und ihr mit wenigen Worten alle Befürchtungen zerstreut. Aber die Peinlichkeit der Situation – die blieb. »Wie habt ihr wissen können, daß ich –«, begann sie –

»Der Junge war auf dem Rathaus«, unterbrach Kellinghusen sie und deutete zu Teetje hinüber, der, das Kind auf dem Schoß wiegend, neben dem Pfeiler am Boden hockte. »Er hat sich einfach zu mir durchgeboxt und sich nicht rauswerfen lassen. Dann hat er mir unter vier Augen die ganze unglaubliche Geschichte erzählt, von Jürgen Hooge – ich meine, von Pater Anselmus und Fuuk und Heekster und der heutigen Verabredung im Roten Einhorn …«

»Aber wie –«

»Mir war sofort klar, daß wir mehrere Leute brauchen würden«, fuhr Kellinghusen unbeeindruckt fort, »ich hab' die vier zuverlässigsten mitgenommen. Wir sind dann einfach diesem Heekster gefolgt. Der Junge hatte völlig recht in allem, was er vermutete. Wir sind gerade noch rechtzeitig hier angekommen.«

»Aber ich –«

»Ist es denn so schlimm, wenn ich weiß, wer damals Geert der Schauermann gewesen ist?« Kellinghusen lächelte entschuldigend. »Glaubt mir, Engelke – ich verrate den gewitzten Burschen an niemanden. Wie auch nicht Geert den Handwerker, der mindestens ebenso gewitzt ist. Stammt aus Flensburg, wenn ich den Wirt im Einhorn recht verstanden habe...«

»Ach, Mandus!« Engelkes Augen flossen über – ob vor Heiterkeit oder Verlegenheit, das wußte sie nicht genau.

Der Gerichtsherr trat dicht an sie heran. »Ich bewundere die beiden Kerle«, flüsterte er, während er ihr sachte mit dem Zeigefinger eine Träne von der Wange wischte »Und noch viel mehr bewundere ich die Frau, mit der die zwei untrennbar verbunden sind. Engelke –«, er senkte die Stimme noch mehr, so daß nur sie es hören konnte »ich hatte Euch damals um Eure Hand gebeten. Ihr habt mich abschlägig beschieden. Wollt Ihr Euch Eure Antwort nicht doch noch einmal überlegen?«

Engelke wandte Kellinghusen das Gesicht zu und wollte eine schroffe Antwort geben. Aber ein Blick in seine freundlichen, erwartungs- und hoffnungsvollen Augen hinderte sie daran. »Ich werde darüber nachdenken, Mandus«, sagte sie ehrlich und schluckte die ablehnenden Worte, die ihr schon auf der Zunge lagen, »aber nicht hier – und nicht heute.«

Sie hatten den schön gearbeiteten, kostbaren Kelch, die Schale und das Kruzifix in eins der schwarzen Tücher eingepackt, um die Gegenstände aus der Pestkapelle mitzunehmen. »Ganz sicher sind sie aus dem Mariendom gestohlen«, hatte Kellinghusen gemeint, als sie auf dem Weg zurück in die Stadt waren. »Wir sollten sie umgehend zurückgeben – am besten noch heute abend.«

Engelke fand das auch. »Ihr könntet das erledigen, Mandus«, sagte sie, im Gehen einen Blick auf Teetje werfend, der das kleine Mädchen trug. »Der Junge bringt das Kind zu seiner Mutter, ich wechsle die Kleider, und Ihr -«

Kellinghusen schüttelte den Kopf. »Der Junge bringt der Mutter ihr Kind zurück«, unterbrach er, »aber Ihr und ich, Engelke, wir bleiben zusammen. Ich lasse Euch heute nicht noch einmal allein durch die Dunkelheit laufen, sondern werde Euch begleiten. Soviel Höflichkeit müßt Ihr mir schon zubilligen.«

Er hatte keinerlei Widerspruch zugelassen. Während Engelke am Kattrepel im Gewölbe des alten Piet wieder in ihre Frauenkleider schlüpfte, wartete er auf der Straße vor dem Haus. Engelke beeilte sich. Sie befriedigte in wenigen Worten die Neugier des Lumpenkrämers, versprach ihm hoch und heilig, bald wiederzukommen und erschöpfend Bericht zu erstatten und stapfte kurz darauf neben Kellinghusen zum Domplatz.

In der Sakristei der großen Basilika brannte noch Licht, wie Engelke und Kellinghusen es erwartet hatten. Die allerletzte Andacht des Tages mußte gerade zu Ende gegangen sein; die Glocke schlug zehn.

Auf ihr Klopfen an der Tür der Sakristei erschien der freundliche, großväterlich lächelnde alte Domherr, mit dem Engelke schon einmal gesprochen hatte. Er schaute überaus verwundert drein, als Kellinghusen ihm die Gegenstände zeigte, die zurückzugeben waren. »Ja, ja«, sage er bestätigend, »Kelch und Schale stammen allerdings aus dem Besitz des Domkapitels. Aber das Kruzifix –«, er berührte den silbernen Korpus vorsichtig mit dem Zeigefinger, »das gehört Pater Anselmus persönlich. Es steht gewöhnlich auf seinem Lesepult. Wie seid ihr bloß daran gekommen?«

»Das ist eine lange Geschichte«, erwiderte der Gerichtsherr, »es würde zu weit führen, sie jetzt zu erzählen. Ich möchte Euch bitten, das Kruzifix in den Domschatz aufzunehmen, weil –«

»Aber nein«, widersprach der alte Domherr, »Anselmus hängt sehr daran. Er wird es schon schmerzlich vermissen. Wenn es Euch nichts ausmacht, bringt es ihm doch hinüber in seine Zelle.« Er deutete aus dem Sakristeifenster zum Alten Haus im Domhof. »Dort drüben wohnt er. Und wie ich ihn kenne, ist er ganz bestimmt noch wach.«

»O ja, das glaube ich auch«, sagte Kellinghusen trocken, »Ich gehe davon aus, daß er wohl diese Nacht kaum zum Schlafen kommen wird. Seine Unterkunft ist nämlich recht unbequem.« Er hielt dem alten Domherrn zum wiederholten Mal das Kruzifix hin. »Ich fürchte, Pater Anselmus wird sein Eigentum nicht mehr entgegennehmen können. Er sitzt im Gefängnis.«

»Wie meint Ihr das?« Der alte Domherr machte runde, verdutzte Augen. »Anselmus hat seinen geistlichen Stand noch niemals als Gefängnis betrachtet. Gerade er nimmt gerne und aus tiefster Überzeugung Keuschheit und Armut auf sich, und –«

»Wir haben ihn vor einer halben Stunde verhaftet«, erklärte Kellinghusen geduldig.

»Aber das kann nicht sein.« Der alte Dornherr schüttelte energisch den Kopf. »Vor einer halben Stunde war er ja im Dom. Er hat seine Abendandacht gehalten. Dann ist er wie gewöhnlich zum Alten Haus hinübergegangen. Und wie ich ihn kenne, wird er noch bis in die tiefe Nacht –«

»Was sagt Ihr denn da?« fiel Kellinghusen ihm ins Wort. »Er soll vor einer halben Stunde hier gewesen sein – und Ihr wollt ihn selbst gesehen haben?«

»Das ist unmöglich«, sagte Engelke. »Vor einer halben Stunde ist er auf dem Pestfriedhof verhaftet worden. Ich war dabei. Und jeder Irrtum ist ausgeschlossen.«

»Kann es sein, daß Ihr ihn nicht wirklich bei der Andacht gesehen habt, sondern nur vermutet, daß er anwesend war?«, fragte Kellinghusen vorsichtig. »Ich möchte Euch nicht beleidigen, aber bei Eurem Alter … Eure Augen könnten Euch getrogen haben.«

Der alte Domherr schüttelte noch einmal den Kopf. »Niemals würde Anselmus den Gottesdiensten fernbleiben«, murmelte er betroffen. »Gerade er nimmt seine Pflichten doch so ernst! Wenn Ihr wollt, begleite ich Euch zu ihm, damit Ihr ihm sein Eigentum zurückgeben könnt. Auch wenn er sich sehr gestört fühlen wird.«

»Aber versteht Ihr denn nicht?« Engelke wurde ungeduldig. »Pater Anselmus kann nicht in seiner Zelle sein. Das

Gelaß, in dem er sich zur Zeit aufhält, ist eine Gefängniszelle. Es wäre also ganz sinnlos, zum Alten Haus hinüberzugehen!«

»Kommt«, antwortete der Domherr in einem Ton, aus dem Engelke einen gewissen Greisen-Starrsinn herauszuhören glaubte, »wir werden ihm sein Kruzifix gemeinsam bringen. Ich hoffe, er verzeiht uns, daß wir ihn aus seinem Gebet reißen müssen.«

Damit öffnete er die Sakristeipforte, bedeutete Engelke und dem Gerichtsherrn, voranzugehen und folgte ihnen nach draußen.

»Gut«, sagte Kellinghusen, »gehen wir also hinüber, und stellen wir gemeinsam fest, daß Jürgen Hooge alias Pater Anselmus nicht da ist. Das Domkapitel wird ohnehin morgen erfahren müssen, daß eins seiner Mitglieder ein Verbrecher ist.«

Der greise Domherr gab darauf keine Antwort. Er strebte schweigend und zielsicher auf das älteste Gebäude im Halbkreis der Höfe zu und bediente energisch den Klopfring.

Die stämmige, grauhaarige Haushälterin öffnete. »Ik bün al' im Hemd«, murrte sie unwillig, »wer will denn so spät … Oh, Hochwürdiger Herr!« Beim Anblick des alten Domherrn wurde ihr Ton demütig und entschuldigend. »Verzeihung!«

»Melde uns Pater Anselmus, meine Tochter«, gab der Domherr milde zurück. »Ich weiß, wir sind jetzt nicht willkommen. Aber ich denke, er wird uns vergeben, wenn er erst den Grund des späten Besuchs erfahren hat.«

Die Frau machte ein ängstliches Gesicht. »Soll ich wirklich? Er betet gerade, und –«

»Sie deckt ihn«, sagte Engelke zornig, »wieso sollte sie sonst die blödsinnige Behauptung aufstellen, daß er gerade betet?« Sie stieß die Haushälterin einfach beiseite und trat in den schmalen Flur. »Folgt mir, Mandus! Nun werden wir gleich sehen, daß sein Zimmer leer ist!«

Kellinghusen stimmte zu. »Bringen wir dieses Fastnachtsspiel hinter uns.«

Das Haus war dunkel – bis auf das spärliche Licht der Kerze, die die fassungslose Haushälterin in der Hand hielt, und den dünnen Schimmer, der linkerhand durch die Ritzen einer Tür drang. Diese Tür mußte zu der klösterlichen Zelle des Mörders und Kinderschänders führen.

Engelke packte die Klinke und riß die Tür mit einem ärgerlichen Ruck auf. »Seht Ihr«, sagte sie ohne hinzuschauen, »da drin ist niemand, und –«

Eine hagere, in Sackleinwand gehüllte Gestalt, die mit gesenktem Kopf auf dem nackten Fußboden gekniet hatte, richtete sich auf und wandte Engelke langsam das Gesicht zu. »Was gibt's«, fragte Pater Anselmus mit verhaltenem Unwillen, »könnt Ihr denn nicht warten, bis ich mein Gebet verrichtet habe?«

Engelke und der Gerichtsherr hatten eine ganze Weile gebraucht, um sich von der völlig unerwarteten Überraschung zu erholen. Es dauerte seine Zeit, bis sie beide verdaut hatten, daß nicht Jürgen Hooge alias Pater Anselmus, sondern ein stadtfremder Zugewanderter all die schändlichen Verbrechen begangen hatte – ein Kerl, der Pater Anselmus zum Verwechseln ähnlich sah.

Ein Doppelgänger des sittenstrengen Domherrn war es gewesen, der länger als ein halbes Jahr alle Eltern kleiner Kinder in Angst und Schrecken versetzt hatte. »Die Ähnlichkeit zwischen meinem alten Schulkameraden und diesem Ungeheuer ist so groß«, sagte Kellinghusen am nächsten Tag zu Engelke, »daß man die beiden wirklich nur unterscheiden kann, wenn man sie nebeneinander stellt.«

Er war nach den Verhören des Vormittags zu ihr in die Reichenstraße gekommen, um sie wie versprochen über den Fortgang der Sache zu informieren. »Aber so sehr sie sich äußerlich gleichen«, fuhr er fort, »so riesig ist die Kluft, die sie rein menschlich voneinander trennt.«

»Das glaube ich gern, Mandus«, sagte Engelke und hielt den Blick nachdenklich auf den vielarmigen flandrischen Leuchter gerichtet, den Mette am Morgen frisch poliert hatte und der mit seinem glänzenden Messing wie eine kostbare Krone über der Diele schwebte. »Ich habe mich, was Pater Anselmus betrifft, gewaltig geirrt, das gebe ich zu. Aber«, sie wandte sich ihrem Besucher zu und sah Kellinghusen in die Augen, »Ihr müßt mir zugute halten, daß der Domherr ein sehr merkwürdiges Wesen an den Tag gelegt hat, so daß ich unwillkürlich –«

Sie brach den Satz ab, unsicher, wie sie ihre Erklärung in Worte fassen sollte. Kellinghusen lachte leise. Er erwiderte ihren Blick. »Schon als Ihr mich damals über unseren merkwürdigen Heiligen ausfragtet«, half er ihr weiter, »da habt Ihr mir kaum ein Wort von dem abgenommen, was ich Euch über ihn gesagt habe. Weil Jürgen Hooge nämlich in Euren Augen etwas Teuflisches an sich hatte. Wenn Ihr ihn allerdings so gut gekannt hättet wie ich, Engelke, dann hättet Ihr gewußt, daß er kein Diener des Teufels, sondern sein glühendster Widersacher sein mußte.«

»Aber Ihr selbst habt doch den Mörder mit ›Jürgen Hooge‹ angesprochen«, wandte Engelke ein, »und zwar in der Nacht, als Ihr ihn verhaftet habt. Also müßt Ihr ernsthaft davon ausgegangen sein, daß Euer sonderbarer Heiliger schuldig ist.

»Hmm«, Kellinghusen räusperte sich betroffen. »Nun«, meinte er nach einem Augenblick, »halten wir uns demnach beide etwas zugute. Mir, daß ich mich von der äußeren Ähnlichkeit des Unholds mit Jürgen Hooge habe irremachen lassen und Euch … das gleiche.«

Jetzt mußte Engelke lachen. »Ihr hattet recht«, sagte sie, »und ich auch. Jeder auf seine Weise.«

»Ja«, gab Kellinghusen zurück. »Und der mörderische Satanspriester ist wirklich nur nach seiner äußeren Gestalt Jürgen Hooges Doppelgänger. Er glaubt weder an Gott noch an den Teufel – soviel hat sich im heutigen Verhör bereits herausgestellt.«

»So? Das kommt mir sehr unwahrscheinlich vor.« Engelke wußte nicht, was sie davon halten sollte. »Wieso hat er dann die scheußlichen Zeremonien zu Ehren des Asmodeus abgehalten und dem Satan Kinder geopfert?«

»Er tat es, um die beiden gewöhnlichen Halunken, die ihm zugearbeitet haben, über seine wahren Motive zu täuschen«, sagte Kellinghusen.

»Und worin bestanden seine wahren Motive?« forschte Engelke gespannt.

Kellinghusen legte die Hände zusammen und wich ihrem Blick aus. »Das möchte ich Euch lieber nicht erzählen«, sagte er mit plötzlicher Verlegenheit. »Ihr seid eine Frau. Mit Frauen spricht man nicht über solche Dinge. Tatsache ist nur, daß er auch seine Auftraggeber täuschte«, schloß er, »indem er dreißig Schilling für den Verrat an Christus forderte, unserm Herrn, an den er nicht im entferntesten glaubt – genauso wenig wie an den Dämon Asmodeus. Dies hat er heute morgen unter lautem Gelächter zu Protokoll gegeben.«

Mehr war nicht aus Kellinghusen herauszukriegen, so geschickt und diplomatisch Engelke auch weiterfragte. Sie konnte ihm kein Sterbenswörtchen über das angeblich wahre Motiv entlocken, aus dem der falsche Domherr gemordet hatte. Je gezielter sie danach forschte, desto verlegener und wortkarger wurde der Gerichtsherr. Das Thema war ihm mehr als peinlich – soviel wurde Engelke klar.

Schließlich erhob er sich von dem steillehnigen Sessel bei der Leinzeugtruhe, an der er mit Engelke gesessen hatte. »Das Kruzifix und die anderen Gegenstände hat der Kerl persönlich aus den Räumlichkeiten des Pater Anselmus gestohlen«, sagte er, als er sich an der Haustür von Engelke verabschiedete. »Mit bemerkenswerter Frechheit hat er seine äußere Ähnlichkeit mit Jürgen Hooge ausgenutzt. Der Hausmagd ist er überhaupt nicht aufgefallen.«

»Werdet Ihr mich über den Prozeß auf dem Laufenden halten, Mandus?«

»Oh, sicher. Wenn ich darf, spreche ich morgen wieder bei Euch vor.«

»Ihr dürft.« Engelke lächelte ihn zum Abschied an.

Er ergriff ihre Hand. »Vielleicht könnten wir ja dann auch über das andere Thema sprechen – Ihr wißt schon …«

»Ich weiß. Vielleicht.« Engelke erwiderte seinen Händedruck mit sanfter Zurückhaltung. »Für heute lebt wohl, Mandus.«

Sie schaute ihm versonnen nach, wie er in der blassen Oktobersonne davonstapfte. Der schwarze, teure Tuchmantel mit dem Biberkragen schmeichelte seiner schlanken, kräftigen Gestalt; sein graues Haar schimmerte silbern. Seine Haltung beim Gehen – straff und kein bißchen müde – erinnerte an die eines Dreißigjährigen, verriet nicht im mindesten, daß er sich auf die Fünfzig hinbewegte.

Ein Mann, vor dem man Achtung haben, mit dem man sich zeigen konnte. Und dieser Mann hatte sich nun ein zweites Mal um Engelkes Hand beworben, obwohl sie ihm bereits einmal zurückgewiesen hatte. Es war ihm ernst. Er hatte es verdient, daß sie sich den Gedanken, seine Frau zu werden, ein zweites Mal gründlich und in Ruhe durch den Kopf gehen ließ. Schließlich lag noch ein großer Teil des Lebens vor ihr, und es hatte wenig Sinn, dieses Leben mit einem Traum zu verbringen, der nicht in Erfüllung gehen konnte.

Sie beschloß, die Sache jetzt vernünftig anzugehen. Wozu hatte sie denken gelernt? Auf Wünsche und Sehnsüchte konnte man nichts aufbauen – weder ein Geschäft noch eine Ehe. Was einen weiterbrachte, waren vielmehr kluge Überlegung, Verhandlungsgeschick, solide Planung, ehrlicher Einsatz aller Kräfte. Es konnte nicht so übel sein, auf einer solchen Basis eine Ehe zu gründen. Wo die Vernunft der Heiratsvermittler gewesen war, gab es in der Verbindung die wenigsten Schwierigkeiten. Liebe stellte dagegen einen schweren Risikofaktor dar – so wie es Gefühle beim Geschäft taten.

Der beste Ort, um sich über die fernere Zukunft klarzuwerden, war Holms Badehaus. Dort, in der warmen, duftenden Intimität einer kleinen, vor der Öffentlichkeit abgeschlossenen Badekammer, ließ es sich herrlich denken und planen.

Engelke hüllte sich in ihren dicken, pelzgefütterten Mantel, zog die Kapuze übers Haar und verließ kurz nach Kellinghusen das Haus. Mit gesenktem Haupt, denn der eben noch klare Himmel hatte sich urplötzlich mit grauen Wolken überzogen, aus denen es leise regnete, machte sie sich auf den Weg in die Bäckerstraße. Sie ging schnell, nicht nur wegen des feuchten Wetters. Schon allzu lange hatte sie kein Wort mehr mit Holm gewechselt; es würde gut tun, mit ihm die letzten, haarsträubenden Neuigkeiten auszutauschen und eventuell, was Mandus Kellinghusen betraf, seinen klugen Rat einzuholen.

Jetzt am frühen Nachmittag hatten sich die meisten von Holms Stammkunden noch nicht eingestellt. »Das trifft ssich gut«, meinte Holm, der Engelke persönlich eingelassen hatte und sich ehrlich über ihren Besuch zu freuen schien, »um diesse Tageszeit kann ich Euch natürlich die ssönste Gemach anbieten. Alle ssind noch frei. Bitte, mich ssu folgen, Fräulein Engelke!«

Er ging auf der Stiege voran, öffnete mit der ihm eigenen, unaufdringlichen Dienstfertigkeit die Tür zu der luxuriösen Badekammer, die Engelke schon ein paarmal benutzt hatte, und bat sie hinein.

»Während das Wasser gebracht wird«, fragte Engelke, »könnten wir da nicht ein Schwätzchen halten?«

»Oh«, der Bader verzog lächelnd sein langes Pferdegesicht, »in der Tat, ja!« Er trat beiseite, um die Magd einzulassen, die bereits zwei Eimer heißes Wasser zu dem hölzernen Badezuber schleppte. »Es gibt sso viele neue Geschichten. Vor allem freuen ssich die Menssen auf die morgige Hinrisstung von die Sseeräuber. Und die Mörder von die kleine Kinder hat man endlich gefaßt. Auch diesse wird hingerichtet werden. Sso ssagte man mir.«

Engelke zog verwundert die Augenbrauen hoch. Sie fand es immer wieder erstaunlich, wie schnell und umfassend der Bader in der Bäckerstraße informiert war. Holm wußte alles – noch ehe selbst die unmittelbar Beteiligten recht im Bilde waren. »Sagt man das?« fragte sie erstaunt nach. »Aber der Mann ist ja erst gestern Nacht –«

Sie unterbrach sich erschrocken. Holm lächelte wissend. »Man ssagt auch, diesse junge Ssauermann, Geert mit Namen, ssei wieder daran beteiligt gewesen«, meinte er und zwinkerte Engelke fast unmerklich zu, »und ich –«, er verzog ganz leicht das Gesicht, »ich meine –«

»Was meint Ihr, Holm?« Engelke war sich sicher, daß er auch darüber Bescheid wußte. Ihr Schrecken wuchs.

»Die junge Mann wird wohl wieder in ssein Heimatsstadt gefahren ssein«, sagte der Bader bedächtig, »darum hat ihn heute morgen niemand gessehen. Ich meine, man wird ihn gar nicht mehr in Hamburg antreffen ... nicht sso bald wenigstens.«

»Kommt mir sehr plausibel vor«, sagte Engelke. Sie mußte sich beherrschen, um ihre Erleichterung nicht durch allzu hörbares Ausatmen zu verraten.

»Er ist ein Held, diesse Geert«, sagte Holm. Anscheinend konnte er sich eine letzte kleine Boshaftigkeit doch nicht ganz verkneifen. »Ssade, daß man ihn nicht öffentlich ehren kann! Sstellt Euch vor, Fräulein Engelke – Geert die Ssauermann im Angessicht von all die Ratsherren ... und ihre Ehefrauen ...«

Er grinste, zwinkerte diesmal ganz unübersehbar. »Nicht auszudenken«, flüsterte Engelke und bemerkte zu spät, daß sie sich jetzt doch selbst einen Streich gespielt und sich verplappert hatte.

Erik Holms Gesicht wurde wieder ernst. »Die richtigen Leuten in der Stadt werden ihm wohl in ihre Herzen ein Ehrung zubilligen«, sagte er mit gesenkter Stimme, »und die anderen – die müssen ihn ja nicht unbedingt kennenlernen.«

Er wußte Bescheid. Und er würde die ganze Geschichte für sich behalten. Das ging eindeutig aus seinen wenigen Worten hervor. Engelke atmete ein zweites Mal erleichtert durch. Auf Holm war Verlaß. Er hatte ihr indirekt versprochen, sie nicht zu kompromittieren. Und er würde sein Wort halten.

Sie nickte. »Ich danke Euch«, sagte sie einfach.

Holm lächelte und neigte den Kopf. »Der Kinderssänder ist jedenfalls sson verurteilt«, wechselte er auf ein unverfänglicheres Thema zurück, »er und sseine Sspießgesellen. Das Befragen ging ganz ssnell. Meister Rosenfeld mußte nicht einmal sseine Instrumenten anwenden.«

Engelke fiel etwas ein. »Ich weiß, daß der Mörder Satansmessen abgehalten hat«, sagte sie, nach den richtigen Worten suchend, »aber Herr Kellinghusen meint, der Kerl glaube nicht an Gott oder den Teufel. Ich frage mich, warum er dann die Kinder –«

»Er hat einfach Freude an den Qualen, die er kleine, sswache Kindern zufügen kann«, unterbrach der Bader sie mit gedämpfter Stimme. »Das hat er in ssein Geständnis ausgesagt. Er ist ein Ungeheuer in Menschengestalt, das Vergnügen daran findet, Blut fließen ssu sehen und Angstschreie ssu hören. Den Umgang mit Frauen ssucht er nicht. Er peinigt lieber kleine Mädchen …«

»Oh …!« Engelke verstand, wieso Kellinghusen nicht mit ihr über das wahre Motiv hatte sprechen wollen. Sie brauchte einige Atemzüge, um ihr Entsetzen und ihren Ekel zu überwinden. »Und er hat es sogar verstanden, aus seiner widerwärtigen Neigung noch Geld zu schlagen«, fügte sie dann flüsternd hinzu, »indem er so getan hat, als ob er –«

»Richtig«, sagte Holm. »Alle, denen er Wunder versprochen hat, haben ihm geglaubt. Alle haben die dreißig Ssilling gezahlt – acht, neun Leute insgesamt. Auch Herr Helmers – wie Ihr ja wißt.«

»Helmers, wie geht es ihm?«

»Man wird ihn, wie die anderen, nicht verfolgen wegen die Ssache. Und –«, der Bader legte die Flächen seiner langfingrigen Hände zusammen und sah Engelke mit einem plötzlichen Strahlen an, »es geht ihm gut. Sseine Alpträume ssind versswunden. Er hat das Trinken aufgegeben.«

»Ach? Das ist beruhigend zu hören. Der Grund für seine Wandlung besteht wohl darin, daß der Satanspriester gefaßt ist und daß er gar keine Verbindung zum Teufel hatte.«

»Nein.« Holm schüttelte energisch den Kopf. »Das mag wohl ein kleine Teil von ssein Grund ssein. Aber die große Teil ist ein andere.«

Engelke zog überrascht die Augenbrauen hoch. »So? Ich hätte gedacht –«

»Ssein Frau erwartet doch ein Kind«, erklärte der Bader lächelnd, »nun, da Niklas Helmers gemerkt hat, daß er bald ein Vater ssein wird, ssieht alles anders aus. Sso ein Ereignis kann ein Mann sson verändern. Ich sspreche aus Erfahrung.«

Das brachte auch Engelke zum Lächeln. »Vielleicht war es das, was er brauchte, um sich zu besinnen«, sagte sie. »Vielleicht läßt er jetzt sein Lotterleben und kümmert sich um die wirklich wichtigen Dinge.«

»Ein gute Kontorist hat er sson eingestellt«, gab Holm zunick. »Man ssagt, von das Pankok'sche Vermögen ssei noch ein Teil ssu retten – bei ein ordentliche Gessäftsführung.«

»Sieh an«, murmelte Engelke. Lauter fügte sie hinzu: »Möglicherweise besitzt der schöne Niklas ja außer seinem vorteilhaften Äußeren doch ein Minimum an Verstand. Ich würde es Liesbeth wünschen.«

15

Alles, was laufen konnte, war nach dem Brook unterwegs. Dort auf dem Richtplatz sollte heute ein Ereignis stattfinden, auf das jeder schon seit Wochen gespannt war. Meister Rosenfeld, der städtische Scharfrichter, würde die verurteilten Likedeeler allesamt einen Kopf kürzer machen. Damit würde die jahrelange Bedrohung der Hamburger Kaufmannschaft durch Piraten ihr lange herbeigesehntes Ende finden.

Jedermann – Kaufherren wie Handwerker, die für die Handelshäuser arbeiteten – profitierte von der Auslöschung der Likedeeler. Störtebeker samt seiner Gefolgschaft war bereits erledigt; sein Kopf und die Köpfe seiner Männer steckten, weithin sichtbar für alle, auf Pfählen, die den Brook schauerlich verzierten. Heute würden die abgeschlagenen Häupter des alten Wolfes Godeke Micheel und der Reste seiner Mannschaft dazukommen.

Es würde ein riesiges, blutiges Schauspiel geben und nach der Massenhinrichtung eine gewaltige Jubelfeier. Auf dem Rathaus würde man die Schiffsherren und Hauptleute ehren, denen der entscheidende letzte Schlag gegen die Seeräuber gelungen war. In den Krügen, Kneipen und Tanzhäusern der Stadt würde das einfache Volk diesen stolzen Sieg mit Strömen von Bier begießen.

Heute fühlten sich Böttcher, Kistenmacher, Schiffbauer und Segelmacher eins mit den reichen Herren vom Rat. Diesen einen Tag lang standen sie geschlossen und brüderlich hinter ihrer Obrigkeit, deren Führung sie sonst keineswegs immer billigten. Heute aber waren sie alle Sieger, die Großen wie die Kleinen. Denn Hamburg hatte gewonnen – ganz Hamburg. Und alle seine Einwohner, gering oder wichtig, fühlten sich beteiligt am Triumph ihrer Heimatstadt, waren stolz und glücklich, Hamburger zu sein.

Engelke, die in Begleitung ihres Onkels und der Tanten Meta und Gesine auf dem Richtplatz angekommen war, empfand zwar den gleichen Stolz, aber nicht die allgemein herrschende Begeisterung und Sensationslust angesichts des bevorstehenden Spektakels. Sie war nicht hier erschienen, um viele Köpfe rollen zu sehen; nur dem Rollen des ersten Kopfes sah sie mit gespannter Erwartung entgegen. Dabei würde sich entscheiden, ob ein Mann namens Jakobus Lüneburg seine Freiheit wiedererlangte oder nicht.

Engelke nahm, flankiert von den heute recht stillen Tanten, auf der eigens für Mitglieder der führenden Familien errichteten Tribüne direkt an der Richtstätte Platz, ordnete ihre Röcke und blickte ihren Ohm Godert nach, der sich durch das Gedränge zur Tribüne der Ratsherren hindurcharbeitete. Da drüben saß auch Mandus Kellinghusen – als Gerichtsherr genau in der Mitte der ersten Reihe.

Die Tanten murrten leise. Angeblich hatten sie gar keine Lust, der Hinrichtung beizuwohnen, obwohl sie zu Hause ununterbrochen gedrängelt und zur Eile angetrieben hatten. »Hach«, sagte jetzt Meta laut genug, daß die Umsitzenden es hören konnten, »ich weiß genau – mir wird wieder übel werden. Solche gewöhnlichen Lustbarkeiten machen immer, daß sich mir der Magen umdreht!«

»Mir auch«, stimmte Gesine zu, »ganz einfache Leute mögen ja an so was Freude haben. Aber gebildete und hochstehende Menschen wie wir ...«

»Für 'ne Geerts mag das angehen«, warf Meta mit einem boshaften Seitenblick auf Engelke ein, »für die sind so grobe Reize sicher das Richtige.«

Engelke gab keine Antwort. Sie ließ den Blick über die wimmelnde Menschenmenge wandern, die jenseits des Hochgerichts den Sandplatz umstand und ungeduldig auf den Beginn wartete. Ganz vorn hatten sich, vorgelassen von den Erwachsenen, Schwärme von Halbwüchsigen und Kindern gelagert, damit sie etwas sehen konnten. Hinter ihnen drängten Handwerker, Knechte, Mägde – sogar einige Mönche und Blaue Schwestern erkannte Engelke. Die Nonnen, offensichtlich genau wie der Rest der Menge in fröhlicher Festtagsstimmung, gingen mit Körben umher, aus denen sie allerlei süßes Gebäck verteilten.

Andere Zuschauer hatten sich selbst Eßbares und vor allem Trinkbares mitgebracht. Bierkrüge machten die Runde; nach der Lautstärke des Lärms zu urteilen, der vom Platz zur Tribüne heraufhallte, war die Stimmung schon sehr im Steigen. Da wurde gelacht, gesungen, durcheinandergeredet – und das bewölkte, aber wenigstens trockene Wetter trug obendrein noch zu der guten Laune bei.

»Sieh dir das an«, sagte Meta abfällig zu ihrer Schwester, »wie dieser gewöhnliche Pöbel –«

Eine Gasse tat sich in der Menge auf. Meta verstummte mitten im Satz. Meister Rosenfeld, hoch zu Roß und schon in seiner roten, das ganze Gesicht bedeckenden Maske, ritt auf den Richtplatz ein. Ihm folgten zwei von Pferden mühsam gezogene Schinderkarren mit den an Ketten gefesselten Delinquenten, flankiert zu beiden Seiten von den städtischen Bütteln, den Männern der Stadtwache und zwei Mönchen.

Das Schauspiel des Todes begann. Stille breitete sich schlagartig aus. Selbst die Kinder in der ersten Reihe hielten plötzlich Ruhe und beobachteten mit großen Augen. Für die Kleinsten mußte dies die erste Hinrichtung sein – und dann gleich ein Ereignis von solchen Ausmaßen. Meister Rosenfeld bot ohnehin einen beeindruckenden Anblick – ehrfurchtgebietend, machtvoll, schreckenerregend in seiner Henkerskleidung. Schon bei vielen vorangegangenen Hinrichtungen hatte er bewiesen, wie vollkommen er seiner blutigen Aufgabe gerecht werden konnte.

Was sich hier abspielen würde, das war spannender und erregender als die große Kirmes am Jahrestag der Domweihe – ein Spektakel, das jedem unter die Haut ging und Groß und Klein bis in die tiefste Seele aufrüttelte.

Engelke selbst war die Ausnahme. Sie hatte nie Gefallen an Hinrichtungen gefunden; befriedigte Rache, Genugtuung darüber, daß hier Verbrecher für ihre Taten bezahlen mußten – diese Gefühle konnte sie nicht recht nachempfinden. Wer Menschenblut vergossen hatte, dessen Blut sollte auch von Menschen vergossen werden – dieser Satz mußte Geltung haben. Schließlich stand er in der Heiligen Schrift, und die zweifelte man nicht an. Aber Engelke persönlich wäre damit zufrieden gewesen, wenn gefaßte Verbrecher einfach daran gehindert worden wären, weitere Untaten zu begehen. Ein anderes Gebot Gottes forderte: Du sollst nicht töten. In Engelkes Augen hatte dieses Gebot auch für die Justitia zu gelten.

Auf dem sandigen Platz vor dem Hochgericht wurden jetzt öffentlich die Urteile verlesen. Kellinghusen persönlich brach den dünnen weißen Holzstab über Godeke Micheel und seinen Männern. Danach tönte, vorgetragen mit schallender Stimme vom Sprecher des Rats, ein weiterer Urteilsspruch zu Engelke herauf: Der Mörder, Satanspriester und Kinderschänder sollte nebst seinen beiden Komplizen und dem untreuen Torwächter ebenfalls heute seine Strafe erhalten. Man würde sie hängen, gleich, nachdem die Piraten durch das Beil des Scharfrichters vom Leben zum Tode gebracht waren. Zuvor aber sollte der Hauptschuldige noch mit glühenden Zangen gebrannt werden.

Das Volk jubelte. Überall aus der bunten Menge schallten Beifallsrufe. Man freute sich auf den letzten Teil dieser Vollstreckung, die besonders unterhaltsam zu werden versprach. Engelke beschloß, nicht so lange zu bleiben. Ihr reichte es vollauf, das Ergebnis der allerersten Hinrichtung zu sehen. Nur deswegen war sie gekommen.

Unten auf dem Sandplatz stellten sich, hingestoßen von den Bütteln, die todgeweihten Seeräuber in einer Reihe auf. Keiner der zerlumpten Kerle zeigte Anzeichen von Reue oder Furcht. Einige standen mit hängenden Schultern. Aber die meisten hielten sich aufrecht, den Blick in finsterem Schweigen geradeaus gerichtet, unbeeindruckt von den Schmährufen der Menge.

Ganz vorn stand ein baumlanger Hüne mit breiten Schultern und strähnigem, rotblondem Haar. Engelke konnte ihn von ihrem erhöhten Sitz gut erkennen. Er bot einen halb mitleid-, halb furchterregenden Anblick. Denn die linke Hälfte seines Gesichts war von tiefen Narben fast völlig zerstört. Das linke Auge lag in einer schmalen Öffnung, verborgen unter zernarbten Hautwucherungen. Und das Haar der linken Schädelhälfte war von breiten, scheitelartigen, glänzenden Furchen durchzogen.

Auch dieser Mann hielt sich sehr gerade, aber der Blick aus dem offenen rechten Auge war nicht trotzig auf die johlende Menschenmenge gerichtet. Engelke entdeckte eher Wehmut und Bedauern in dem narbenverwüsteten Antlitz des rotblonden Riesenkerls. Als er sich kurz umwandte und sie für einen Augenblick nur die unverletzte Seite seines Gesichts sehen konnte, berührte sie der Anblick wie ein Wunder. Ruhige, starke Züge wurden da sichtbar, der Kopf eines besonnenen, charakterfesten Menschen von großer innerer Kraft.

Jakobus Lüneburg. Er mußte es sein. Kellinghusen hatte Wort gehalten und ihn als Ersten in die Reihe der Delinquenten stellen lassen. Die Wahrscheinlichkeit, daß Godeke Micheels abgeschlagener Kopf bis zu ihm rollte, war zumindest gegeben. Aber alles hing natürlich von Meister Rosenfeld ab – wie weit und mit wieviel Schwung der ausholte …

Der Hauptmann der Likedeeler wurde, umtost vom Gebrüll der Zuschauer, nach vorn geführt. Er mußte niederknien. Einer der beiden Priester näherte sich ihm, Gebete murmelnd. Dann hielt er ihm ein Kruzifix zum Kuß hin.

Godeke Micheel tat, was von ihm erwartet wurde – er küßte das Kreuz. Meister Rosenfeld trat, in hundertmal geübten, würdevoll-langsamen Schritten, hinter ihn. Der alte Seewolf, wie der Volksmund den gefährlichsten aller Seeräuber getauft hatte, senkte seinen grauen Kopf, schweigend und mit schmal zusammengepreßten Lippen in spöttisch-gelassener Erwartung seines Endes. Der Scharfrichter der Stadt Hamburg hob das breite Schwert, durch das zu sterben dem Anführer der Piraten vorbehalten und ehrenhalber zugebilligt worden war; die blankpolierte Klinge glänzte in einem plötzlich durchbrechenden Sonnenstrahl – dann fiel sie in machtvoll-weitem Schwung auf den gebeugten Nacken Godeke Micheels nieder.

Es sah aus, als habe der leuchtende Blitz der Gerechtigkeit den Hauptmann der Likedeeler gefällt. Sein graues Haupt kollerte, sauber vom Hals abgetrennt, ein-, zwei Ellen weit;

aus dem kopflosen, vornüberfallenden Rumpf spritzte in einer dünnen, mehrmals pulsierenden Fontäne das Blut und färbte den Sand des Richtplatzes. Der meisterhaft ausgeführte Hieb des Scharfrichters wurde von der Menge mit donnerndem Beifall belohnt. Godeke Micheel, der Schrecken der hansischen Kaufmannschaft, war nicht mehr.

Und Jakobus Lüneburg war frei. Engelke, die sich gezwungen hatte, hinzuschauen, erkannte, daß der Kopf genau vor den Füßen des rotblonden Hünen lag. Er war auf dem Punkt gelandet – keinen Zoll davor oder dahinter.

»Das macht ihm keiner nach«, flüsterte Tante Gesine, die einen langen Hals gemacht und fasziniert auf den Scharfrichter gestarrt hatte.

»Nee«, bestätigte ihre Schwester Meta mit vor Aufregung belegter Stimme, »so was gibt's nich' noch mal.«

Engelke nickte zustimmend. Aber sie dachte dabei weniger an Meister Rosenfeld. Unten auf dem Platz wurde eben der Mann, der sich Jakobus Lüneburg nannte, von den Bütteln aus der Reihe der Delinquenten weggezogen und vor die Tribüne des Rats geführt. »Gott hat für dich entschieden«, schallte Mandus Kellinghusens Stimme zu Engelke herauf, »wir schenken dir das Leben, das du verwirkt hattest. Du wirst auf ewig aus der Stadt verwiesen. Bis vor die Mauern hast du freies Geleit. Zeige dich nie wieder in Hamburg!«

Jakobus Lüneburg wurden die Ketten abgenommen. Vorn beim Richtblock hielt inzwischen Meister Rosenfeld den blutverschmierten Kopf Godeke Micheels an den Haaren hoch und zeigte ihn der Menge. Die brüllte von neuem Applaus.

Der Körper des Enthaupteten wurde beiseite geschleift. Sein Kopf wurde in einen großen Weidenkorb geworfen. Man zerrte den nächsten Piraten an den Block, zwang ihn in die Knie. Der Scharfrichter wählte eins von mehreren Beilen aus. Der Priester näherte sich dem armen Sünder, streckte ihm das Kruzifix zum Kuß hin …

Engelke erhob sich und zog den Mantel höher um den Hals. Ohne auf die verwundert-mißbilligende Frage ihrer Muhme Gesine zu achten: »Willst du etwa weg – jetzt, wo's erst gerade anfängt?« stieg sie von der Tribüne hinunter. Sie würde nach Hause gehen. Was sie gesehen hatte, war genug, um ihre Wißbegier zu befriedigen. Noch ein letzter Blick auf Jakobus Lüneburg, der jetzt ohne Ketten bei der Tribüne des Rats unter Bewachung das Ende der Massenhinrichtung abwarten mußte, dann begann Engelke, sich durch die dichtgedrängten Reihen der Zuschauer hindurch zum Rand des Richtplatzes zu bewegen.

Der grobschlächtige, verunstaltete Bär, der soeben durch die Fürsprache des Gerichtsherrn und Meister Rosenfelds Kunst sein Leben zurückgewonnen hatte, mochte Engelkes Bruder sein – oder auch nicht. Man würde es nie erfahren. Jakobus Lüneburg besaß nicht viel Verstand, hatte Kellinghusen gesagt. Er wußte nichts über sich selbst zu berichten. Dem Alter nach bestand zwar die Möglichkeit, daß er Hendrik Geerts war, und auch Gestalt und Körpergröße ließen solche Vermutungen zu. Dennoch …

Mutmaßungen, lediglich Mutmaßungen. Engelke, die den Richtplatz bereits hinter sich gelassen haue, schüttelte den Kopf. Sie empfand nichts bei dem Gedanken an Jakobus Lüneburg – nichts als eine tiefe Genugtuung darüber, daß er nicht hingerichtet werden würde. Auf einmal war ihr, als habe sie Hendrik ein zweites Mal verloren. Nur tat der Verlust nicht mehr weh. Er war schon zu lange überstanden, um den Schmerz von neuem aufleben zu lassen.

Engelke durchschritt das Brooktor und überquerte das Fleet. Ihre Schritte polterten auf der hölzernen Brücke. Auf der Grimm-Insel waren die Straßen menschenleer. Jeder – wirklich jeder mußte sich beim Richtplatz aufhalten, um die Piraten sterben zu sehen.

Einen Augenblick überlegte Engelke, ob sie nicht bei ihrem Brauhaus vorbeigehen und Tidemann aufsuchen solle. Dann wurde ihr bewußt, daß auch der sich samt seiner Familie mit Sicherheit zum Brook begeben hatte. Und er hatte recht daran getan. Für das vergewaltigte kleine Mädchen, das sich noch in seiner Obhut befand, würde es heilsam sein, den Tod seines Peinigers mitzuerleben. Vielleicht bedeutete dessen Hinrichtung für das arme Kind sogar eine Erlösung von seinen Alpträumen, und es lernte mit der Zeit wieder sprechen.

Engelke hüllte sich fest in ihren warmen Mantel und zog die Kapuze übers Haar. Der Wind hatte aufgefrischt, und die Luft war kalt. In einem Gewirbel aus roten und gelben Blättern, die von den Bäumen der Obstwiesen herunterwehten, setzte sie ihren Weg zur Reichenstraße fort.

Sie fühlte sich leer. Die ganze Stadt feierte, und Engelke Geerts, die doch allen Grund hatte, ebenfalls stolz und glücklich zu sein, konnte sich nicht freuen. Jetzt, nachdem die Aufgabe, die sie sich selbst gestellt hatte, gelöst war, kam sie sich überflüssig vor. Geert der Schauermann mußte verschwinden. Aber Engelke Geerts war noch da. Was wurde aus der?

Sie war einsam. Noch nie hatte sie sich so einsam gefühlt wie gerade heute, und sie brauchte dringend Gesellschaft. Im van Damme'schen Haus mußte es um diese Zeit zwar genauso still sein wie in den anderen Häusern. Aber Grootvadder Evert würde da sein. Und Mette. Und Wiebke, die sich aus Lustbarkeiten jedweder Art seit ihrer Jugend nichts mehr gemacht hatte.

Während Engelke sich gegen den schneidenden Wind stemmte und mit immer schnelleren Schritten der Reichenstraße näherte, wurde das Gefühl der Leere in ihrem Herzen fortwährend tiefer. Und auf einmal verspürte sie auch nicht mehr das Bedürfnis, mit Mette oder Wiebke zu plaudern, um ihre Einsamkeit zu vertreiben. Grootvadder Evert war in dieser traurigen Stimmung vielleicht der bessere Gesprächspartner. Mit dem Altherrn konnte sie Geschäftliches durchgehen, konnte ihn um seine Meinung befragen, ihre Pläne von ihm prüfen lassen ...

Andererseits fürchtete sie sich davor, daß er sie möglicherweise wieder lobte. Evert der Ältere nannte sie vielleicht wieder »seinen besten Mann« – wie das schon so oft geschehen war – und verletzte sie damit zutiefst in ihrer Weiblichkeit, ohne daß er es auch nur bemerkte. Nein, heute konnte Engelke so etwas nicht ertragen. Erst mußte sie ihre merkwürdig gedrückte Stimmung loswerden und ihre augenblickliche Kraftlosigkeit überwinden.

Sie war angekommen, legte die Hand auf die Klinke, öffnete die Haustür und trat ein. Die große Diele lag verlassen im Dämmerschein des Nachmittags. Aus der offenen Küche waren gedämpfte Stimmen zu hören. Wiebke und Mette saßen wohl beim Herd und unterhielten sich.

»Ich bin zurück«, sagte Engelke laut in den Raum hinein, »wenn ich gebraucht werde, findet ihr mich im Kontor. Aber stört mich nur, falls es dringend ist!«

»Is gut, Fröl'n Engelke«, klang Mettes Stimme.

Engelke legte den Mantel ab und hängte ihn an den Haken neben der Tür. Sie streifte sich die Holzsandalen von den Schuhen ab und stieg die schmale Treppe zum Kontor hinauf. Ein leises Geräusch ließ sie sich umdrehen. Wiebke stand im offenen Kücheneingang und blickte zu ihr herüber. Auf dem Gesicht der alten Kindsmagd lag ein strahlendes Lächeln. »Heute ist ein besonderer, wundervoller Tag, Kind«, sagte sie, während sich ihr Lächeln noch vertiefte, »bei so viel Glück und Sonnenschein hast du keinen Grund für Traurigkeit!«

»Ich bin ja auch gar nicht traurig«, erwiderte Engelke trotzig und fühlte sich wieder einmal ertappt, »ich will nur ein bißchen Arbeit wegschaffen, solange hier Ruhe herrscht.«

Wiebke lächelte und nickte milde. Sie verschwand wieder in ihrer Küche. Engelke kletterte die restlichen Stufen hinauf und schlüpfte in die kleine Schreibstube. Ja, sicher, dachte sie, während sie sich an den Tisch setzte und gedankenverloren den Blick über Papiere und Geschäftsbücher wandern ließ, ein besonderer Tag. Auch für mich. Aber Glück und Sonnenschein bietet dieser Tag doch bloß für die anderen. Niklas Helmers braucht keine Alpträume mehr zu haben, entdeckt seinen Verstand und wird obendrein Vater. Die Kaufmannschaft hat Ruhe vor den Piraten. Eltern müssen nicht mehr um ihre kleinen Kinder zittern. Mandus Kellinghusen sonnt sich in seinem Ruhm. Und ich bin mir noch nie so verlassen vorgekommen …

»Ach, verdammt!« murmelte sie, plötzlich zornig, und wischte sich flüchtig über die Augen. Wiebke hatte auch so eine Art, hin und wieder die falschen Worte zu gebrauchen.

Andererseits – was hätte sie schon sagen können, um ihr Ziehkind zu trösten? »Verdammt«, wiederholte Engelke noch einmal und zog das große Kontenbuch zu sich heran. Es wurde Zeit, daß sie sich endlich ihrer Zukunft stellte – mit klarem Kopf und ohne Sentimentalität. Sie war mit Leib und Seele Geschäftsfrau, liebte ihre Arbeit, konnte sich ein Leben ohne sie nicht vorstellen. Stimmte sie Mandus Kellinghusens Antrag zu, dann war es damit vorbei. Die Ehefrau eines Gerichtsherrn befaßte sich nicht mit Bierhandel – jedenfalls nicht in eigener Verantwortung. Das Brauhaus würde Engelke aufgeben müssen, wie so manche andere Freiheit. Keine unbegleiteten Spaziergänge mehr, keine Verhandlungen mit Geschäftspartnern, keine freie Verfügungsgewalt über ihr Geld.

Dafür bekam sie einen aufmerksamen Ehemann, der sie liebte und respektierte, und den auch sie, wenn nicht lieben, so doch achten konnte. Sie würde seinen Haushalt leiten, an gesellschaftlichen Ereignissen teilnehmen, sich mit den Ehefrauen der Hamburger Gesellschaft zum Punsch treffen und Klatsch austauschen; man würde Stickereien anfertigen und Kochrezepte diskutieren …

»O Gott«, flüsterte Engelke und schüttelte sich, »was für ein Leben!« Sie schlug das Kontenbuch auf. Das beste Mittel, um solche schrecklichen Vorstellungen aus ihrem Kopf zu vertreiben, waren ein paar knifflige Rechenaufgaben.

Schon wanderte ihre Feder die Zahlenkolonnen hinunter, schon funktionierte ihr Verstand mit der gewohnten Nüchternheit und Klarheit. Nein, sie konnte sich eine Engelke Geerts nicht in Gesellschaft von Liesbeth Pankok und Trude Burmeester vorstellen, wie sie Kekse knabberte und über nicht anwesende Damen herzog. Engelke Geerts maß fünf Fuß, sieben Zoll und war dabei, sich mit großem Erfolg ein eigenes Geschäft aufzubauen. Das war der Inhalt ihres Lebens. Mandus Kellinghusen sollte ihr als Gesprächspartner herzlich willkommen sein, aber nicht als Eheherr. Das würde sie ihm nun endgültig klarmachen. Grootvadder Evert hatte völlig recht. Seine Enkelin Engelke war fürs Geschäft geboren. Und ihre weiblichen Eigenschaften, die in Grootvadder

Everts Augen ohnehin nicht vorhanden waren, die würde sie schon auch noch besiegen – mit der Zeit.

Sie hatte die ersten Konten durchgerechnet und überprüft und sich ganz in ihre Arbeit vertieft, als es an die Tür klopfte. »Was gibt's?« fragte Engelke halblaut.

Mette trat ein. »Ein Herr is' unten«, sagte sie, Entschuldigung heischend, »der will Euch unbedingt sprechen, Fröl'n Engelke.«

»Kellinghusen?« fragte Engelke und sah Mette geistesabwesend an. Zu spät fiel ihr ein, daß der Gerichtsherr ja im Augenblick noch auf dem Brook seines Amtes walten mußte.

»Nee«, gab Mette zögernd zurück, »'n fremder Herr, Fröl'n Engelke.«

»Und was will er?« Engelkes Frage klang unwirsch.

»Hat er nich' gesagt. Nur seinen Namen hat er genannt. Ockena – oder so ähnlich.«

Ockena. So hatte doch der Kerl geheißen, der ihr das Palholt'sche Grundstück weggeschnappt hatte! Engelke spürte Ärger in sich aufsteigen. Sie zog die Stirn in Falten und spannte die Finger fest um die Schreibfeder. »Den will ich nicht sprechen«, sagte sie streng zu Mette, »ich bin zu beschäftigt. Er soll ein ander' Mal wiederkommen – oder am besten überhaupt nicht!«

»Is gut, Fröl'n Engelke.« Mit einem betroffenen Blick schob sich Mette rückwärts aus dem Kontor. Engelke tauchte die Feder ein und machte sich verbissen und mit böse zusammengekniffenen Augen wieder an ihre Arbeit. Aber sie bekam nicht viel Zeit, um ihren Ärger hinunterzuschlucken und sich auf die Zahlenkolonnen zu konzentrieren. Augenblicke später war Mette zurück. »Er läßt sich nich abweisen, Fröl'n Engelke«, stotterte sie verlegen, »und ich – ich soll Euch …«

»Mette«, unterbrach Engelke und holte tief Luft, »ich hatte dir doch ausdrücklich gesagt –«

»Ich soll Euch das hier geben«, beendete Mette hastig ihren Satz. Ehe Engelke weitere zornige Worte hervorbringen konnte, drückte die Magd ihr einen kleinen Gegenstand in die Hand und huschte aus dem Zimmer.

Engelke verschlug es die Sprache. Was war denn mit Mette los? Die schien ja völlig aus dem Häuschen! So merkwürdig hatte sie sich noch nie benommen – wie eine verschüchterte Jungmagd! Verwirrt lenkte Engelke den Blick auf das, was da in ihrer Handfläche lag.

Das bescheidene, schmucklose Silberkreuzchen an der dünnen Kette glänzte wie frisch poliert. Seine Kanten schienen stärker abgeschliffen, seit Engelke es vor Jahren in einer stürmischen Frühlingsnacht zum letzten Mal gesehen hatte. Ohne Zweifel war es getragen worden …

Engelkes Herz begann wild und schmerzhaft zu schlagen. Unwillkürlich fuhr ihre freie Hand nach dem Schmuckstück, das sie selbst um den Hals trug. Der kleine silberne Thorshammer war ihr damals im Austausch für das Kreuzchen geschenkt worden. Es war ein Versprechen damit verbunden gewesen – ein Schwur.

Engelkes Augen brannten, füllten sich langsam mit Tränen. Wie grenzenlos glücklich sie gewesen war, mitten im heulenden Wind auf dem Meer, damals, in jenen lange vergangenen Apriltagen!

Dierk von Amrun hatte seinen Schwur gebrochen, Engelke zur Frau zu nehmen. Die zaubervolle Zeit des Glücks und der Erwartung war nur noch Erinnerung. Und jetzt brachte ihr irgendein Unbekannter das Kreuzchen zurück – eine alte Geschichte wurde endlich abgeschlossen und zu den Akten gelegt.

Engelke ließ das Silberkreuz aus ihrer Handfläche auf die Tischplatte gleiten. Dann wischte sie energisch die überströmenden Tränen mit ihrem Ärmelzipfel von den Wangen ab und löste den Thorshammer von ihrem Hals. Dierk der Steuermann trug ihr Geschenk nicht mehr – sie würde von jetzt an seins nicht mehr tragen. Sie würde dem Boten den Thorshammer übergeben. Damit alles seine Richtigkeit hatte.

Kein Warten und Zögern, sagte sich Engelke. Warum nicht endlich reinen Tisch machen und ohne alten Ballast ganz neu anfangen? Sie nahm das silberne Amulett fest in die Hand, stand auf und ging zur Tür. Dieser Ockena sollte es seinem ursprünglichen Besitzer zurückbringen, und alles würde in Ordnung sein. Denn damit war auch sie von ihrem Schwur entbunden. Noch ein tiefer Atemzug und den alten Kummer hinuntergeschluckt, dann trat sie hinaus auf die Stiege.

Der Besucher stand, die Hände hinterm Rücken verschränkt, mit dem Gesicht zur Haustür und schaute durch das Fenster hinaus auf die Straße. Von den Dienstboten war niemand zu sehen. Engelke blieb auf der Treppe stehen und betrachtete den ungebetenen Gast, der ihr ein günstiges, überaus nutzbringendes Geschäft unmöglich gemacht hatte, mit schmalen Augen. Dieser Ockena war beeindruckend hochgewachsen und schien sehr kräftig gebaut. Davon zeugten die wohlgeformten Beine in den karminroten, engen wollenen Hosen.

Abgesehen von diesen Beinkleidern trug Ockena Schwarz – unübersehbar teures Wolltuch von feinem Glanz. Die modisch an den Schultern gefältelte Jacke, die unterhalb des Gürtels bis knapp über die schmalen Hüften reichte, war ebenso daraus gefertigt wie der üppig weit geschnittene, mit grauem Fehpelz verbrämte Radmantel, den Ockena lässig über einer Schulter trug. Seine Haare bedeckte ein weicher schwarzer Filzhut mit breiter Sendelbinde.

Arm schien der Kerl nicht gerade zu sein – er hatte ja auch für das Palholt'sche Anwesen einen unverschämt hohen Preis zahlen können. Engelke überlegte sich eine höfliche Anrede.

Aber Ärger und gedrückte Stimmung siegten. »Ich nehme an«, sagte sie scharf, »Ihr habt Euren Auftrag schon erledigt, indem Ihr mir das kleine Schmuckstück übergeben ließt.« Sie stieg ein paar Stufen hinunter. »Nun«, setzte sie ihre Rede fort, »da bleibt mir eigentlich nur noch, danke zu sagen und Euch einen guten Tag zu wünschen. Doch könntet Ihr vielleicht etwas für mich tun –«, sie räusperte sich, um die Kehle freizubekommen, die ihr wieder eng wurde, »bringt dies –«, sie streckte, noch auf der Treppe, die Faust mit dem Amulett aus, »bringt dies demjenigen zurück, von dem Ihr das Kreuzchen –«

Schon während ihrer ersten Worte hatte der Besucher sich

langsam umgedreht. Jetzt bewegte er sich aus dem Schatten des Eingangs auf die Treppe zu. Sanfte, hellblaue Augen blickten Engelke aus einem kraftvoll-kantigen, wettergebräunten Gesicht an – Augen, die in ihrer fast zärtlichen Milde nicht zu diesen starken Zügen zu passen schienen. Und eine warme, tiefe, angespannt vibrierende Stimme sagte: »Geertje ...«

Engelke versagte es die Sprache. Ihr Satz riß ab. Ihre fest geschlossene Faust öffnete sich. Der silberne Thorshammer fiel klappernd von der Treppe hinunter auf die Fliesen.

Geertje. So hatte sie nur einer genannt – der Eine, Einzige. Es waren seine Augen, die sie unter der breiten Krempe des Hutes anschauten. Es war seine Stimme, die den alten Kosenamen so zärtlich klingen ließ.

Engelke tat mit weichen Knien einen neuen Schritt die Treppe hinunter, blieb wieder stehen, krallte sich am Geländer fest. Sie spürte, wie sie die Fassung verlor, wie ihr Herz hämmerte, ihre Kehle sich schmerzhaft zusammenzog. Dierk selbst war gekommen, um ihr das Pfand zurückzugeben – das Pfand, das damals ihren Schwur besiegelt hatte. Eine letzte, schwere Demütigung.

»Du –«, brachte Engelke mit tonloser, heiserer Flüsterstimme heraus, »was willst du hier ... nach all' den Jahren ...?«

»Was ich will?« Die dunkle Stimme zitterte. Die blauen Augen blickten verständnislos. »Ich will dich endlich, endlich in die Arme nehmen, Geertje – jetzt, wo ich es mit Fug und Recht tun darf!«

»Fug und Recht – was soll das heißen?« Engelke taumelte die letzten Stufen hinunter und stand jetzt noch zwei, drei Schritte von ihm entfernt. Ihre Stimme gewann wieder an Lautstärke, hörte sich schrill und erregt an. »Du verschwindest einfach aus meinem Leben ... und nach Jahren kommst du hierher, du Ungeheuer – als sei nichts geschehen ... und hast die Frechheit, mir zu sagen –«

Ein Ausdruck des Erschreckens breitete sich auf seinem Gesicht aus. »Bist du etwa nicht mehr frei?« fragte er mit unsicher schwankender Stimme. »Aber du hattest mir dein Wort gegeben ...!«

»Und du mir deins«, stieß Engelke hervor. »Du hast es gebrochen!«

»O nein«, gab er zurück, »nie, Geertje – auch nicht in Gedanken! Die ganze Zeit –«

»Wo warst du, Dierk?« unterbrach sie ihn heftig, »wo warst du? Nicht einmal eine Nachricht hast du mir dagelassen. Ich wußte nicht, wo ich dich suchen sollte. Und ich –«

Sie brach in Tränen aus. Der Rest des angefangenen Satzes ging in einem wilden Schluchzer unter.

Dierk von Amrum schaute bestürzt. Doch dann war er mit einem langen Schritt bei Engelke, streckte die Arme aus, wollte sie an sich ziehen. Engelke hob ihm das nasse Gesicht entgegen. Ihre Hand holte wie von allein aus und traf seine Wange in einem wütenden Schlag. »Wo warst du?« wiederholte Engelke in wild hochkochendem Zorn, »ich habe dich so sehr gebraucht, mich so schrecklich nach dir gesehnt – wie kannst du es wagen, ohne Vorwarnung hier zu erscheinen und –«

Weiter kam sie nicht. Er packte sie einfach, riß sie in seine Arme, küßte sie mitten auf den Mund, daß es fast weh tat. »Ich hab' dich auch vermißt, Geertje«, hauchte er schwer atmend, als er endlich ihre Lippen wieder freigab, »und viel mehr, als du dir vorstellen kannst. Aber ich mußte ja nur die Augen schließen, dann sah ich dich vor mir, mein Herz. In Gedanken war ich immer bei dir. Eigentlich ist die Zeit wie im Flug vergangen …«

»Nicht für mich«, wisperte Engelke atemlos, »für mich ist sie geschlichen – endlos langsam, mit bleiernen Füßen!« Sie lehnte sich an ihn, dann machte sie sich trotzig von ihm los. »Wenn es dir so gut gegangen ist, warum bist du dann überhaupt zu mir zurückgekehrt?«

Er ergriff ihre Hände, hielt sie fest, preßte sie. »Versteh mich recht, Geertje«, sagte er und sah sie eindringlich an, »ich hatte wahnsinnig viel zu tun – ich konnte mein Ziel nicht schneller erreichen, bei aller Anstrengung nicht. Aber jetzt –«, er neigte sich, versuchte sie von neuem zu küssen, »jetzt ist es geschafft. Wir können –«

»Ich verstehe kein Wort.« Engelke wich seinen Lippen

aus. »Von welchem Ziel redest du? Einfach aus dem Staub gemacht hast du dich, bist spurlos verschwunden und hast mich –«

»Komm«, unterbrach er. Seine Augen lächelten plötzlich, gleichzeitig baten sie um Verzeihung. »Ich muß dir, glaube ich, allerhand erklären. Setzen wir uns.« Er zog Engelke an der Hand zu den beiden steillehnigen Stühlen hinüber, die neben der großen Leinzeugtruhe am Hinterfenster standen.

Engelke folgte wie im Traum. Sie ließen sich nieder. Dierk hielt weiterhin ihre Hand. »Als wir uns kennenlernten«, begann er, während er ihren Blick suchte, »da wußtest du zwar, wer ich war – aber ich wußte nicht, wen ich in dir vor mir hatte. Ich dachte, du seist Magd in diesem Haus. Daß du zur Familie van Damme gehörst, konnte ich nicht ahnen.«

»Und?« fragte Engelke störrisch, »war ich dir nicht gut genug?«

»Ach, Geertje –«, er schüttelte den Kopf. »Wir wollen ernst bleiben. Ein simpler Steuermann und eine Tochter aus reichem Haus – wie paßt das zusammen? Ich konnte nicht zulassen, daß du dich meiner schämen mußt. Da bin ich gegangen. Und ich habe –«

»Was, Dierk? Was hast du dir dabei gedacht? Daß ich befreit aufatme, weil der simple Steuermann wieder fort ist?« Engelkes Tränen begannen von neuem zu fließen. »Ich hatte so fest daran geglaubt, daß du mich liebst ...«

»Ich liebe dich noch, Erzengel – und mehr denn je.«

Erzengel. »So heißt ein Schiff, das gerade im Hafen liegt, murmelte Engelke.

»Mein Schiff«, gab Dierk zurück. »Es ist nach dir benannt.«

»Dein Schiff?«

Er nickte. Ganz zart fuhr sein Zeigefinger über ihre Wange und wischte die salzigen Tropfen weg, die da glitzerten. »Ich hab' damals meinen Hof an meinen Bruder Ebbo übergeben. Ebbo hat mich ausgezahlt, und ich hab' die Erzengel bauen lassen. In Bremen, weil die Kosten da niedriger waren. Ein gutes, schnelles Schiff. Jede Fahrt war ein Erfolg. Und als dann die Sache mit den –«

»Du meinst, du bist Eigner ...?«

»Seit dem Sommer 1398. Da ist die Erzengel auf Kiel gelegt worden.« Er schaute Engelke voll in die Augen. »Ich habe gut verdient«, fuhr er fort, »und als dann die Kampagne gegen die Likedeeler anstand, hab' ich mein Schiff in den Dienst von Hamburg gestellt. Seit heute bin ich Hamburger Bürger – mit Brief und Siegel. Nun kannst du dich ohne Scheu mit mir sehen lassen. Weil ich nämlich –«

»Oh, Dierk!« Engelke schluchzte. »Und bloß um Geld und Würde zu erlangen, hast du mich jahrelang allein gelassen? Glaubst du wirklich, daß mir daran was liegt? Himmel, ich hätte den Steuermann der Halfmoond sofort genommen – ohne einen Witten!«

Er beugte sich ganz nah an sie heran. »Und nimmst du auch den Eigner der Erzengel – selbst wenn der mehr als nur ein paar Schillinge im Säckel hat?«

Sie konnte nicht antworten.

»Engelke Geerts«, drängte er, »du hattest schon zugesagt – weißt du noch? Jetzt fragt Dierk Ockena dich ein zweites Mal: Willst du meine –«

»Du hast also das Grundstück neben meinem Brauhaus gekauft ...«, fiel Engelke ihm ins Wort, die Augen voll neuer Tränen, »ich kannte deinen Namen nicht ...«

»Du hast mich nie danach gefragt.« Er stand auf und zog auch sie vom Stuhl hoch. »Für mich wirst du ja auch immer Geertje sein. Geertje, willst du meine Frau werden – auch jetzt noch?«

»Ja, natürlich«, flüsterte Engelke, »ich nehme ein gegebenes Versprechen doch nicht zurück! Selbst wenn du steinreich wärst – für mich wirst du immer Dierk aus Amrun bleiben, Dierk, der Steuermann von der Halfmoond ...«

Er umarmte sie von neuem, diesmal mit der leidenschaftlichen Zärtlichkeit, die sie unauslöschlich in ihrer Erinnerung trug. »Du«, flüsterte er, »das Kreuzchen fordere ich von dir zurück, hörst du? Ich hatte gar nicht vor, es dir wiederzugeben – es hat mir Glück gebracht. Und du kriegst von mir dies hier.« Er ließ sie los, kramte mit einer Hand in seiner Gürteltasche, zog etwas hervor und hielt es ihr hin.

Es war ein massiver goldener Ring. Seine glatt polierte, breite Schiene zierte ein mugelig geschliffener, rot aufleuchtender Edelstein. Engelke starrte das kostbare Schmuckstück an und hörte kaum die Worte, die Dierk ihr dazu sagte: »Ein Rubin. Ich habe lange überlegt, ob ich nicht lieber einen Saphir auswählen sollte – blau, in der Farbe deiner Augen. Aber dann dachte ich ...«

»Der soll für mich sein«, flüsterte Engelke, »von dir – für mich?«

Seine Stimme senkte sich ebenfalls zu einem Flüstern. »Ein roter Stein, Erzengel. Und mein Name ist im Ring eingraviert ... und daß ich dich liebe ...«

Engelke konnte nicht antworten. »Ich hoffe, er paßt«, fuhr Dierk leise fort, »ich hab' ihn dem Umfang meines kleinen Fingers anmessen lassen. Darf ich mal sehen, wie er an deiner Hand aussieht?«

Noch immer schwieg Engelke. Aber sie nickte. Und dann schlang sie impulsiv beide Arme um seinen Hals und küßte ihn.

Er erwiderte ihren Kuß mit Leidenschaft. Viele Atemzüge lang standen sie in enger Umarmung, und auf einmal gab es die Jahre der Trennung nicht mehr. Die Zeit der ersten Zärtlichkeit, die fernen Apriltage des Glücks und der Gemeinsamkeit waren wiedergewonnen – so neu und wunderbar wie damals.

»Nun mußt du den Ring probieren, Liebste«, sagte Dierk schließlich. Engelke streckte ihre linke Hand aus, und er schob das Schmuckstück über ihren Ringfinger.

»Viel zu weit«, sagte Engelke.

»Gott –«, erwiderte Dierk kopfschüttelnd, »und er kam mir schon so winzig vor ... Deine Hände sind noch kleiner, als ich dachte ...«

»Nein«, konterte Engelke zärtlich, »deine Hände sind größer, als du gedacht hattest!«

Er lachte. »Dann wirst du den Ring vorläufig am Zeigefinger tragen müssen«, sagte er, »bedauerlich – aber zum Engermachen reicht's nicht mehr. Heute abend –«

»Was ist heute abend?«

»Es gibt ein Gelage auf dem Rathaus – zu Ehren der Neubürger. Für Simon von Utrecht, der die Bunte Kuh geführt hat, und für mich. Bei dieser günstigen Gelegenheit möchte ich gleich unsere baldige Hochzeit bekanntgeben, mit dir an meiner Seite.«

Engelke bekam keine Zeit, ihre Überraschung deutlich zu machen. Die Tür zur Stube öffnete sich knarrend, und der Altherr kam, gebeugt und mühsam an seinen Krücken vorwärtsschreitend, in die Diele. »Was gibt's«, fragte Evert der Ältere und musterte Engelke und den Besucher mit scharfem Blick, »ich höre die ganze Zeit aufgeregte Stimmen und unterdrücktes Geflüster ... Wer ist dieser Mann?« Er tat noch ein, zwei unsichere Schritte. Dann fixierten seine klaren, hellgrauen Augen Dierk. »Habt die Güte, Euch vorzustellen«, forderte er ihn auf.

Dierk ließ Engelkes Hand fahren und ging auf den Altherrn zu. In respektvoller Entfernung blieb er stehen und verbeugte sich formvollendet. »Herr Evert«, sagte er, »vergebt, daß ich mich noch nicht bei Euch angemeldet habe. Ihr werdet meine Gründe verstehen, sobald Ihr die dazugehörige Geschichte kennt. Ich bin Dierk Ockena von Amrun – und Euer gehorsamer Diener.«

Evert der Ältere legte den Kopf schief. »Ockena«, brummte er, »Holm sagte mir, ein gewisser Ockena habe meiner Enkelin ein dringend benötigtes Grundstück auf unfeine Weise vor der Nase weggekauft ...«, er betrachtete Dierk abschätzend von oben bis unten, »seid Ihr derjenige?«

Dierks Antwort war einfach. »Ja.«

»Und jetzt seid Ihr wohl hier, um Engelke das Grundstück zu einem noch höheren Preis wieder anzubieten?« kam grimmig und mißbilligend die nächste Frage des Altherrn.

»Oh«, Dierk lächelte, »wir haben uns bereits gütlich geeinigt«, sagte er mit verhaltener Belustigung, »nicht über das Grundstück – aber über alles, was damit zusammenhängt. »

»Ich verstehe nicht ganz, was Ihr meint, Ockena«, gab Evert der Ältere unwirsch zurück, »was hängt denn alles damit zusammen, wenn ich bitten darf?«

»Nun«, erklärte Dierk strahlend und drehte sich zu Engelke um, die an ihn herangetreten war, »das Grundstück sollte meine Morgengabe sein – für Geertje, meine Frau. Ich wollte ihr die Besitzurkunde am Morgen nach unserer Hochzeit überreichen, in vierzehn Tagen von heute. Aber da ja alles heraus ist und ich sie nicht mehr damit überraschen kann –«

»Was hat das mit meiner Enkelin zu tun?« Evert der Ältere stampfte unwillig mit seiner Krücke auf die Fliesen. »Werdet deutlicher, Ockena – ich lasse mich nicht zum Narren halten!«

Engelke lachte laut auf. Sie hielt dem Altherrn ihre Hand hin, an dessen Zeigefinger der goldene Ring schimmerte. »Grootvadder«, sagte sie, »es ist ganz einfach. Ich bin schon seit langem verlobt. Und nun werde ich heiraten.«

Langsam, ganz langsam breitete sich ein ungläubiges Staunen auf dem Antlitz des alten Mannes aus, Staunen, vermischt mit gelindem Schrecken. »Du wirst – was?« stieß Evert der Ältere hervor. »Hast du den Verstand verloren? Wen könntest du denn heiraten wollen – wen?«

»Diesen hier«, sagte Engelke und küßte Dierk vor den Augen ihres gestrengen Großvaters auf den Mund. Dierk nahm sie fest in die Arme.

»Düvel ook –«, murmelte der Altherr, »ich dachte, ich kenne dich in- und auswendig, Engelke. Nu büst du doch mehr als bloß min besten Kontorist ...«

»Viel, viel mehr«, stimmte Dierk ihm zu, »sie ist und bleibt eine Kaufherrin – und die wunderbarste Frau der Welt.«

»Düvel ook ...«, wiederholte Grootvadder Evert. Teetje, der eben, erhitzt vom schnellen Laufen, durch die Hintertür hereinschlüpfte, grinste übers ganze Gesicht. Und die alte Wiebke, die leise aus der Küche in die Diele gekommen war, lächelte liebevoll.